KB043974

아마존 뱅크가 온다

2025년 미래 금융 시나리오

아마존 뱅크가 온다

다나카 미치아키 지음 | 류두진 옮김

21세기북스

2025년 4월,
가까운 미래의 우리

2025년 4월 18일. 스즈키 가즈오 씨(가명, 32세)는 도쿄 요쓰야 역에서 도보 1분 거리에 있는 무인 계산대 편의점인 '아마존 고' 요쓰야 점에서 점심을 샀다.

이 자리에는 3년 전까지 메가뱅크 점포가 있었지만, 지금은 같은 건물 5층에 공중 점포(임대료 등 비용 절감을 목적으로 2층 이상에 입주해 영업하는 점포)가 있을 뿐이다. 이 메가뱅크 지점은 현재 법인 거래를 특화하여 운영하고 있다.

아마존 고는 2025년 4월을 기준으로 북미에서만 5,000곳 이상의 점포가 생겼고, 4년 전부터 시범 운영을 시작한 일본에도 이미 그 점포가 300곳 이상에 달하는 상황이다.

요쓰야 점은 아마존 고가 일본에서 운영하는 세 가지 점포 형태 중에서도 그 면적이 가장 넓은 곳으로, 매장 안의 식사 공간 이외에 개방형 카페 공간도 갖춰져 있어 이용자는 자유롭게 업무를 보거나 공부를 할 수 있다. 이전에 메가뱅크 점포였기 때문에 아마존 고 입구의 바깥 오른쪽 공간에는 이 은행의 ATM이 설치되어 있다. 다만 지금 이 은행이 ATM을 설치한 곳은 도쿄에서도 30곳으로 줄었다.

마침 나이 지긋한 남성이 ATM을 사용해 통장을 정리하던 참인데, 통장도 이제는 유료제로 전환되어 고객들은 디지털 기반으로 계좌를 관리하는 것이 일반적이다. 스즈키 씨도 은행 계좌는 전부 디지털 은행 앱으로 관리한다. 통장은 이제 고액의 '유산'이 됐지만, 그래도 희망자에게는 여전히 제공하고 있다. ATM은 근처 상점에서 현금을 사용할 때 입금하려는 사람이나 캐시리스에 대한 거부감이 여전히 강한 사람들만 한정적으로 이용한다. 현금을 사용하고 싶은 사람에게는 그 선택지도 제공하는 방식이 일본답다는 평가를 받는다.

스즈키 씨는 한 번뿐이지만 고객과 함께 이 건물 5층에 있는 법인 전용 메가뱅크를 찾은 적이 있다. 중국 기업 인수를 위해 세계 최초의 획기적인 기획안을 개발하겠다는 목표로, 메가뱅크의 투자은행 업무 담당자를 만나 오프라인 미팅을 했다. 2025년에도 전문성이 높고 신뢰성이 필요한 거래는 은행에 맡기고 싶어 하는 사람이 적지 않은 모양이다.

은행 거래를 하지 않는 것처럼 쾌적하게

아마존 고 요쓰야 점에는 스마트폰의 QR 코드를 찍고 입장하는 방식과 얼굴 인식만으로 입장하는 방식, 두 종류의 게이트가 마련되어

있다. 속도가 훨씬 빠른 얼굴 인식 방식으로 입장할지는 이용자의 판단에 맡긴다. 캐시리스 결제라는 관점에서 보면 전자는 IoT 결제, 후자는 얼굴 인식 결제다. 최근에는 기업도 개인의 프라이버시를 배려해 어떤 수단으로 결제할지는 이용자가 판단하도록 한다.

스즈키 씨는 아마존 고에서 계산할 때 본인의 아마존 뱅크 계좌에서 자동이체를 하고 있다. 결제 통화로는 아마존이 자사 경제권에서 사용할 목적으로 발행하는 독자 통화인 '아마존 코인'이 사용된다. 아마존은 미국에 이어 일본에도 3년 전부터 디지털 은행을 설립했으며, 이미 많은 사용자가 전자상거래와 오프라인 점포 결제, 그리고 일상생활의 지불 수단으로 이 은행을 이용하고 있다. '은행 거래를 하고 있다는 사실이 느껴지지 않을 만큼 쾌적한 경험'을 모토로 하는 아마존 뱅크는 오프라인 점포가 전혀 없다는 점도 커다란 특징이다.

사회의 자동화, 캐시리스화로 실현하다

스즈키 씨는 오늘 점심으로 500엔짜리 샌드위치와 150엔짜리 페트병 차를 골라 손에 들고 게이트를 그냥 나가는 것으로 쇼핑과 결제를 마쳤다. 2년 전까지 역 반대쪽에 있던 일반 편의점에서는 점심시간이 되면 계산대 앞에 10명이 줄 서는 것은 당연한 상황이었는데, 아마존 고에서는 혼잡할 때 찾아도 항상 그냥 나가기만 하면 되니 빠르다. 더구나 아마존 고에서 파는 샌드위치 맛은 레스토랑이나 찻집에서 나오는 것과 비교해도 손색이 없다. 매장의 백야드(편의점의 점원 전용 공간)에서 직접 만드는 것이 맛의 비결이다. 가격과 고객의 수중에 들어오기까지의 시간을 고려하면 상당히 이득이다.

아마존 고를 나선 스즈키 씨는 점포 앞에 정차되어 있던 승차공유회사 리프트의 자율주행 택시에 올라탔다. 일본에서는 리프트에 출자한 라쿠텐과의 제휴로 운행되어, 스즈키 씨는 택시 요금 결제에 라쿠텐 페이를 사용했다. 스즈키 씨는 6년 전에 주식 상장을 달성한 리프트를 기업으로서 높이 평가하며, 적립해둔 라쿠텐 포인트를 밑천 삼아 라쿠텐페이와 앱 내에서 연동되는 라쿠텐 증권을 사용해 리프트에 소액 주식 투자도 하고 있다. 이때 지불과 운용에는 독자 통화인 라쿠텐 코인을 사용한다.

일본은 2020년 도쿄 올림픽을 계기로 자율주행차를 한정적으로 허가했는데, 2025년 4월 현재에는 자동화가 상당히 보급되어 있다. QR 코드 결제와 아마존 고의 IoT 결제 등 캐시리스화가 일반화되면서 일본에서도 자동화와 무인화 및 승차 공유가 확산되어왔다. 캐시리스 결제의 무인화는 다른 서비스를 자동화하기 위한 전제 조건이다.

스즈키 씨가 자율주행 택시를 타고 향한 곳은 요쓰야 3가에 있는 협업 공간 겸 공유 사무실인 위워크다. 소프트뱅크 그룹이 10조 엔 펀드를 통해 출자한 기업이 운영하는데, 2018년 12월 통신사 소프트뱅크의 상장을 계기로 소프트뱅크 그룹은 일본 내에서 위워크 사업에 주력해 현재는 300곳 이상을 관리하고 있다. 스즈키 씨는 위워크의 협업 공간에서 13시 30분부터 열리는 '크리에이터를 위한 마케팅 입문 강좌'에 참석하기 위해 찾았는데, 아마존 고에서 사 온 점심은 강의 시작 전에 개방형 공간에서 먹기로 했다.

위워크는 오프라인 사무 공간과 오프라인 커뮤니티, 그리고 온라인 커뮤니티를 제공하는 것이 특징이다. 부업뿐만 아니라 병행 업무, 혹은 여러 업무를 동시에 소화하는 사람이 늘어난 가운데 실제적인 관계를 추구하는 사람들에게 인기를 끌면서 현재 온라인 커뮤니티의 등록 회원 수는 300만 명을 돌파했다.

소프트뱅크와 야후가 출자해 만들어진 페이페이도 현재는 생활 전반의 플랫폼으로 기능한다. 스즈키 씨가 위워크를 통해 수주한 크리에이터 업무에 대한 보수를 수령하거나, 행사에 참여하기 위한 비용을 지불할 때도 현금 아닌 페이페이로 이루어진다. 최근에는 위워크를 통한 입금이 많아지면서 집세를 낼 때 독자 통화인 페이페이 코인으로 자동이체한다. 스즈키 씨가 지난달 동남아시아 3개국에 출장을 갔을 때는 페이페이를 알리바바의 알리페이와 연동해 사용할 수 있어서 현지에서 편리하게 지냈다.

가치관의 변화가 금융을 바꾼다

지금은 스즈키 씨처럼 특정 회사라는 조직에 구애받지 않고 자신의 강점과 개성을 살려 프리랜서로 일하는 사람이 늘어났다. 일본에서도 개인의 강점과 개성을 중시하게 된 데다가, 업무가 실제적인 관계와 디지털상 관계를 통해 제공되는 방식으로 진화해왔기 때문이다.

스즈키 씨는 얼마 전 이치가야에서 요쓰야로 이사했다. 현재 프리랜서로 일하면서도 대기업에 근무했을 때 세 들어 살던 곳보다 더 좋은 조건의 집으로 이사할 수 있을지 불안했는데, '신뢰 점수 은행'이라는 제도 덕분에 별 탈 없이 입주할 수 있었다.

중국 알리바바 그룹이 제공하는 '신용 점수' 서비스인 즈마신용은 일본에서도 2018년 무렵부터 화제가 됐는데, 일본에서는 일본 고유의 문화와 특성에 따라 '비슷하면서도 다른' 서비스로 발전해왔다. 중국의 시스템은 사람의 신용에 대한 감시형·통제형 모델이라고 여겨지는 반면, 일본의 시스템은 어디까지나 사람의 신용을 신뢰하기 위한 보완형 모델이다.

예를 들어 스즈키 씨가 어떻게 아파트를 빌릴 수 있었을까? 스즈키 씨의 수입이나 프리랜서라는 형식적 기준뿐만 아니라 스즈키 씨가 평소에 주위로부터 얻은 '신뢰'를 점수화해 보완하는 구조로 되어 있는 것이다. 학력, 근무처, 연봉과 같은 '신용'보다는 그 사람이 정말로 지닌 '신뢰'를 중시하게 되면서, 사람이 본래 소중히 여겨왔던 가치와 가치관으로 살아가는 것이 금융 테크놀로지로 가능해졌다.

기존의 경력 경로를 밟아가는 사람이 있는 한편으로 스즈키 씨처럼 동시에 여러 경력을 소화하는 사람이 늘어나게 되면 회사 간판과 직함보다는 자신의 존재 가치나 업무에 대한 보람이 더욱 중요해진다. 이는 자연스러운 결과다. 실제로 다양한 사람이 함께하는 모임에서는 자기가 일하는 회사의 명함뿐만 아니라 사외 활동에 쓰는 명함을 내미는 사람도 늘어났다. 실로 회사의 간판과 직함보다는 자신의 생활 스타일과 업무 스타일이 중요해지고 있다.

혼자가 아니라 사회 안에서 살아가기 위해 가장 중요한 것은 신뢰이며, 돈은 이를 원활하게 하기 위한 수단으로 여긴다. 그리고 2025년의 새로운 사회에서는 개개인의 개성과 강점, 그 사람의 생활 스타일과 업무 스타일, 그리고 신뢰라는 본래 가장 중요한 가치를 평가하는 새로운 금융 시스템이 가동할 것이다.

금융 디스럽터와 2025년의 차세대 금융 시나리오

2025년 4월, 가까운 미래의 우리 이야기가 어떠한가? 2025년 4월에 일어날 일을 예측하면서, 금융 서비스 제공의 방향성에 관해 '이런 식으로 발전하면 좋겠다', '이런 식이면 좋겠다'라는 희망까지 담은 가까운 미래 이야기다. 이는 필자가 산업과 기업의 미래를 예측할 때 시장과 테크놀로지 진화의 기저에 존재하고 있는 사람들의 가치관 변화를 중시하기 때문이기도 하다.

필자는 2017년에 『아마존 미래전략 2022』, 2018년에 『2022 누가 자동차 산업을 지배하는가?』를 집필했다. 전자의 경우, 국가와 사회에 커다란 영향을 미치고 있는 기업인 아마존의 전략을 필자의 전공인 '전략 & 마케팅'과 '리더십 & 미션 매니지먼트'라는 관점에서 분석하고, 나아가 아마존을 통해 가까운 미래를 예측했다. 후자의 경우, 차세대 자동차 산업의 대결 구도를 분석하고, 주요 각사의 전략을 읽어내면서 관련 테크놀로지를 해설하고 일본의 활로에 관해 고찰했다.

이와 같은 저서들을 발표했지만 내 출신은 원래 금융 산업이다. 일본, 미국, 유럽의 금융기관에 근무했으며 현재도 일본 국내외의 금융기관과 다양한 업무를 하고 있다. 일본 금융 전문지인《주간 금융재정 사정週刊金融財政事情》에서 교대로 평론을 쓰기도 한다. 서적이라는 형태로는 처음으로 이 책에서 나 자신의 원점인 금융 산업에 관해 알리게 됐다. 그렇기에 이 책은 나에게 더더욱 각별한 의미를 지닌다.

이 책에서는 분석 대상을 차세대 금융 산업으로 옮겨서 금융 산업의 대결 구도를 분석하고, 주요 각사의 전략을 읽어내면서 관련 테크놀로지를 해설하고 일본의 활로에 관해 고찰했다. 앞서 집필한 두 책과 마찬가지로 이 책은 차세대 산업을 모티브로 한 '전략 & 마케팅'과 '리더십 & 미션 매니지먼트' 서적이기도 하다.

세계 3대 금융 디스럽터 기업으로 아마존·알리바바·텐센트를, 일본 금융 디스럽터 기업으로 라쿠텐·라인·야후&소프트뱅크 연합·SBI를, 진화가 진행되는 미국 금융기관으로 골드만삭스와 JP모건(지주회사명은 JP모건체이스), 그리고 일본의 메가뱅크 3사, 싱가포르의 DBS 은행 등을 선정하여 각사의 경쟁 전략에 관해 상세하게 분석한다. 디스럽터Disrupter란 기존의 업계 질서를 뒤엎는 '파괴자'를 뜻한다.

개별 금융 참여자를 고찰하기 전에 먼저 1부에서는 금융 산업에서 일어나고 있는 대결의 구도를 그려본다. 차례를 살펴보고 나서 1부에서 차세대 금융 산업을 전체적으로 개관해보기를 바란다. 그다음 2부에서는 금융 디스럽터, 제3부에서는 기존 금융기관의 전략 시나리오를 해설한다.

앞에서 예측한 가까운 미래 이야기와 달리, 실제로는 미국 금융기관의 역습과 중국 금융 디스럽터의 상륙으로 인해 2025년 4월의 일본 금융 산업은 더욱 가혹한 상황에 부닥쳐 있을지도 모른다. 현실은 매사 사람들이 바라는 대로 진행되지 않는다. 그래서 최종장에서는 바젤 은행감독위원회가 내놓은 금융의 가까운 미래 시나리오를 바탕으로, 전문적인 관점에서 필자가 실제로 예측하는 2025년의 차세대 금융 시나리오를 상세하게 제시한다.

이 책이 새로운 사회의 새로운 금융을 창조하고 일본 금융의 활로를 여는 데에 일조할 수 있기를 간절히 바란다.

제1부

금융의 본질을
다시 묻다

제1장

금융 디스럽터
vs.
기존 금융기관

우리에게
곧 도래할 세상

—

바야흐로 기존 금융업계가 무너지고 차세대 금융 산업이 탄생하려한다.

캐시리스 결제를 필두로 IT를 활용한 혁신적 금융 상품과 서비스, 즉 핀테크FinTech(Finance와 Technology의 합성어)가 우리 삶을 더욱 편리하고 쾌적하게 바꾸고 있다는 것을 실감하는 독자도 많을 것이다. 이 책의 첫째 목적은 몇 년 후라는 가까운 미래에 도래할 차세대 금융 산업 시대를 생생하게 그려내는 데 있다.

그런데 차세대 금융 산업의 모든 것을 이해하기란 그리 쉬운 일은 아니다. 금융 산업의 진화 속도와 여기에 진출하는 테크놀로지 기업의 전략 모두 우리가 이제까지 익히 봐왔던 기존 금융기관과는 큰 차이가 있기 때문이다.

한 가지 사례를 들어보자. 2018년 일본에서는 라쿠텐페이Rakuten Pay와 라인페이LINE Pay, 또 소프트뱅크·야후 연합이 출시한 페이페이

PayPay 등 모바일을 통한 무현금 결제 서비스가 주목받으면서 '캐시리스cashless 원년'이라는 말까지 등장했다. 하지만 캐시리스라는 조류에도 방향성은 있다.

캐시리스 4.0으로

여기서 캐시리스 1.0을 신용카드 시대, 캐시리스 2.0을 전자화폐 시대라고 한다면, 지금 크게 융성하는 모바일 결제 시대는 캐시리스 3.0에 해당한다.

앞으로 다가올 캐시리스 4.0이란 얼굴 인식 결제, 음성 결제, IoT 결제의 시대가 될 것이다. 10년 전쯤만 해도 꿈결 같은 이야기로 들렸던 기술이지만 실용화는 상당한 수준까지 진행되어 있다.

알리페이Alipay와 위챗페이WeChat Pay라는 양대 앱에 의해 캐시리스화가 폭발적으로 진행된 중국은 캐시리스 4.0에서도 앞서갈 것이다. 중국의 실리콘밸리라 불리는 선전 시에 있는 KFC 매장에는 얼굴 인식 방식의 캐시리스 결제가 도입됐다.

중국의 금융 디스럽터에 대해 설명한 5장의 마지막 부분에서는 2019년 3월에 필자가 알리바바의 본거지인 항저우 시의 스마트 시티에서 직접 체험한 것들을 토대로 그 시점의 중국에 관해 정리했다. 캐시리스 4.0이 이미 실생활과 얼마나 가까워져 있는지 실감할 수 있을 것이다.

IoT 결제와 음성 결제

2018년부터 아마존이 일반인을 대상으로 운영하는 무인 계산대 편의점 '아마존 고^Amazon Go'쯤 되면 이제는 쇼핑하고 있다거나 계산하고 있다는 느낌조차 사라진다. 쇼핑객은 자동 개찰기처럼 생긴 게이트에 스마트폰을 갖다 대고 QR 코드로 아마존 ID를 인증시켜 입장한다. 그런 다음 진열대에서 상품을 골라 들고 그대로 가게를 나오면 끝이다. 가게를 나오면 자동으로 결제되어 스마트폰에 영수증이 전송되는 구조다. 기술적으로는 일종의 IoT 결제라고 할 수 있다.

마찬가지로 아마존에서 개발한 음성인식 AI 비서 '아마존 알렉사^Amazon Alexa'는 음성 결제를 가능하게 했다. 알렉사가 탑재된 스마트 스피커에 "알렉사, 고디바 초콜릿을 사줘"라고 말을 거는 것만으로 쇼핑과 결제가 빠르게 완료되는 점은 모바일 결제를 능가한다.

모바일 결제가 보급되는 한편으로 모바일마저 필요 없는 시대로 진입하는 이 속도감, 또 여기에 등장하는 테크놀로지 기업의 존재감을 알 수 있을 것이다.

차세대 금융 산업의 진정한 새로움

그러나 차세대 금융 산업을 이해하는 데 중요한 점은 신기한 기능과 서비스를 좇는 것이 아니다.

필자는 차세대 금융 산업의 진정한 새로움이란 그것이 구현하는 '가치관'이라고 본다. 현대에서 금융이 다해야 할 역할이란 무엇인가? 때로는 '돈이 돈을 낳는' 머니게임이 아니냐고 야유를 받기도 하는 금융 산업이 지금이야말로 지향해야 할 더욱 본질적인 가치란 무엇인가? 이런 물음에 대한 해답을 재정의하는 것이 바로 차세대 금융 산업이다. 이 책을 집필한 목적도 이처럼 '금융의 바람직한 존재상'을 제시하는 데 있다.

캐시리스,
차세대 금융의 전제 조건

—

 금융 서비스에 대한 가치관이 이슈가 되는 사례로, 다시 캐시리스화에 관해 생각해보자. 캐시리스화에는 단순히 현금이 필요 없어진다는 점뿐만 아니라 더욱 중대한 의미가 있다.

캐시리스가 이끄는 세 가지 방향

 캐시리스화에는 세 가지 중요한 조류가 있다. 바로 캐시리스화, 무인화·자동화, 공유화·서비스화다.

 이 점에서는 중국이 앞서가는데, 캐시리스화로 무인화·자동화가 촉진되고 있으며 공유화·서비스화도 진행 중이다.

 참고로 전작인 『2022 누가 자동차 산업을 지배하는가?』에서는 새로운 조류를 다음과 같이 설명했다. 테슬라Tesla가 친환경 에너지 생태계를 구축하기 위해 추진하는 것이 EV Electronic Vehicle(전기 자동차)화다. 구글이 세상을 더 이용하기 쉽고 편리하게 만들 목적으로 추진하는 것

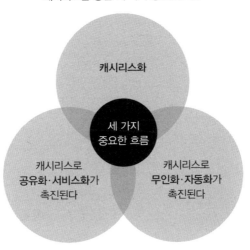

캐시리스를 통한 세 가지 중요한 흐름

캐시리스화

세 가지
중요한 흐름

캐시리스로
공유화·서비스화가
촉진된다

캐시리스로
무인화·자동화가
촉진된다

은 자율주행화다. 우버Uber와 리프트Lyft가 '소유'에서 '공유'로, 그리하여 도시 디자인을 변혁하겠다는 사명감으로 추진하는 것이 공유 서비스다. 아마존이 말을 걸기만 하면 되는 뛰어난 사용자 경험을 기반으로 다양한 사물을 서로 연결하여 스마트 홈, 스마트 카, 스마트 시티를 실현하려는 것도 그 연결선상에 있다.

이런 움직임을 독일의 자동차 제조사 다임러Daimler AG는 'CASE'라는 개념으로 정리했다. CASE에서는 '자율주행화'라는 요인이 다른 세 요인에 큰 영향을 미치고 있다는 것이 간과할 수 없는 점이다.

마찬가지로 차세대 금융 산업에서도 '자동화'는 매우 중요하다. 일본에서 심각한 저출산 고령화로 구조적인 인력 부족이 문제되는 가운데, 자동화를 통해 무인화로 향하는 것은 당연한 흐름이다. 이때 꼭 필요한 것이 캐시리스화다. 결제에 사람이 개입하는 이상 무인화는 불가능하기 때문이다. 이처럼 자동차 업계뿐만 아니라 생활 속의 다양한 장면에서 무인화와 자동화가 진행되고 있다.

공유와 지속 가능성

동시에 자동화 이상으로 중요한 것이 공유 서비스다. 경영전략을 입안할 때 정치Politics, 경제Economy, 사회Society, 기술Technology의 관점에 주목하는 PEST 분석을 하면 '지속 가능성'과 '공유'라는 키워드가 반드시 등장한다.

여기서 필자가 강조하고 싶은 것은 어느 쪽이든 이미 빈말이 아니라는 점이다. 2018년 여름의 불볕더위에 참고 지내기가 힘들다고 생각하지 않았는가? 많은 사람이 논리적으로 판단해서가 아니라 피부에 느껴지는 대로 감각적으로 '이래서야 과연 세상이 잘 굴러갈까?', '지구에서 살기 힘들어지는 것은 아닐까?'라고 생각했을 것이다.

이런 환경 변화를 배경으로 환경Environment, 사회Society, 지배 구조Government, 즉 ESG 관점에서 뛰어난 경영을 하는 기업에 투자한다는 개념이 세계적으로 확산되고 있다. '지속 가능성이 없는 회사의 주식은 매각하는' 움직임도 투자자들 사이에서 나온다.

오늘날에 이르러 지속 가능성은 이미 하나의 중요한 가치관이다. 밀레니얼 세대는 대부분 기본적으로 갖추기 시작한 가치관이기도 하다. 올해로 사회생활 2년 차인 내 딸은 이렇게 말한다.

"아빠 때는 자동차를 사서 사치도 부리고 좋았겠죠. 하지만 우리가 다들 그렇게 한다면 지구는 더 더워지고 말 거예요."

사치를 부리는 것보다 중요한 것은 공유하는 것, 더욱 심플하고 미니멀하게 지내야 합리적이라는 것이 많은 젊은이에게 당연한 가치관이 됐다.

그런 이유에서 공유화와 서비스화는 비즈니스라기보다 가치관이라고 하는 편이 어울릴지도 모른다.

이처럼 캐시리스화, 자동화, 공유화는 삼위일체의 관계에 있다. 알리바바Alibaba와 텐센트Tencent는 어떻게 캐시리스화를 촉진해왔는가? 혹은 공유가 어떻게 확산됐는가? 중국 승차 공유의 대표 주자는 디디추싱Didi Chuxing인데, 원래 알리바바와 텐센트가 각각 출자하고 있던 회사들이 합병해서 탄생한 곳이다. 합병하기 이전에는 두 회사가 경쟁하고 있었다.

공유라는 것은 자전거든 자동차든 캐시리스 없이는 성립되지 않는 서비스다. 스마트폰 이용이 대전제다. 공유와 캐시리스가 표리일체라는 말은 바로 그런 뜻이다.

패권을 둘러싼
세 가지 대결

—

차세대 금융 산업의 패권을 둘러싼 대결은 세 가지 구도로 정리할
수 있다.

테크놀로지 기업 vs. 기존 금융기관의 대결

제1 대결은 바로 테크놀로지 기업 대 기존 금융기관의 대결이다.

이 책이 가리키는 테크놀로지 기업이란 미국의 아마존 및 중국의 알
리바바와 텐센트로 대표되는 메가테크 기업과 신흥 핀테크 기업을 포
함한다. 이 기업들은 기존 금융기관과 전혀 다른 태생이면서도 독자적
인 플랫폼과 '빅데이터×AI'라는 최신 테크놀로지를 무기로 금융 서비
스에 진출해 기존 금융 산업을 파괴할Disrupt 정도의 충격을 가져왔다.
예를 들면 모든 업계를 휩쓴 아마존 효과의 영향은 금융 산업에도 미
치고 있다. 아마존이 전자상거래 업체로 아마존 서점이었던 시절은 이
제 한참 지난 일이다. 아마존은 원클릭에서 시작해 결제와 현금 충전,

융자 등의 금융 서비스를 착착 구축하고 있다.

기존 금융기관으로 이 책에서 주로 다룰 곳은 일본의 메가뱅크 3사, 미국의 골드만삭스Goldman Sachs와 JP모건J.P. Morgan Chase이다. 이들의 강점은 뭐니 뭐니 해도 강력한 브랜드력과 신용력이다. 이를 통해 각국의 정치경제에도 영향력을 행사할 정도이며, 중국 기업이 제공해온 근본적인 핀테크의 진전을 늦추면서까지 금융 산업의 패권을 유지한 측면마저 있다. 이 기업들이 디지털 전환을 추진해 테크놀로지 기업으로의 환골탈태를 도모하려는 것이 현재 상황이다.

고객과의 양호한 지속적 관계성을 둘러싼 대결

제2대결은 고객 접점과 고객 경험, 그리고 고객과의 지속적이고 양호한 관계성을 확보하기 위한 대결이다.

이제까지 모든 비즈니스에서 당연하다고 여겨졌던 편리함과 간편함이 기존 금융 산업에서는 당연한 것이 아니었다. 기존 금융 산업에는 고객 접점과 고객 경험을 중시해 고객과 양호한 관계성을 구축하려는 발상 자체가 없었기 때문이다. 단적으로 말해 기존 금융 산업은 불편하고 이해하기 어려워 소비자에게 외면당하고 있다. 창구에서 장시간 기다려야 하므로 은행 지점을 찾는 사용자가 줄어들고, 모바일 이용으로 전환되는 것도 당연하다면 당연한 일이다. 그리고 테크놀로지 기업이 기존 금융기관보다 뛰어난 점은 바로 고객 접점과 고객 경험의 중시를 통해 고객과 양호한 관계성을 구축한다는 것이다.

차세대 금융 산업을 둘러싼 대결 구도

1 테크놀로지 기업 vs. 기존 금융기관의 대결

2 고객 접점, 고객 경험, 고객과의 양호한 지속적 관계성을 둘러싼 대결

3 모든 산업의 질서와 영역을 재정의하는 대결

미국의 GAFA(구글, 애플, 페이스북, 아마존)와 중국의 알리바바, 텐센트 같은 테크놀로지 기업은 끊임없이 고객 경험을 추구한다. 이 기업들이 만들어낸 새로운 '당연한 것'이 기존 금융 산업의 오래된 '당연한 것'을 쇄신하려고 한다. 차세대 금융 산업은 기존 금융 산업과는 전혀 다른 규칙으로 승패가 결정 날 것이다.

모든 산업의 질서와 영역을 재정의하는 대결

제3대결은 모든 산업의 질서와 영역을 재정의하는 대결이다.

아데어 터너는 『부채의 늪과 악마의 유혹 사이에서』를 통해 "금융이란 자동차, 식당 음식, 의류와 같이 그 자체로 가치가 측정되는 소비재가 아니다. 아침에 일어나서 '오늘은 어떤 금융 서비스를 즐기고 싶은데'라고 말하는 사람은 없다"라고 말했다.

그러나 금융은 모든 소비재와 서비스에 얽히고설키는 형태로 모든 산업에 영향을 미치는 것이기도 하다. 그렇다면 차세대 금융 산업의 등장이 모든 산업의 질서와 영역을 재정의하는 것은 당연한 귀결이다. 금융 자체에 창조적 파괴 혹은 파괴적 창조가 일어나는 가운데, 패권을 차지하는 곳이 대형 금융기관도 테크놀로지 기업도 아닐 가능성마저 있다.

이제 이런 대결을 펼치는 주요 참여자들의 동향을 살펴보자.

차세대 금융 산업의
주역들

—

아마존, 결제 기능을 비롯한 주요 금융 서비스를 총망라하다

온라인 서점으로 출발해 가전, 패션, 생활용품도 다루는 에브리싱 스토어로 진화한 아마존은 물류, 클라우드, 동영상 스트리밍, 무인 계산대 편의점, 심지어 우주 사업에까지 진출하는 에브리싱 컴퍼니로 변모했다. 금융 사업으로의 진출도 최근 시작된 이야기가 아니다. 아마존에 출점해 있는 법인 대상의 융자 서비스인 아마존 렌딩Amazon Lending이나 결제 서비스인 아마존페이Amazon Pay 등이 그 일례다. 은행 계좌나 신용카드가 없는 사람도 인터넷 쇼핑을 할 수 있게 해주는 아마존 캐시Amazon Cash와 아마존 기프트 카드Amazon Gift Card는 넓은 의미의 예금 서비스라고 볼 수 있을 것이다. 이처럼 결제, 융자, 예금 등 주요 금융 업무를 망라하는 상황에서 '뱅크 오브 아마존The Bank of Amazon(아마존 뱅크)'의 탄생은 시간문제라는 소문도 들린다.

아마존은 테크놀로지 기업이 금융 산업의 쇄신을 이끄는 차세대 금융 산업의 조류를 상징하는 존재인데, 여기서 강조해야 할 점은 아마존이 결코 금융 사업 자체를 확대하려고 생각하지는 않는다는 것이다.

이는 아마존과 더불어 3대 메가테크로서 이 책에서 다룰 알리바바, 텐센트와는 명확히 구분되는 점이다. 아마존의 창업주이자 CEO인 제프 베조스Jeffrey Bezos가 염두에 둔 것은 어디까지나 고객 경험 가치의 향상과 소매·전자상거래의 강화이며, 이를 통해 실현하는 아마존 경제권의 확대다. 금융은 이를 위한 하나의 수단이다. 가장 알기 쉬운 사례로 '원클릭 결제'를 꼽을 수 있다. 신용카드 정보나 주소 등을 입력하기가 번거로웠던 인터넷 쇼핑몰의 결제부터 배송에 이르는 절차를 말 그대로 원클릭으로 단축한 혁신적 금융 서비스다. 이런 편의성이 제대로 먹혀들어 아마존은 소매·전자상거래 매출을 폭발적으로 증대했다.

앞으로 새롭게 등장할 금융 서비스도 아마존 뱅크를 포함해 아마존 경제권을 확대하는 데 기여하는 수단으로 자리매김하게 될 것이다.

알리바바와 텐센트, 중국을 세계 최첨단의 핀테크 대국으로 이끌다

세계 최첨단의 핀테크 대국은 중국이다. 금융기관의 부수 업무와 주변 업무뿐만 아니라 고유 업무에서도 핀테크와 디지털화가 진척되고 있는 곳이 중국이다.

그런 중국의 주요 참여자가 바로 알리바바와 텐센트다. 미국, 유럽, 일본에서는 아직 아마존만큼 친숙하지 않은 탓에 알리바바와 텐센트의 잠재력이 경시되는 경향이 있다. 그러나 현재 상황을 분석할수록 알리바바야말로 핀테크의 제왕이며, 그런 알리바바를 텐센트가 맹추격하고 있다는 사실만 통감할 뿐이다.

알리바바는 중국 최대의 검색엔진 바이두Baidu, 소셜 네트워크 서비스SNS 텐센트와 나란히 중국의 3대 IT 기업 중 한 곳이다. 사업의 골자는 B2B 업체인 알리바바닷컴, C2C 마켓플레이스인 타오바오, B2C 쇼핑몰인 티몰(텐마오) 등 여러 전자상거래 사이트다. 전자상거래에 그치지 않고 물류 사업과 오프라인 매장, 클라우드, 그리고 금융 사업으로 진출하면서 '알리바바 경제권'을 확장하고 있는 점을 보면 아마존의 성장 과정과 매우 흡사하다.

그러나 알리바바가 아마존과 다른 점은 애초부터 금융의 '결제' 면에 주력했다는 것이다. 앤트파이낸셜Ant Financial이라는 별도 회사를 설립해 QR 코드 결제앱인 알리페이를 주축으로 하는 금융 사업을 추진하고 있다. 바꿔 말하면 알리바바 경제권은 알리페이 없이는 성립되지 않는다. 알리페이라는 결제앱을 진입점으로 삼아 알리바바 그룹이 제공하는 다양한 생활 서비스로 사용자를 유도해 알리바바 경제권을 확대해가는 것이 알리바바의 대전략이다.

알리페이는 중국에 완전히 자리 잡아서 대도시권에서는 알리페이가 아니면 계산할 수 없는 가게도 드물지 않다. 이제 알리페이는 중국에서 빼놓을 수 없는 사회 인프라가 된 것이다.

그 밖의 알리바바 금융 서비스를 보더라도 은행 수준을 뛰어넘는다. 모든 금융 상품을 포함한 실질적 자금량은 이미 메가뱅크급이다. 『아마존 미래전략 2022』에서도 지적했지만, 금융에서는 알리바바가 아마존을 완전히 능가했다.

무엇보다 놀라운 것은 기존 금융기관이 놓친 '금융의 본질'을 알리바바가 파악하고 있다는 점이다. 금융의 존재 의의와 금융의 바람직한 존재상이 시험대에 오른 현재, 알리바바가 구현하려는 것이야말로 금융의 바람직한 존재상에 가장 근접한 것이 아닐까? 필자처럼 기존 금융기관에 종사해온 사람은 '유감스럽게도……'라고 덧붙이고 싶지 않은 대목이지만, 이는 도저히 부정할 수 없이 명백한 사실이다. 이 점에 관해서는 뒤에서 자세히 논하고자 한다.

한편 텐센트는 커뮤니케이션 앱인 위챗WeChat으로 유명한 IT 기업이다. 위챗에 연결된 결제 서비스인 위챗페이는 중국에서 알리페이와 나란히 대중적인 결제 수단이 됐다.

알리페이와 위챗을 비교할 때는 전자가 결제앱인 데 비해 후자는 모체가 커뮤니케이션 앱이라는 점을 간과할 수 없다. 앞서 설명한 대로 차세대 금융 산업을 둘러싼 대결 중 하나는 고객 접점, 고객 경험, 고객과의 지속적이고 양호한 관계성을 둘러싼 대결이다. 알리페이와 위챗 모두 고객 접점이 뛰어나다는 점은 틀림없다. 그러나 알리페이 자체는 단독의 결제앱으로, 앱 자체의 사용 기회는 쇼핑 등 결제가 중심이다.

반면에 위챗페이는 커뮤니케이션 앱과 연동되어 친구나 지인에게 메시지를 보낼 때마다 고객 접점이 생겨난다. 하루의 사용 빈도에서 웃도는 쪽은 분명히 위챗이다. 차세대 금융 산업의 패권을 다투는 대결 무대 중 하나인 '고객 접점'에서는 알리바바보다 텐센트가 우위에 있는 것이다.

뛰어난 고객 접점을 갖는 커뮤니케이션 앱인 위챗을 핵심으로, 결제를 비롯한 금융 서비스를 수직통합해 생활 서비스 전반을 지배하려고 꾀하는 곳이 바로 텐센트다.

같은 분석을 통해 필자는 일본의 새로운 결제 서비스 패권을 최종적으로 가져갈 가능성이 큰 기업 중 한 곳은 나중에 설명할 조건을 충족한다면 라인페이라고 예상한다. 커뮤니케이션 앱으로서 라인LINE의 점유율은 대단히 견고하다. 하루의 사용 빈도, 즉 고객 접점이 가장 많은 플랫폼이기 때문이다.

라쿠텐, 라인, 야후·소프트뱅크 연합, SBI, 일본의 금융 디스럽터들

일본에서도 테크놀로지 기업과 기존 금융기관의 대결 구도는 선명하다. 이 책에서는 특히 라쿠텐Rakuten, 라인, 야후·소프트뱅크 연합, SBI를 금융 디스럽터로 다룬다.

이 기업들은 대부분 메가테크 기업의 비즈니스 모델을 그대로 따르려고 한다. 즉 온라인에 플랫폼을 구축하는 것부터 시작해 잇달아 결제앱을 출시한다. 이런 비즈니스 모델에서 우선 중요한 것은 스마트폰 상의 플랫폼이다. 차세대 금융 산업에서는 얼마만큼 친밀하고 빈도 높은 고객 접점을 확보하느냐가 효력을 발휘하기 때문이다.

이 점에서 우위에 있다고 할 만한 곳은 일본 최대의 커뮤니케이션

앱으로 발전한 라인이다. 커뮤니케이션 앱으로 확대됨에 따라 사용자의 생활 전반을 지원하는 스마트 포털로 진화하고 있다. 이와 더불어 사용자의 생활에서 빼놓을 수 없는 결제 기능을 추가하고자 2014년 12월에 라인페이를 출시했다. 이를 기점으로 라인은 핀테크 사업을 펼쳤다. 2018년에는 노무라 증권野村證券과 공동으로 라인 증권을, 미즈호 은행みずほ銀行과 제휴하여 라인 은행을 스마트 포털에 추가하겠다는 계획을 발표했다.

라쿠텐은 일본의 금융 디스럽터 중에서 가장 종합적인 참여자다. 모르는 일본인이 없는 일본 최대의 인터넷 쇼핑몰인데, 사실 매출을 살펴보면 이미 전체의 35.7%가 핀테크 부문에서 달성한 것이다(2018년 3분기). 일본 신용카드 중 거래액 1위를 자랑하는 라쿠텐 카드를 비롯해 라쿠텐페이, 라쿠텐 에디Rakuten Edy, 라쿠텐 포인트 카드, 라쿠텐 은행, 라쿠텐 증권, 라쿠텐 생명, 라쿠텐 손해보험 등 모든 종류의 금융 서비스를 제공한다. 라쿠텐이 보유한 최대 자산은 라쿠텐 회원을 중심으로 하는 멤버십, 데이터, 브랜드다. 회원이 통합 ID를 사용해 라쿠텐 브랜드 서비스를 자유롭게 드나들면서 거대한 라쿠텐 생태계(경제권)를 형성하고 있다.

2018년 가을에 QR 코드 결제 서비스인 페이페이를 개시한 야후·소프트뱅크 연합도 상거래와 결제의 상류商流(상거래의 흐름)를 기반으로 데이터를 활용해 빌리고(대출), 늘리고(투자), 대비하는(보험) 금융 사업을 원스톱으로 펼치고자 한다는 점에서 라쿠텐과 겹친다.

(한편 2019년 말에는 라인과 야후재팬이 일본 핀테크 지형을 뒤바꿀 중대 발표를 했다. 네이버의 자회사인 라인과 소프트뱅크의 자회사이자 야후재팬의 모회사인 Z 홀딩스가 2019년 11월, 경영 통합에 합의한 것이다. 이번 통합으로 양측은 가입자 규모만 1억 명이 넘는 '메가 플랫폼'을 확보하게 됐다. 'IT산업의 빅뱅'으로 불리는 이번 빅딜이 향후 금융 산업에 어떤 영향을 미칠지 귀추가 주목되는 이유다. 이 책은 라인과 야후·소프트뱅크 연합이 이제까지 추진해온 사업을 바탕으로 핀테크의 미래와 전략을 설명한다.―옮긴이)

마지막으로 SBI 홀딩스다. 대형 증권사가 고전하는 가운데 SBI 홀딩스 산하의 SBI 증권은 인터넷 증권에서 업계 1위다. 계좌 수도 2012년 이후 연평균 10.3%라는 높은 속도로 계속 증가해 이제는 업계 최대인 노무라 증권에 이어 2위 자리에 올랐다. SBI가 그리는 대전략은 '금융'과 '일본'이라는 틀에 머무르지 않는다는 것이다. SBI의 슬로건은 "금융을 핵심으로 하여 금융을 뛰어넘는다"다. 가상화폐와 블록체인 등 새로운 테크놀로지를 발 빠르게 도입하면서 지역 및 국제 사업을 확대하고 있다. 그룹 230개사가 다각적·중층적으로 제공하는 서비스를 통해 사회 자체를 변혁하려는 기업이 바로 SBI다.

골드만삭스와 JP모건, 미국 금융기관의 역습

현재로서는 기존 금융기관이 3대 메가테크를 비롯한 인터넷 기업과의 대결에서 밀리는 상황임은 분명하다.

그러나 리먼 쇼크 Lehman Shock 이후 미국 금융기관이 역습하기 시작했다는 점도 간과할 수 없다. 이 기업들은 '선택과 집중'이라는 생존 전략을 취했다. 사업 규모를 살펴보면 확대되고 있지만, 실질적으로는 '축소 균형'에 가깝다. 특히 씨티은행^{Citibank}의 경우 사업 범위를 압축한 결과로 수익 향상이 눈에 띈다. 일본 씨티은행은 2015년에 개인 대상의 은행 업무를 미쓰이스미토모 은행三井住友銀行에 매각하여 개인 고객 부문에서 일단 철수했는데, 그런 만큼 전사적으로는 핵심 사업에 자원을 집중하고 있다. 이 역시 선택과 집중의 일환이다.

또 한 가지 키워드는 '디지털 전환'이다. 골드만삭스와 JP모건 두 회사는 몇 년 전부터 선행해서 테크놀로지 기업으로의 탈피를 도모하고 있다. 뒤에서 자세히 설명하겠지만, 이 책에서 강조하려는 디지털 전환이란 단순히 서비스의 디지털화를 의미하는 것이 아니다. JP모건체이스의 CEO 제이미 다이먼^{Jamie Dimon}은 다음과 같이 단언했다.

"앞으로 우리의 경쟁 상대는 구글과 페이스북이 될 것입니다."

JP모건이 추진하는 디지털 전환은 '기업 DNA부터 쇄신한다'라는 표현이 어울릴 만큼 근원적인 전환이다.

골드만삭스가 자사의 주요 업무라고 할 수 있는 증권 거래 부문을 축소하고 AI화를 단행한 것은 상징적이다. 골드만삭스는 우리로 치면 기관투자자 및 대기업에 특화된 증권사 같은 투자은행인데, 2016년에 개인 대상의 인터넷 은행인 'GS 은행'을 설립하고, 중산층을 대상으로 한 디지털 은행 플랫폼인 '마커스^{Marcus}'를 제공하기 시작했다. 일본 진출도 검토 중이다.

마커스는 똑같은 온라인 은행이라도 일본에서 십수 년 전에 등장한 인터넷 은행과는 그 결이 크게 다르다는 점에 주목할 만하다. 예전 인터넷 은행은 극단적으로 말하면 기존 은행의 일부 업무를 인터넷으로 옮겨놓은 것이 전부인 곳이 적지 않았다. 그러나 마커스는 모든 과정을 디지털로 처리하는 방식을 취하고 강력한 모바일 전략을 펼치는 등 차세대 금융 산업의 조류를 농도 짙게 반영하고 있다.

'최고의 투자은행'으로 칭송되는 골드만삭스가 소매업에 진출한다는 소식은 충격적이다. 그러나 골드만삭스의 브랜드력을 지닌 새로운 가치를 제공한다면 일본에서도 상당한 시장 점유율을 획득할 것이다.

MUFG, 미즈호FG, SMBC 그룹, 일본 메가뱅크의 디지털 전환

일본의 메가뱅크는 온라인 서비스 제공에서 뒤처졌다는 위기감이 고조되고 있다. 뒤늦게나마 미국의 골드만삭스나 JP모건과 마찬가지로 디지털 전환에 착수했다. 미쓰비시UFJ파이낸셜 그룹(MUFG)이 앞서나가고, 이를 미즈호 파이낸셜 그룹(미즈호FG)과 미쓰이스미토모 파이낸셜 그룹(SMBC 그룹)이 뒤쫓는 구도다.

여기서는 MUFG의 대응을 소개한다. MUFG는 2017년 9월에 디지털 전환 전략을 발표하면서 전통적인 은행 업무로부터 탈바꿈하겠다고 선언했다. 2018년에 시작한 중기 경영계획에서는 11대 구조 개혁 과제를 횡단하는 형태로 디지털화 전략이 추진되고 있다. MUFG가 회사의 핵심부까지 바꾸는 디지털 전환의 본질을 파악했다는 증거다.

MUFG의 구체적인 대책으로는 첫째로 '채널 강화'를 들 수 있다. MUFG에서는 점포에 방문하는 고객 수가 2007년 이후에 약 40% 감소한 한편, 인터넷 결제를 선택한 사용자는 5년 만에 약 40% 증가했다. 이런 결제 방식의 변화에 맞춰 다양한 거래 채널을 제공하겠다는 뜻이다. 이를 위해 먼저 스마트폰 앱과 전화 FAQ 자동 응답 등을 비롯한 비대면 채널을 확대하고 있다. 여기에는 개인 대상 인터넷 뱅킹의 이용 촉진, 사용자 인터페이스 및 사용자 경험의 개선, 기능 확충 등이 포함된다. 현금카드나 통장의 재발급, 주소 변경 등 기존에 오프라인 점포에서만 가능했던 업무도 구현하겠다고 한다.

동시에 일본 내 500곳이 넘는(2018년 3월) 유인 점포 중 70~100개 점포를 차세대형 점포인 'MUFG 넥스트'로 탈바꿈한다. 이곳에서는 영상통화로 고객 응대가 가능하고 세금, 공과금 등의 거래도 처리할 수 있는 신형 ATM인 'STM'을 도입해 점포 업무의 효율화를 도모한다. 신형 단말기의 도입 비율을 2023년까지 100%로 만드는 것을 목표로 하고 있다.

물론 AI와 빅데이터의 활용은 두말할 나위도 없다. 헬프 데스크, 장표 처리, 검색, 영업 지원, 심사 등 5개 주제에서 AI에 의한 업무 대체를 진행해나가겠다는 방침을 내걸었는데, 앞으로 10년 안에 이 업무들의 약 40%를 AI로 대체할 수 있다고 한다.

다만 디지털 전환의 진척도 면에서 일본의 3대 메가뱅크가 미국 금융기관에 뒤처져 있다는 사실은 부정할 수 없다. 고객 경험의 추구 면에서도 인터넷 서비스에 뿌리를 둔 일본의 금융 디스럽터들에는 미치지 못한다.

그렇다고 해서 일본 메가뱅크에 승산이 없다고 결론을 내리기란 시기상조다. 싱가포르 DBS 은행이 생존 힌트를 제공할 것이다.

DBS 은행, 세계 제일의 디지털 은행

기존 금융기관이 디지털 전환을 추진하는 가운데, 그 진척도 면에서 세계 제일이라고 해도 무방한 곳이 바로 싱가포르의 DBS 은행이다. DBS 은행은 2016년과 2018년에 금융 정보 전문지 《유로 머니Euro Money》가 '최우수 디지털 은행World's best digital bank'으로 선정한, 말 그대로 세계 제일의 디지털 은행이다. 싱가포르를 거점으로 하며 주요 시장은 중국, 홍콩, 타이완, 인도, 인도네시아, 싱가포르다.

싱가포르개발은행Development Bank of Singapore이라는 이름대로 싱가포르의 개발은행으로 약 50년 전에 탄생한 이곳이 디지털 전환으로 방침을 바꾼 시기가 2008년이다. 그 배경에는 아마존, 알리바바, 텐센트와 같은 메가테크 기업의 약진이 있다. 다른 기존 금융기관이 메가테크 기업에 위협을 느끼면서도 디지털화를 머뭇거렸던 것과는 대조적으로, '이를 외면하면 가만히 앉아서 죽음을 기다리는 꼴'이라며 경영진이 위기감을 강하게 의식한 곳이 DBS 은행이었다.

이처럼 신속한 의사 결정은 일본의 메가뱅크와 크게 다른 부분이다. 어째서 DBS는 이렇게 빨랐던 것일까? 그것은 싱가포르라는 나라가 지닌 지리적·역사적 특성과 관계가 있다.

일본은 해외로 향하는 문을 걸어 잠근 갈라파고스라는 말을 자주 듣는다. 전형적인 저팬 패싱Japan Passing(쇄국을 이유로 해외로부터 소외당하는 것) 중 하나인데, 반대로 생각하면 일본에는 문을 걸어 잠그고도 살아갈 수 있을 만큼 풍부한 내수 시장이 존재한다는 것이다.

하지만 싱가포르는 영토 면적이 한국의 서울시 정도밖에 되지 않고 자원도 거의 없는 소국이라 자국만으로 비즈니스가 성립되지 않는 것은 명백하다. 싱가포르는 이 조건을 역으로 이용했다. 동남아시아 한복판이라는 양호한 입지 조건을 활용하여 각국으로부터 많은 기업과 산업, 테크놀로지를 도입해온 것이다.

즉 싱가포르는 애초에 갈라파고스가 될 수 없었다. 따라서 DBS 은행은 미국, 유럽, 일본의 기존 금융기관보다 훨씬 일찍부터 대對아마존, 대對알리바바, 대對텐센트 대책을 세워온 것이다.

이 맥락은 매우 중요하다. DBS 은행이 벤치마킹해온 기업은 미국이나 유럽의 금융기관이 아닌 테크놀로지 기업이었다는 것이다. DBS 은행은 테크놀로지 기업이 금융 산업에 가져다준 새로운 규칙도 제대로 파악했다. 태생이 기존 금융 산업인데도 DBS 은행의 디지털 전환이 본질을 꿰뚫고 있는 이유가 바로 여기에 있다.

DBS 은행이 제공하려는 것은 뛰어난 고객 경험이자 고객 여정이다. 디지털 상품이나 디지털 서비스와 같은 표면적 디지털화로 끝내지 않고 그 이면에 있는 업무 앱과 업무 인프라, 나아가 사람과 기업 문화까지 탈바꿈하려 한다.

　DBS 은행은 스스로 "회사의 핵심부까지 디지털로 탈바꿈하겠다"라고 말한다. 회사로서의 큰 틀은 유지하되 알맹이는 전부 바꾸려는 것이다. DBS 은행은 이렇게까지 전면적으로 개혁하고 있다. DBS 은행의 움직임에는 이제 막 디지털 전환 전략을 내놓기 시작한 일본의 금융기관이 보고 배워야 할 점이 다분히 포함되어 있다.

제2장

새롭게
당연해진 것

금융을
복제할 수 있는 시대

—

2장에서는 앞으로 이 책을 읽어나가면서 염두에 뒀으면 하는 논점을 정리한다.

첫째, 금융은 이제 복제Duplicate(유사 창조)할 수 있다. 지금까지 은행이 독점해온 예금, 대출, 환전(여기서는 내국환과 외국환을 포함한다)과 같은 업무가 더 이상 은행에서만 독점적으로 이루어지지 않는다. 엄격한 규제에 속박당하는 은행업 면허를 취득하지 않더라도 모든 금융 업무는 유사하게 창조될 수 있다. 바로 금융 디스럽터가 이를 실현하고 있으며, 아마존이 그 상징이다.

금융 디스럽터, 금융을 수직통합하다

둘째, 금융 디스럽터가 금융 서비스를 수직통합한다.

수직통합은 전작인 『아마존 미래전략 2022』와 『2022 누가 자동차 산업을 지배하는가?』에서도 중요한 키워드였다. 수직통합은 새로운

차세대 금융 산업을 둘러싼 대결 양상

1 금융을 복제(유사 창조)할 수 있다.

2 금융 디스럽터 기업이 금융을 수직통합한다.
(기존 금융기관보다 본연의 '금융' 기능을 더 잘 실현한다)

3 금융에도 '당연한 것'이 요구되고 있다.

참여자가 본래 영역이 아닌 곳의 사업을 통합해 패권을 쥐는 움직임
이다. 아마존은 소매와 전자상거래의 매출 증대를 위해 결제 기능을
진화시켰다. 이후로도 금융 업무를 확대하여 이제는 주요 금융 업무
를 망라하는 데 이르렀다. 알리바바는 더 직접적이다. 결제 기능을 진
입점으로 삼아 다른 생활 서비스로까지 확대했다. 텐센트는 커뮤니케
이션 앱으로 진입하여 금융을 수직통합하고 생활 서비스 전반을 지배
했다.

　여기서 승자가 되는 기업은 고객과의 지속적이고 양호한 관계성을
구축한 참여자다. 차세대 금융이라는 게임판에서 승자로 남으려면 일
단 스마트폰상의 플랫폼에서 얼마나 친밀하고 빈도 높은 접점을 지니
느냐가 관건이다.

　이때 이슈가 되는 것이 고객 경험이다. 고객 경험에서 뒤떨어지는
플랫폼은 머지않아 도태된다. 결과적으로 고객은 플랫폼 혹은 기업에

대해 평등한 관계성을 가지며, 지속적이고 양호한 관계성을 구축해나 간다. 차세대 금융 산업을 둘러싼 대결이란 플랫폼 간의 대결 양상과 비슷하고, 최종적으로는 고객과의 관계성을 둘러싼 대결이다.

기존 금융기관의 유산은 파괴된다

셋째, 이런 시대에는 금융에도 '당연한 것'을 요구하게 된다. 이제까지 일본 은행은 '불편함'이 당연했다. 뭐든지 온라인에서 해결할 수 있는 요즘 시대에 일부러 점포까지 발걸음을 옮기더라도 창구에서 한참 기다려야 하고 은행원의 설명도 친숙하지 않다. 그런 은행 지점에 가고 싶으냐고 묻는다면 아무도 가고 싶지 않을 것이다.

한편 인터넷 기업 쪽은 어떨까? 인터넷 기업이 제공하는 것은 편리하고, 수고를 들이지 않아도 되고, 시간이 걸리지 않고, 자동으로 처리해주고, 즐겁고, 거래하고 있다는 의식 없이 끝나는, 사용자 경험이 뛰

금융 시스템의 변화

당연했던 것	앞으로 당연해질 것
• 불편하다. • 수고를 들여야 한다. • 시간이 걸린다. • 알기 어렵다. • 사람이 처리한다. • 친숙하지 않다. • 즐겁지 않다. • 거래하고 있다는 사실을 의식할 　수밖에 없다.	• 편리하다. • 수고가 들지 않는다. • 시간이 걸리지 않는다. • 알기 쉽다. • 자동으로 처리해준다. • 친숙하다. • 즐겁다. • 거래하고 있다는 사실을 의식하지 　않는다.

어난 서비스다. 기존 금융기관과는 정반대다.

차세대 금융 산업을 둘러싼 대결에서 변혁의 압박을 받는 쪽은 당연히 기존 금융기관이다. 금융기관의 '당연함'이 아닌 인터넷 기업의 '당연함'을 도입하는 것이 중요한 과제다.

결과적으로 우리가 익히 아는 기존 금융기관은 그 모습을 크게 바꾸게 된다. 그때 무엇이 파괴되고 무엇이 남게 될까?

파괴되는 것은 이른바 과거의 유산, 구체적으로는 점포와 사람과 시스템이다. 금융업계의 질서도 파괴될 것이다. 업계 영역도 파괴될 것이다. 업계가 갖는 지위와 영향력도 파괴될 것이다. 기존의 기능과 존재 의의도 파괴될 것이다. 그리고 금융 시스템 자체가 파괴될 것이다.

은행은 개인과 영세기업을
어떻게 심사할 것인가

—

금융기관의 역할에 관해 정리해보자. 은행의 3대 기능은 금융 중개, 신용 창조, 결제다. 이 기능을 제공하는 은행의 3대 업무가 예금, 대출, 환전이다. 여기서 금융 중개는 예금을 모아서 빌려주는 업무다.

금융 중개는 요컨대 돈이 남는 곳에서 돈을 모아 돈이 필요한 곳에 융통하는 기능이다. 일본의 경우 제2차 세계대전 후 은행의 금융 중개는 충분히 기능해왔다. 특히 대기업과 기간산업을 중심으로 자금 수요가 왕성했다. 당시에는 직접금융이 발달하지 않았던 데다가 그 이상으로 자금 수요가 왕성했기 때문에 은행에 의한 금융 중개가 필요했다.

은행은 기업과 개인의 자금 수요에 부응해 돈을 빌려주고자 한다. 대출 심사에서 은행은 담보주의(대출에는 기본적으로 담보를 잡아야 한다는 사고방식)를 취했다. 개인 대상 융자는 상환 능력을 중시했다. 구체적으로는 그 사람의 직업과 연봉을 보는 것이다. 은행의 담보주의는 지금도 크게 다르지 않다. 기업은 담보를 얼마만큼 갖고 있느냐로 신

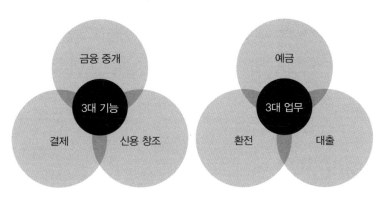

은행의 3대 기능과 3대 업무

금융 중개	예금
3대 기능	3대 업무
결제 / 신용 창조	환전 / 대출

용력이 크게 좌우된다. 개인 대상 대출의 경우 그 사람이 형식적으로 얼마만큼 상환 능력이 있느냐가 검토된다. 이때는 연봉과 은행에서 포착할 수 있는 기존 차입액이 중시된다. 고도성장기 이후 얼마간은 이런 시스템이 제 역할을 했으며 금융 당국의 금융정책도 기능했다.

하지만 최근 들어 대기업과 기간산업에서 모두 왕성한 자금 수요가 없다. 게다가 투자자로부터 출자를 받는 직접금융이라는 수단도 충분히 자리를 잡았다. 대신에 현재 자금 수요가 발생하는 곳이 바로 중소기업, 영세기업, 혹은 개인이다. 그렇다면 은행은 이들에 대해 충분한 금융 중개 기능을 다하고 있을까? 대답은 '아니오'다. 은행은 자신의 3대 기능 중 하나인 금융 중개 역할을 제대로 못 하고 있다. 담보주의를 취해왔던 은행은 영세기업과 개인의 진정한 신용력을 심사하는 능력이 부족하기 때문이다.

빅데이터 기반의
본질적인 신용력

—

한편 아마존과 알리바바 같은 금융 디스럽터는 대출을 할 때 담보주의에 기대지 않고 본질적인 신용을 본다. 이 점이 매우 중요하다. 이 기업들의 플랫폼에 개인의 더 본질적인 신용 정보를 빅데이터로 축적하고 그것을 대출에 활용하는 것이다. 이 점에서 금융 디스럽터는 기존 금융기관보다 금융의 본질에 더 다가서 있다.

은행은 담보가 있는 기업의 신용력은 심사할 수 있어도, 상류^{商流}를 핵심으로 판단하고 심사하는 기법은 애초에 은행업계에 있지도 않았다. 기업에서 생성되는 상류 데이터를 이용하지 않았기 때문이다. 기업에서 기업으로 송금되는 정보, 즉 '보물'을 가졌는데도 이를 빅데이터로 활용하지 못한 것이다.

한편 차세대 금융 참여자가 보유한 거대한 플랫폼은 상류, 물류, 금류^{金流}(돈의 흐름) 세 가지를 다 품고 있다. 이를 차세대 금융 참여자의 3대 기능이라고 부르자. 예를 들면 아마존 렌딩과 알리바바의 중소기

금융 디스럽터의 3대 기능

상류

3대 기능

물류　　금류

업 대상 대출은 상류와 연결되어 있다. 아마존은 자사를 이용하는 판매 사업자가 누구에게 무엇을 얼마나 팔고 있는지를 파악한다. 풀필먼트 바이 아마존Fulfilment By Amazon(주문 처리 서비스)을 통해 물류까지 장악했다. 이렇게 축적된 데이터를 바탕으로 신용력을 심사해 돈을 빌려주는 것이다.

　다시 말해 이런 뜻이다. 은행은 법인 거래에서 기존처럼 담보주의로 돈을 빌려주고자 한다. 반면에 차세대 금융 참여자는 주로 상류를 보고 돈을 빌려준다.

　개인에 대한 융자에서도 이제까지 은행은 상환 능력을 살펴봤다. 그러나 이는 형식적인 확인일 뿐, 실제 수입과 차입액을 완전히 포착하지는 못하여 대출 초과가 될 위험도 있었다. 차세대 금융 참여자는 개인 융자에서도 상류를 보고 돈을 빌려준다. 축적된 빅데이터가 그동안 약속을 잘 지켜왔는지, 애초에 상환 의사가 있는지와 같은 개인의 신용력을 보증하는 것이다.

일본을 포함한 선진국에서 정말로 자금이 필요한 곳은 영세기업과 개인이다. 이들에 대한 대출이 가능한 곳은 담보주의를 핵심으로 하는 은행이 아니라 알리바바와 아마존이지 않을까? 이런 상황을 눈앞에 마주할 때마다 금융의 방향성을 변혁하고 지금 시대에 걸맞게 추구하는 곳은 기존 금융기관이 아니라 이들을 파괴하려 하는 차세대 금융 참여자라는 생각이 든다.

그럼에도 기존 금융기관에 중요하게 남는 것

—

하지만 기존 금융기관의 점포, 사람, 시스템이 전부 파괴되는 것은 아니다. 이것들은 새롭게 정의되어 새로운 점포, 사람, 시스템으로 존속하게 된다. 새로운 업계 질서가 탄생하고 새로운 업계 영역이 탄생하는 것이다.

은행으로서의 신용과 신뢰도 남는다. 필자는 신용과 신뢰가 금융 디스럽터들에 의해 쉽게 대체될 수 없는 기존 금융기관의 존재 이유라고 판단한다. 커뮤니케이션 앱과 일체화한 라인페이는 분명 편리하고 우리 생활을 완전히 변화시킬지도 모른다.

그러나 라인 은행이나 라인에 거액의 자금을 맡기고 싶을까? 지금으로서는 5,000엔을 라인페이에 충전해 쓰는 일은 있어도 '혹시 계좌를 도난당한다면?' 하는 불안감 때문에 적지 않은 사람이 라인페이와 은행 계좌를 연결하는 데 거부감을 느끼기도 할 것이다.

인터넷 기업과 비교하여 기존 금융기관이 유리한 점은 이런 신용이

은행의 새로운 질서

파괴되는 것	남겨지는 것
• '유산'	• '유산'이 아닌 것
• 점포, 사람, 시스템	• 새롭게 정의된 점포, 사람, 시스템
• 기존 업계 질서	• 새로운 업계 질서
• 기존 업계 영역	• 새로운 업계 영역
• 업계로서 갖는 지위와 영향력	• 신용, 신뢰
• 기존의 기능과 존재 의의	• 전문성
• 기존 금융 시스템 자체	• '뱅크(저장하는 곳)'

며 신뢰다. 반대로 말하면 은행은 이것마저 잃어버린다면 끝장이다. 덧붙이자면 '저장하는' 장소로서의 전문성도 남을 것이다. '뱅크bank' 란 '저장소'라는 뜻이다. 정보와 데이터를 저장하는 장소가 되고자 계획하고 있다.

그러나 전자상거래 정보와 빅데이터의 저장소가 되겠다고 한들 인터넷 기업과 싸워 승산은 없다. 오히려 이 대결에서는 자신들의 목을 조를 위험이 있다. '데이터 시대'라는 말이 나오게 된 한편으로 프라이버시를 존중해야 한다는 의견도 지배적이다. 미국에서도 애플과 마이크로소프트는 프라이버시를 중시하는 자세로 높은 평가를 얻고 있다. 빅데이터의 활용이라는 점에서 거대 플랫폼 기업에 뒤처진 일본 은행이 자신만의 논리로 데이터의 이용을 내세워 가장 중요한 고객으로부터 신용과 신뢰를 잃어버리는 일만은 절대 피해야 할 것이다.

제3장

오늘의 금융을
반성하다

리먼 쇼크는
왜 일어났는가

—

이번 장에서는 필자의 경력과 가치관, 문제의식을 설명해두고자 한다. 필자가 차세대 금융 산업을 논하게 된 과정을 이해하는 데 도움이 된다고 생각하기 때문이기도 하다.

필자는 전공인 '전략 & 마케팅'과 '리더십 & 미션 매니지먼트'라는 관점에서 아마존과 차세대 자동차 산업을 분석해 『아마존 미래전략 2022』와 『2022 누가 자동차 산업을 지배하는가?』로 발표했다. 그러나 직장인으로서의 내 뿌리는 IT도 자동차도 아닌 금융업계에 있다.

필자는 1987년 옛 미쓰비시 은행에 입사했다. 입사 1년 차는 도쿄 진보초 지점에 발령받아 중소기업 대상의 융자 업무와 외국환 업무를 담당했다. 아직 일본에 시중은행이 13곳뿐이었던 시절이다.

3년 차에 본사로 자리를 옮긴 이후에는 일본 국내외 대기업의 대형 프로젝트 파이낸싱Project Financing(기업이 추진하는 대규모 사업에 대해 은행 등의 금융기관이 수익성과 미래 현금 창출 능력을 담보로 자금을 지원하는 것)

업무를 경험했다. 프로젝트 개발부 및 프로젝트 영업부에서는 해외의 제유소製油所, LNG 기지, 발전소, 호텔과 쇼핑센터, 사무실 등 대형 개발의 파이낸스와 미국 공장 진출을 위한 차입리스Leveraged Lease 조성 업무 등에 종사했다. 시카고대 경영대학원에서 공부한 후 1997년 7월에는 싱가포르 현지 법인에 발령받아 비일본계 대형 재벌기업의 M&A와 파이낸스 조성 등 투자은행 업무를 담당했다.

그 후 외국계 금융기관으로 이직하여 1998년부터는 씨티은행 자산증권부 트랜잭터Transactor(부사장), BOA증권 구조화금융 부장(부문장), ABN암로증권 오리지네이션Origination 본부장(상무이사) 등을 역임했다.

여기서 분명히 밝혀두고 싶은 것은 필자가 일관되게 금융 실무에 관여하고 있었다는 점, 그중에서도 프로젝트 파이낸싱과 증권화 등 구조화금융 비즈니스에 오랫동안 종사해왔다는 점이다. 지금부터 설명할 나의 문제의식은 그런 환경 속에서 배양된 것이다.

서브프라임 문제의 본질

리먼 쇼크의 한가운데에서 필자는 일본 은행 전문지《은행 법무21銀行法務21》에 「서브프라임 대출 문제의 구조와 본질」이라는 논고를 발표했다(2007년 10월). '리먼 쇼크는 증권화 문제가 수면 위로 드러난 것'이라는 주장을 펼치면서 일곱 가지 문제를 지적했다. 금융 전문가들을 대상으로 한 해설이라 조금 어려운데, 다음과 같다.

- 문제가 복잡하고 관계 당사자가 많으며 그 관계 당사자가 세계 금융의 주요 참여자다.
- 레버리지Leverage(차입자본(부채)을 이용한 투자 기법)라는 기본적 금융 기능의 단점이 드러나고 있다.
- 금융, 금융 기법, 금융 상품의 중요한 전제와 가정이 도전받고 있다.
- 시장에서 영향력이 큰 금융 상품의 약점도 도전받고 있다.
- ABCP(단기 증권화 상품) 유동성 저하 문제가 장기화되고 미국 은행 및 미국 금융 당국이 증권화 상품을 재검토함에 따라 대규모의 신용 수축이 일어날 수 있다.
- 원채권인 서브프라임 대출에서 파생 상품인 CDO에 이르는 과정이 복잡하며, 관계 당사자도 여러 방면에 걸쳐 있어 워크아웃이 곤란하다.
- 복합적으로 주인 · 대리인 문제Principal-Agent Problem가 이슈로 부각하고 있다.

증권화 비즈니스의 핵심에 있던 사람이 문제 원인을 상세하게 설명한 사례가 당시에는 드물지 않았나 생각된다.

금융의 바람직한 존재 의의
이런 논고를 발표한 것은 서브프라임 대출 문제와 리먼 쇼크의 원인을 만들어낸 증권화 비즈니스 당사자로서의 반성과 사명감 때문이다.

일본의 증권화 비즈니스 초창기에 필자는 회계사, 세무사, 변호사와 함께 새로운 기획안을 발표하고, 때로는 금융청(금융정책을 기획·입안하고 금융기관을 관리·감독하는 일본의 행정기관으로, 한국의 금융위원회에 해당한다)을 방문해 협의하며 새로운 비즈니스를 창조했다.

그랬던 만큼 내 업무가 결과적으로 부동산 거품을 조장하고 서브프라임 대출 문제와 리먼 쇼크라는 미증유의 사태를 일으키는 데 일조했다는 사실에서 벗어날 수는 없다. 따라서 필자는 현대 금융이 떠안은 문제점과 금융의 바람직한 존재상을 계속 고민해왔다. 그 일부를 『미션의 경영학ミッションの経営学』(2012)에도 다음과 같이 기록했다.

(…) 그렇다고는 하나, 결국 기업은 이익을 내어 혹독한 경쟁에서 승자로 남아야 한다. 사회적인 사명과 역할을 내걸어본들 이익을 추구하는 자세를 잃어버린다면 기업 활동을 유지할 수 없는 것이 아니냐는 의견이 들려온다. 사람은 아름다운 미션에 찬동해서 모여들기 이전에 돈이 많은 쪽으로 모이는 것이 아니냐는 의견도 있다. 분명 이익을 추구하는 것은 기업이 존속하고 성장해가기 위한 필요조건이다. 이익 추구가 잘되지 않으면 당연히 건전한 경영은 바랄 수 없다. 임직원에 대한 보수도, 주주에 대한 배당도 만족스럽게 지급하지 못하여 여러 이해 당사자에게 외면당하고 만다. 중요한 것은 미션적인 개념과 이익 추구 사이에서 균형을 잡는 일이다. 최근 지속 가능성이라는 말을 접할 기회가 많다. 원래는 수산자원

을 어떻게 하면 줄이지 않으면서도 지속적으로 어획량을 확보할 수 있을까 하는 생각에서 출발한 개념이다. 이 지속 가능성이라는 개념이 이제 경영에도 파급되고 있다. 기업은 장기적으로 존재하기 위해 어떤 전략을 취해야 하는가?

예를 들면 이익 지상주의가 있다. 벌어들일 수 있는 만큼 최대한 벌어들이되 임직원과 사회에는 충분히 환원하지 않는 경영이다. 단기적으로 실적을 올려 기업을 성장시키려면 가장 어울리는 방법일 수 있다. 그러나 그렇게 오만한 경영은 결국 임직원과 고객, 사회 전체로부터 외면당하여 오래 지속될 수 없다. 이익 지상주의를 버리고 더욱 많은 이해 당사자에게 이익을 환원한다면 급격한 성장은 바라지 못하더라도 지속적인 경영이 가능해진다.

사실 리먼 쇼크가 일어나기 직전까지 기업은 대부분 지속 가능성보다 오히려 단기주의로 치달았다. 단기주의란 기업이 투자자의 의향에 따르려고 주가를 올리기 위해 단기적인 결과를 추구하는 경영 자세다. 이익 지상주의와 효율주의가 중심이며 미션적인 개념은 그다지 검토되는 경우가 없었다.

하지만 서브프라임 문제부터 리먼 쇼크까지 100년에 한 번이라는 말이 나오는 금융 위기가 세계경제를 강타하면서 상황은 급변했다. 주주 우선의 단기주의 경영으로는 최종적으로 경제 전체가 파탄 날 우려가 있다. 따라서 지속 가능성을 탑재한 경영이 새롭게 요구되는 것이다. 필자는 리먼 쇼크 전에 당시 날아가는 새도 떨어뜨릴 기세로 성장세를 이어가던 상장 부동산 회사 몇 군데를 고객으로 담당했다. 솔직히 말하자면 미션적인 개념은 아직 명확히 형성되지 않았으며 기업의 주주 가치를 얼마나 높일 수 있을지, 상장해서 주가를 더욱 높이려면 어떻게 해야 좋을지와 같은 당시 주류였던 전략 컨설팅을 하고 있었다. 그중에서 기업 몇 곳의 전말은 그야말로 경영에서 미션적인 관점이 얼마나 중요한지를 여실히 보여줬다.

필자가 담당한 부동산 회사 A사는 급성장하던 상장 신흥 부동산 회사였다. 소위 서브프라임 대출에서 볼 수 있는 방식으로 부동산을 증권화해서 판매하는 부동산 유동화가 유행하던 무렵, A사도 이 방식을 통해 이익을 낸 부동산 회사였다. 당시 신흥 부동산 회사는 대부분 A사처럼 부동산 유동화로 이익을 내는 동시에, 이에 따라 자사의 주가를 올리고 주주 가치를 높이는 방식이 일반적이었다. 이때는 어떻게 단기적으로 효율 높게 실적을 올릴지, 올린 실적을 어떻게 자사의 주가에 반영시킬지와 같은 것이 경영의 최우선 과제였다.

A사의 사장은 젊고 재능 넘치는 사람으로 카리스마까지 겸비하여 앞으로의 부동산업계를 짊어질 인물이라며 촉망받았다. 하지만 A사가 그야말로 한창 화려한 성장을 이룩하던 때 서브프라임 문제가 발생했고 리먼 쇼크가 덮쳤다. 그 결과, 당시 상장 신흥 부동산 회사는 대부분 경영 파탄과 도산의 시련을 겪었는데 A사도 경

영난에 빠져 도산하고 말았다.

지금 와서 생각해보면 분명히 부동산 거품이었지만, 상장 신흥 부동산 회사는 대부분 그런 게임판의 분위기에 잔뜩 취해 있었다. 게임 속에서 이익을 내며 파이 쟁탈전에 여념이 없었다. 솔직히 당시에 기업의 사회적 사명이라든가 존재 의의 같은 것을 일러줬던들 대다수 경영자는 제대로 마주하지 않았을 것이다. 현실에서 미션적인 개념 같은 것은 거의 검토하지 않았다.

여기에서 되새겨야 할 내용은 '리먼 쇼크가 일어나기 직전까지 기업은 단기적인 결과를 추구하며 이익 지상주의와 효율주의로 치달았다. 미션은 검토되지 않았다'라는 것이다. 이는 나 자신에게도 해당했다.

금융은
과학이다?

—

    이익 지상주의와 효율주의는 철저한 합리주의에 기초한 사상이다. 특히 미국 은행의 경영은 한마디로 합리적이다. 필자가 시카고 대학 MBA에 유학 중일 때 배운 파이낸스와 계량경제학도 합리주의의 극치였다. 미국의 합리주의, 특히 시카고 대학의 계량경제학은 말하자면 '모든 것의 수량화'를 시도하는 학문이다. 이는 미국 은행의 경영에서도 마찬가지였다.

모든 위험을 계량화하여 분석한다

    필자는《은행 법무 21》(2007년 1월 호)에 「ABL의 의의와 본질」이라는 논고를 기고했다. ABL이란 자산담보대출Asset Based Lending을 뜻한다. 동산·재고, 부동산, 금전채권, 지식재산권 등 자산을 기반으로 하는 파이낸스를 포괄한 표현이다.

    ABL이 발달한 곳은 미국이다. 당시 미국 은행은 RAROC Risk Adjusted

Return on Capital(위험조정자본수익률)와 성과 평가 등으로 대표되는 경제적 자본Economic Capital(금융기관이 영업 활동 과정에서 부담하는 위험을 흡수하는 데 필요한 자본) 경영을 도입하고 있었다. 이는 미국 은행 경영의 본질이라고도 할 수 있는 '모든 위험을 계량화해 분석하여 경영하는 기법'이었다.

금융업에 종사하는 사람은 대체로 '금융은 과학이다'라는 의식이 있다. 정확하게는 '과학이라 생각하고 싶다'라고 해야 할지도 모르겠다. 경제적 자본 경영이라 하면 신용 위험뿐만 아니라 국가적 위험, 비즈니스 위험도 계량화하여 수익률을 도출하는 것이다. 각 부문, 각 영업소, 각 거래처, 각 거래에서도 위험을 관리한다. 과학이라고 부르는 것이 어울릴 만큼 세밀한 영역이기도 하다. 필자도 이를 높이 평가했다.

고도화된 이론의 함정

하지만 현실에서는 리먼 쇼크로 인해 그 오류가 분명해졌다. 즉 금융은 과학이 될 수 없던 것이다.

문제는 어디에 있었을까? 모든 이론이 그렇듯이 이론은 다양한 전제와 가설에 근거한다. 금융에서도 이론적으로 고도화되면 전제와 가설이 늘어난다는 숙명이 있다. 그리고 전제 조건을 하나씩 추려내다 보면 '정말로 이것이 항상 올바른 것일까?'라고 고개를 갸우뚱거릴 법한 것까지 포함되고 만다. 증권화 비즈니스도 전제와 가설의 집합체였다.

수량화해서 파악하려는 시도 자체는 비즈니스에서 합리적이며 또 불가결하기도 하다. 그러나 모든 것을 수치화해서 해결하려는 데는 무리가 있다. 이런 현실이 표면화한 것이 서브프라임 대출 문제이며 리먼 쇼크라고 필자는 결론을 내렸다.

그렇다면 금융은 어떠해야 하는가? 필자가 일단 금융업계를 떠났던 이유는 바로 그런 물음에 등을 떠밀렸기 때문이다. 이런 문제점을 되돌아보면서 향후 금융의 '바람직한 존재상'에 대해 고민하기를 게을리 한다면 리먼 쇼크는 반복될 것이다.

거품은 반복된다

『금융 도취의 짧은 역사 A Short History of Financial Euphoria』(1993, Financial Euphoria는 '금융 기억상실증'이라는 뜻으로, 과거 금융 위기의 사례에서 교훈을 찾지 못하고 같은 잘못을 지속적으로 반복함으로써 금융 위기를 계속 발생시키는 상황을 비판하기 위해 만든 조어)를 쓴 경제학자 존 케네스 갤브레이스 John Kenneth Galbraith도 '거품은 늘 발생하는 법'이라고 말했다. 어째서 거품은 반복되는 것일까? 거품 붕괴를 경험한 사람은 그 시점에 일단 시장에서 퇴장해버리기 때문이다. 리먼 쇼크 경험자도 대부분 퇴장했다. 일찍이 '호된 경험을 치른' 사람의 경험이 계승되지 않는다면 다음 세대가 똑같은 잘못을 반복하는 것을 막을 수 없다. 거품 시기마다 '이번에는 정말 거품이 아니다'라는 논란이 발생하는 이유는 그 때문이다. 리먼 쇼크 이전의 부동산 금융 시장에서도 "예전에는 현금흐름할인 Discounted Cash Flow이라는 개념이 없었다. 비소구금융 Non-recourse Loan

같은 것도 없었다"라면서 "예전 금융은 과학이 아니었지만, 지금 금융은 과학이다"라는 의견이 대세였다.

그러나 결과는 지금 보는 대로다. 갤브레이스는 "새로운 것이 생겨난 듯 보이지만 본질은 아무것도 달라지지 않았다"라는 점을 지적한 것이다. 거품 절정기에 즈음해서는 뛰어난 참여자도 이를 거품이라고 간파하지 못했다.

1998년 10월, 일본장기신용은행(현 일본 신세이 은행) 경영 파탄 전후의 일이 지금도 선명히 떠오른다. '다음에는 ○○가 망할 것'이라는 소문이 끊이지 않았고, 이듬해에는 르노의 닛산자동차 지원이 결정됐다. 필자는 당시 씨티은행에 근무하면서 닛산 본사와 금융 자회사의 증권화를 담당하고 있었다. 닛산 그룹과 거액의 증권화 거래를 하던 중에 M&A 담당자와 닛산 담당자가 분주히 움직이는 모습을 가까이에서 지켜봤다. 그야말로 '최후 인수자Last Resort'로서 르노가 닛산의 구제를 결정했으며 인수 거래도 무사히 마무리된 것을 아직도 생생히 기억한다.

일본 금융 위기로부터 거의 10년이 지났을 무렵에 리먼 쇼크가 일어나고 말았다. 증권화 비즈니스에 종사하는 사람이 그때까지 품고 있던 자부심은 강렬한 자성과 반성으로 180도 바뀌었다. 필자가 그 후 금융업계를 떠난 것도 이것이 커다란 계기가 됐다. 그 후로도 '금융은 정말로 가치를 창출하고 있는가?', '금융은 고객의 문제를 정말로 해결하고 있는가?'에 대해 계속 자문자답해왔다.

"새로운 것이 생겨난 듯 보이지만 본질은 아무것도 달라지지 않았다"라는 갤브레이스의 지적은 현재의 '빅데이터×AI'주의에도 여전히 들어맞는다고 봐야 한다.

자부심과 폭주

결국 리먼 쇼크가 발생할 때까지 미국의 금융 산업은 나를 포함하여 금융이 가치를 창출한다는 자부심이 지나쳤던 것 같다. 금융이란 본래 단독으로가 아니라 다양한 산업과 협력함으로써 가치를 창출한다고 할 수 있다. 하지만 금융이 독자 노선을 걷는 사이에 '돈이 돈을 낳는' 측면이 폭주하기 시작했다.

폭주의 한 단면이 앞에서 설명한 경제적 자본 경영이다. 필자는 지금도 경제적 자본 경영 자체는 매우 뛰어난 경영 기법이라고 본다.

그러나 도가 너무 지나쳤던 것이 문제다. 신용 위험과 시장 위험, 비즈니스 위험, 국가적 위험 등 모든 것을 정량화하려 했던 시도에 무리가 있었다. 앞에서도 지적했듯이 정량화에는 '모든 데이터가 정규분포일 것'과 같은 식의 전제 조건 설정이 필수적이다. 그러나 모든 데이터가 정규분포를 따른다고는 단정할 수 없다. 이런 전제 조건의 오류가 과학처럼 정밀해 보였던 경제적 자본 경영을 파탄으로 몰아넣었다.

돈을 버는 것은
투자자와 금융기관뿐

—

미국 금융기관의 과도함은 투자자를 과도하게 중시하고 자사 이익을 과도하게 추구하는 것으로 나타나기도 했다.

리먼 쇼크 이전까지 미국 금융기관의 비즈니스 모델을 한마디로 설명한다면 바로 '투자자에게 금융 상품을 판매하기 위해 금융자산을 창조하는 전략', '발행 후 판매Originate to Distribute 전략'이다.

당시 미국 금융기관의 3대 업무는 발행Origination, 판매Distribution, 거래 Trading라고 여겨졌다.

발행이란 일반적으로 '프라이머리 업무'라 불리는데 금융 상품을 창조(발행)하는 업무다. 대표적인 것은 신디케이트 론Syndicated Loan(2개 이상의 금융기관이 차관단(신디케이트)을 구성해 융자하는 일종의 집단 대출) 조성과 주식 발행 조성, 채권 발행 조성이다. 구조화금융과 증권화 상품 조성도 여기에 포함된다. 발행체 측인 기업과의 업무가 주이며 자금 조달 업무라고도 할 수 있다.

판매란 조성된 주식이나 채권, 대출 상품 등을 투자자에게 판매하는 업무다. 거래는 자사 자금으로 주식이나 채권을 사고파는 업무다.

발행 후 판매 전략이란 결국 투자자에게 판매하기 위해 금융 상품을 조성하는 전략이다.

그 전략 자체의 시비는 차치하더라도 '과도해진' 점은 틀림없는 사실이다. 예를 들면 '서브프라임'이라 불리는, 상환 능력이 높지 않은 사람에 대해 조성된 대출 상품이 서브프라임 대출이다. 이 대출 채권을 매각해 증권화하는 업무가 증권화 거래인데, 그 과정에서 많은 금융기관이 자회사와 관련사를 동원해 증권화 대상이던 소비자 대상의 대출까지 창조하기 시작했다. 이것이 리먼 쇼크에 상당히 큰 영향을 미쳤다. 증권화 상품과 그 보증 자산이 되어 있던 소비자 대출 양쪽 모두가 위기에 직면했기 때문이다.

미국 금융기관도 원래는 전통적인 은행의 3대 업무인 융자, 결제, 예금이 수익의 골자다. 직접금융이 발달하지 않고 대기업의 자금 수요가 왕성했던 시대에는 3대 업무만으로도 문제가 없었다. 그러나 시대가 지남에 따라 대기업의 자금 수요는 침체했다. 침체한 수요를 메우기 위해 증권화 비즈니스가 탄생했으며, 마침내 자신들이 직접 대출을 조성하는 데까지 규모를 확장했다.

이렇게 위험도가 높은 금융 상품이 수익원이 된 결과, 미국 금융기관은 ROE Return On Equity (자기자본이익률)가 15%를 넘는, 터무니없이 높은 숫자를 달성하기 시작했다. 경영진과 실무를 담당하는 금융인이 수

중에 넣는 성공 보수도 수억에서 수십억 엔이라는 막대한 액수를 기록했다. 보수가 고액이라고 해서 정당하지 않다고는 단언할 수 없다. 그러나 발행 후 판매 전략으로 풍족해진 쪽은 투자자와 금융기관뿐이었다.

금융기관의 고객은 투자자뿐만이 아니다. 시민(예금주)과 융자 지원 기업도 고객이며 중요한 이해 당사자다. 그러나 발행 후 판매 전략은 유감스럽게도 투자자의 이익 쪽으로 크게 치우쳐 있었다. 동시에 어디를 가더라도 은행의 논리가 관철되어 있었다. 발행 후 판매 전략은 자사의 재무제표를 윤택하게 하고 경영지표를 개선하고 주주를 만족시키기 위한 전략이었을 뿐, 예금주와 융자 지원 기업 같은 그 밖의 이해 당사자를 윤택하게 하는 것은 전혀 아니었다.

거기에는 고객 지향이라는 관점이 결정적으로 부족했다. 아마 당시 금융기관에는 그런 자각조차 없었을 것이다. 나 자신도 착각하고 있었음을 반성 중이다. 본래 다해야 할 금융의 역할을 경시하고 돈벌이로만 치닫는 금융기관에 대해 비판의 목소리는 계속 높아졌다.

금융은 정말로
가치를 창출하는가

—

　결국 필자는 줄곧 '무엇이 진정한Authentic 것인가?'라는 문제를 고민했다. 금융에서는 가수요에 대해 실수요, 투기 요인에 대해 펀더멘털 요인Fundamental Factor이 더 본질적이며 진정한 것이라고 여겨진다. 진짜에 관해 생각한다면 실수요(펀더멘털)를 고려하지 않을 수 없다.

　부동산 거품이 꺼지고 리먼 쇼크가 발생했을 때 무슨 일이 일어났을까? 일본 자스닥JASDAQ에 상장했던 신흥 부동산 기업 수십 곳은 단 몇 군데를 제외하고 도산했다. 살아남은 곳은 은행이 지원한 기업뿐이다. 1991년에 거품이 꺼졌을 때도 그랬다. 회사의 생존 여부는 마지막에 은행이 지원하는지로 결정되는 것이다. 은행이 지원한 곳은 무난하게 경영해온 기업, 사회성 강한 사업을 전개했던 기업 등 펀더멘털이 양호한 몇 곳이었다.

　이런 사태를 눈앞에서 목격한 필자는 '금융은 정말로 가치를 창출하는가?', '금융의 역할이란 무엇인가?', '금융이란 본래 어떠해야 하는

가?'라는 문제를 고민하지 않을 수 없었다. 이때는 단기주의를 탈피하여 더 장기적인 기간을 두고 내다보는 안목이 중요하다. 리먼 쇼크는 '100년에 한 번 오는 위기'라고 불렸는데 200년, 300년처럼 더 긴 시간을 의식해야 단기적인 한계를 뛰어넘는 것이 가능해질 것이다.

돈이 돈을 낳는다는 논란이 있다. 프랑스 경제학자 토마 피케티가 쓴 『21세기 자본』(2014)의 키워드이기도 한 r>g라는 부등식이 유명하다. 이는 'r = 자본수익률 = 주식이나 부동산으로 벌어들이는 수익률'이 'g = 경제성장률 = 노동으로 얻을 수 있는 소득의 증가율'을 웃도는 것을 의미한다.

이른바 보통의 사업은 물건을 만들어 팔아 돈을 벌거나, 서비스를 제공해서 돈을 번다. 반면에 금융 세계에서는 돈 자체에 협의의 '노동'이라는 행위는 없다. 그러나 돈이 돈을 낳음으로써 보통의 사업을 웃도는 자본수익률을 올리는 셈이다.

그렇다면 금융은 어떻게 가치를 창출하고 있는 것일까? 리먼 쇼크는 r>g의 모순을 보여준 사례이며 사실 금융은 가치를 낳지 않았다는 견해도 있을 것이다. 그러나 필자는 그렇지 않다고 본다. 금융의 본래 역할은 다른 데 있기 때문이다.

지금 탄생하고 있는 차세대 금융을 고찰할 때도 이것은 중요한 논점이다. 이런 본질적 물음에서부터 생각하지 않으면 디지털화에서 출발이 늦은 일본의 기존 금융기관은 금융 디스럽터들에게 명함도 내밀 수 없다. 이런 본질을 꿰뚫고 있는 곳이 금융 디스럽터임이 분명하기 때문이다.

　다음 장부터 금융 디스럽터와 기존 금융 산업 참여자들의 동향을 추적하면서 차세대 금융 산업의 모든 것을 살펴보기로 한다.

제2부

금융 디스럽터의 전략

제4장

아마존 뱅크가
탄생하는 날

에브리싱 컴퍼니가 생각하는
금융 사업

—

기존 금융 산업을 파괴하는 참여자로 가장 먼저 소개하려는 곳은 아마존이다. '아마존은 무슨 회사인가?'라는 물음에 '금융회사'라고 대답하는 사람은 적을 것이다.

그러나 '아마존은 세계 1위의 온라인 서점이다'라는 대답도 충분하지는 않다. 아마존은 이제 책뿐만 아니라 생활용품과 가전, 디지털 콘텐츠, 신선식품 등을 포함해 모든 것을 파는 '에브리싱 스토어'로 변모했다. 나아가 '스토어'라는 틀마저 뛰어넘어 클라우드 서비스와 음성 AI, 심지어 우주 사업에 이르기까지 모든 사업을 전개하는 '에브리싱 컴퍼니'로 성장했다.

수익 구조를 살펴보면 가장 중요한 사업은 '아마존 웹서비스AWS'다. 아마존의 인터넷 쇼핑 사업을 지원하기 위해 엄청난 인력, 물자, 자금을 투입해 개발한 클라우드 컴퓨팅 시스템을 사외에 개방해 사업화한 것이다. AWS는 세계 클라우드 시장 점유율 30%를 차지하고 있다. 매출을 살펴보면 아마존 전체의 10%, 영업이익에서는 전체 70%를 차지하기에 이른다.

모든 경제활동을 완결하는 아마존 경제권

결과적으로 모든 경제활동이 아마존이라는 요새 안에서 완결되는 아마존 경제권이 탄생했다. 이제 아마존 없는 생활은 상상할 수 없다고 생각하는 사람도 많을 것이다.

최근 일이 년을 보더라도 아마존 경제권의 확대를 보여주는 소식이 잇따랐다. 2017년에는 고급 슈퍼마켓 체인인 홀푸드Whole Foods를 137억 달러에 인수했고, 2018년 1월에는 무인 계산대 편의점인 아마존 고의 영업을 일반인 대상으로 개시했다. 이는 아마존의 소매가 '온라인 = 전자상거래'에서 '오프라인 = 실제 점포'로 진출하여 온라인과 오프라인을 통합하는 OMOOnline Merges with Offline로까지 진화했다는 것을 의미한다.

음성인식 AI 비서인 아마존 알렉사도 쾌조를 이어간다. 아마존은 알렉사를 서드파티Third Party에 공개함으로써 생활 서비스 전반에 알렉사를 자리 잡게 만들어 독자적인 생태계를 형성하려는 계획을 세웠다.

예상대로 알렉사는 스마트 스피커를 비롯한 다양한 가전제품에 탑재되어 음성인식 AI로서 정착하고 있다. 2018년 8월부터는 자동차에 탑재된 알렉사를 통해 홀푸드에 주문하면 홀푸드 매장에서 상품을 픽업할 수 있는 서비스를 제공하기 시작했다. 2019년 1월, 라스베이거

1	지구에서 가장 고객 중심적인 회사'라는 미션과 고객 경험에 대한 집착

2	'저렴한 가격×풍부한 상품 구성×신속한 배달'에 대한 집착

3	'담대한 비전×고속의 PDCA'에 대한 집착

스에서 개최된 국제가전박람회CES 2019에서는 알렉사 탑재 기기가 이미 2만 종에 달했다고 발표했다.

이처럼 모든 사업을 집어삼키려는 아마존이 중소기업 대상의 대출 프로그램인 아마존 렌딩과 온라인 결제 서비스인 아마존페이 같은 금융 관련 사업을 전개하는 것은 새삼 놀라운 일도 아니다. 진작부터 '뱅크 오브 아마존(아마존 은행)'이 탄생한다는 소문이 들려오고 있다.

그러나 개별 뉴스만 좇아서는 그 엄청난 질량과 속도에 농락당할 뿐 아마존의 현재 상황을 파악할 수도, 아마존의 미래를 예측할 수도 없다.

아마존이 집착하는 것들

아마존에게 금융이란 어떤 의미를 지닐까? 이를 알기 위해서는 아마존이 어떤 회사인지를 돌이켜볼 필요가 있다.

아마존을 알려면 아마존의 창업주이자 CEO인 제프 베조스가 지닌 강렬하고도 독특한 미션과 비전에 초점을 맞춰야 한다. 이는 필자가 『아마존 미래전략 2022』부터 일관되게 말해온 것이다. 자세한 내용은 그 책을 참조하길 바라며, 이 책에서는 다음 세 가지를 지적하고자 한다.

첫째, '지구에서 가장 고객 중심적인 회사'라는 미션을 가지고 고객 경험에 집착한다.

둘째, '저렴한 가격×풍부한 상품 구성×신속한 배달'에 집착한다.

셋째, '담대한 비전×고속의 PDCA^{Plan-Do-Check-Action}'에 집착한다.

아마존에서는 창업 경영자인 베조스의 이런 집착들이 철학으로 승화하여 직원들에게 공유되어 있다는 것이 큰 강점이다. 아마존의 금융 사업을 읽어낼 때도 이런 집착들이 어떻게 반영되어 있는지에 주목해 보자.

세상에서 가장
고객 중심적인 회사

—

아마존은 '지구에서 가장 고객 중심적인 회사'라는 미션과 비전, 이에 당연히 뒤따르는 고객 경험에 집착하는 기업이다.

여기서 말하는 고객이란 아마존이라는 전자상거래 사이트를 이용하는 '소비자'만을 의미하는 것은 아니다. 아마존에 출점해 있는 상점과 클라우드 컴퓨팅 서비스인 AWS를 이용하는 기업, 혹은 아마존 프라임 비디오Amazon Prime Video 등 동영상 스트리밍 서비스에 참여하는 크리에이터 등도 포함하여 아마존이라는 '생태계'에 모인 사람들의 총칭이다.

고객 경험이라는 말 자체는 생소하지 않을 것이다. 웹이나 마케팅에 관련된 사람이라면 일상적으로 접하는 말이다. 그러나 미션과 비전 양쪽에 '지구에서 가장 고객 중심적인 회사'라는 표현을 내건 아마존은 그 철저함부터 남다르다.

베조스가 종이 냅킨에 적은 비즈니스 모델

베조스가 아마존을 창업하기 전에 종이 냅킨에 메모했다는 비즈니스 모델에도 '고객 경험'이라는 말이 등장한다. 아마존이 고객 경험을 얼마나 우선시하는지를 보여주는 사례로 주목할 만하다.

여기서 다시 고객 경험이란 무엇인지를 생각해보자. 일반적으로는 'Customer Experience(고객의 경험 가치)'를 번역한 말로, 제품이나 서비스를 통해 고객이 얻을 수 있는 경험의 총칭이라 알려져 있다. 예를 들면 '사용하기 쉽다', '즐겁다', '알기 쉽다' 등이다. 원래는 마케팅 전문가인 번트 슈미트Bernd Schmitt 교수가 제공한 개념이다.

지금은 웹마케팅 분야의 중요 개념인데, 고객 경험이 앞으로 실세계 마케팅에서도 가장 중요한 개념 중 하나가 될 것이다. 아무리 고기능 서비스라도 그것만으로는 타사 제품과 차별화할 수 없는 요즘 시대에, 서비스에 대한 기대감은 극도로 높아졌기 때문이다. 고기능이라도 고객 경험에서 뒤떨어진다면 고객에게 선택받는 일은 있을 수 없다.

아마존이 생각하는 고객 경험

여기서 논하려는 바는 '아마존이 생각하는' 고객 경험이 지니는 의미다. 고객 경험을 중시한다고 말하기는 쉽다. 많은 기업이 이와 유사한 비전을 내걸지만 아마존은 유독 철저하다.

오랫동안 베조스를 지켜본 필자는 '베조스라면 분명 이렇게 생각하지 않을까?'라는 추측을 토대로, 아마존이 생각하는 고객 경험을 다음과 같이 정의하고자 한다.

첫째, 인간으로서 지닌 본능과 욕구에 응답한다.

둘째, 테크놀로지의 진화를 통해 고도화된 '문제'와 '스트레스'를 해결한다.

셋째, 테크놀로지로 고객을 '헤아린다'.

넷째, 고객에게 '○○ 거래를 하고 있다'라는 사실이 느껴지지 않도록 한다.

인간의 본능과 욕망에 응답한다

하나씩 살펴보자. 아마존이 생각하는 고객 경험이란 첫째로 인간으로서 당연히 지닌 본능과 욕구를 헤아리고 이에 응답하는 것이다. 고객의 '제멋대로인' 요구에도 아마존은 진지하게 대응하려고 한다.

우리가 일상적으로 이용하는 아마존의 웹사이트만 해도 (사이트를) 찾기 쉽고, (화면을) 보기 쉽고, 알기 쉽고, (찾는 상품을) 검색하기 쉽고, 고르기 쉽고, 구입하기 쉽고, 받아보기 쉽고, 사용하기 쉽고, 계속 이용하기 쉬움을 추구하는 디자인이다.

아마존의 비즈니스 모델에서는 고객 경험이야말로 최상위 개념이다. 그러니 고객 경험이 낮은 상품과 서비스는 절대 출시하지 않는다.

경영학계에서는 전자책 리더기인 '킨들'이 좋은 사례로 다뤄진다. 킨들이 등장하기 이전에 전자책 리더기 시장에는 소니를 비롯한 선행 참여자가 여럿 있었다. 그 기업들은 선행자 이익에만 급급해한 나머지 고객 경험이 낮은 단계에서 출시를 감행했다. 그 때문에 시장을 석권하는 데는 이르지 못했다.

아마존은 어땠을까? 베조스는 킨들을 개발할 때 까다로운 조건을 부여했다. 예를 들면 이렇다. 한번 읽기 시작했다면 기기라는 것을 잊을 정도로 조작감이 자연스러울 것. 다운로드에 부과되는 데이터 요금을 사용자에게 청구하지 말 것. 킨들 발매까지 10만 타이틀을 다운로드 가능한 상태로 확보할 것. 킨들은 이 조건들을 전부 해결했기 때문에 전자책 리더기의 패권을 거머쥘 수 있었다.

"소비자는 절대 만족하는 법이 없다never be satisfied"라는 말도 베조스 전문가에게는 익숙하다. 베조스는 이렇게 말하기도 했다.

"나는 예컨대 레스토랑에 들어가면 이 레스토랑은 어떻게 해야 더 좋아질지를 생각합니다."

즉 베조스는 절대 만족할 리 없는 소비자를, 그래도 만족시키고자 끊임없이 고민한다. 이런 집착이 평범한 것은 아니다. 원래부터 베조스는 간혹 '화성인'에 비유될 정도로 상식에서 벗어난 인물이다. 성격 면에서도 마찬가지인데, 친근하다 싶다가도 미친 듯이 격노하는 유형으로 알려져 있다. 어쩌면 일대일 인간관계에서는 그다지 호감 가는 인물이 아닐지도 모른다. 그러나 아마존의 고객 중심주의가 빈말로 끝나지 않고 모든 비즈니스에 관철되는 비결은 베조스의 극단적인 인격이 분명 한몫한다. 그것이야말로 아마존을 아마존답게 만든다.

테크놀로지로 문제를 해결한다

아마존이 생각하는 고객 경험은 둘째로 테크놀로지의 진화를 통해 고도화된 '문제'와 '스트레스'를 해결하는 것이다. 고객 경험의 추구에는 끝이 없다. 테크놀로지가 발전해 서비스의 편의성이 늘어날수록 소비자의 욕구가 충족되지 않았을 때 느끼는 스트레스도 고도화된다.

여러분의 생활공간을 한번 둘러보라. 예전 같으면 신경도 쓰지 않았을 텐데 이제 스트레스를 느끼게 된 부분은 없는가? 시원시원하게 작동하는 스마트폰의 쾌적함에 익숙해지면 앱이 불과 몇 초만 버벅거려도 견딜 수 없다. 한번 쇼핑했던 전자상거래 사이트에서 관심 없는 뉴스레터를 받는 일도 예전에는 당연했는데 지금은 성가시기만 하다.

일본에서는 '캐시리스 원년'이라고 불린 2018년 전후로 커다란 변화가 있었다. 불과 1년 전만 해도 편의점이나 슈퍼마켓의 계산대 앞에서 동전을 꺼내느라 끙끙대는 사람이 있으면 여유롭게 기다렸다. 하지만 캐시리스 결제를 하는 사람은 그 모습에 스트레스를 느낀다.

이런 시대가 요구하는 고객 경험도 고도화해갈 뿐이다. 확실히 소비자는 절대 만족할 일이 없는 것이다.

테크놀로지로 고객을 헤아린다

그러나 아마존은 해마다 고도화하는 고객의 요구에 대응하여 고객 경험을 제공한다. '헤아리는' 테크놀로지를 개발했기 때문에 가능한 일이기도 하다.

아마존이 생각하는 고객 경험

1	인간이 지닌 본능과 욕구에 응답하는 것

2	테크놀로지의 진화를 통해 고도화된 '문제'와 '스트레스'를 해결하는 것

3	테크놀로지를 활용해 헤아리는 것

4	'ㅇㅇ 거래를 하고 있다'라는 사실이 느껴지지 않도록 하는 것

'헤아린다'는 것은 오감을 구사하여 상대가 무슨 어려움을 겪고 있으며 무엇을 바라는지를 추측하는 것이다. 이는 인간이 지닌 뛰어난 능력인데, 아마존은 'IoT×빅데이터×AI'라는 조합을 통해 인간 이상으로 헤아리는 능력을 확보하려고 한다. 이것이 고객 경험의 중요한 일부를 형성한다.

정확도 높은 추천 기능은 그 한 가지 사례다. 아마존의 전 최고 연구원이자 베조스와 함께 일하기도 한 안드레아스 웨이겐드 교수는 저서인 『포스트 프라이버시 경제』에서 "0.1인 규모로 분할Segment하는 아마존"이라고 적었다. 이는 시시각각 달라지는 사용자 개개인의 요구 사항을 반영한 마케팅을 의미한다. 사용자가 구입한 상품과 체크한 상품의 이력, 검색하기 위해 입력한 단어 등 빅데이터를 토대로 특정 사용자의 심리와 행동 패턴을 AI로 분석하여 사용자 개개인의 기호에 맞춘 추천으로 연결하는 것이다. 즉 아마존은 '빅데이터×AI'를 통해 실시간으로 사용자에게 일대일 마케팅을 하는 셈이다.

거래하고 있다는 것도 잊게 만든다

지금 아마존의 고객 경험은 고객에게 '○○ 거래를 하고 있다'라는 사실도 느껴지지 않도록 하는 수준까지 진화했다.

이는 무인 계산대 편의점인 아마존 고에서 두드러지는데 쇼핑하고 있다는 것, 계산하고 있다는 것조차 느낄 겨를 없이 쾌적하고 속도감 있는 서비스를 가리킨다. 아마존 고의 쇼핑객은 자동 개찰기처럼 생긴 게이트에 스마트폰을 갖다 대고 아마존 ID를 인증시켜 들어간 다음 진열대에서 상품을 골라 드는 것으로 끝난다. 그대로 가게를 나오면 자동으로 결제되어 스마트폰에 영수증이 송신된다. 아마존의 서비스는 쇼핑 중이라는 사실을 의식하지도 못하게 할 만큼 우리 삶에 완전히 자리 잡으려는 것이다.

필자가 시애틀에서 실제로 아마존 고를 체험해보고 확신한 것이 있다. 아마존이 이런 무인 계산대 편의점을 추진한 이유는 생산성 향상과 인력 부족 대책 같은 기업 논리에서가 아니라 어디까지나 고객 경험을 향상하기 위해서다.

저렴한 가격×풍부한 상품 구성 ×신속한 배달

—

베조스는 두 번째 집착인 '저렴한 가격×풍부한 상품 구성×신속한 배달'에 관해서도 여러 차례 발언했다.

앞에서 설명한 대로 점점 첨예화하는 고객의 요구를 계속 충족하기란 쉬운 일이 아닌데, 그런 고객의 요구에도 변하지 않는 것이 있다. '아마존의 10년 후 모습'에 관한 질문을 자주 받는 베조스는 '모르겠다'라고 얼버무리면서도 "소비자가 풍부하게 구성되어 있는 상품들 사이에서 자신이 선택한 것을 저렴한 가격으로 구입하여 신속하게 배달받고 싶어 하는 것은 10년 후에도 변하지 않을 것"이라고 말했다.

다만 10년 전과 지금, 그리고 10년 후 '저렴한 가격×풍부한 상품 구성×신속한 배달'에 기대되는 수준은 크게 다르다. 고객 경험과 마찬가지로 요구 수준은 첨예화해간다. 10년 후의 낮은 가격, 10년 후의 풍부한 상품 구성, 10년 후의 신속한 배달은 지금보다 훨씬 진화해 있을 것이다.

그중에서도 '신속한 배달'에 대한 높은 기대는 실감하기 쉬운 부분이 아닐까? 20년 전에는 신속하게 배달해주기를 요구하는 사용자가 적었고, 그것이 가능하다고도 생각하지 않았다. 지금은 당일 배송이 당연해져서 고작 이삼 일 기다리면서도 스트레스를 느낄 정도다. 베조스는 더욱더 신속하게 배달할 것이다. 그야말로 '주문 불필요, 고객에게 필요한 물건을 AI가 예측해서 보내준다'라는 속도감이 현실에서 구현될 것이다.

이를 실행하려면 사업 구조, 수익 구조, 비용 구조를 면밀하게 구축할 필요가 있다고 베조스는 강조한다. 아마존의 비즈니스 모델(104쪽 참고)에도 고객 경험의 바로 앞쪽에 '저렴한 가격'과 '상품 구성'이 놓여 있어 '고객이 가장 바라는 것은 저렴한 가격과 풍부한 상품 구성'이라는 베조스의 인식이 엿보인다. '저렴한 가격' 바로 앞쪽에 '낮은 원가 구조'가 놓여 있는 것은 저가 체질을 구축해야 비로소 저렴한 상품을 꾸준하게 제공할 수 있다는 뜻이다.

담대한 비전과 고속 PDCA,
기하급수적 성장을 이끌다
—

베조스는 세 번째로 '담대한 비전과 고속 PDCA'에 집착한다. 즉 지구에서 가장 고객 중심적인 회사가 되겠다는 터무니없이 커다란 비전을 내놓은 동시에, 거기서부터 거꾸로 계산하여 '지금, 이 자리'에서 무엇을 해야 할지를 도출하고 실행한다. 그리고 초고속으로 PDCA를 회전시킨다. 바꿔 말하면 초장기 사고와 속도의 조합이다. 그것은 단기이익을 좇지 않고 장기적인 현금 흐름을 중시하는 경영이며, 본질적인 혁신의 지속적인 추구를 중시하는 경영이기도 하다.

이런 기법은 아마존뿐만 아니라 미국과 중국의 메가테크 기업이나 일본의 금융 디스럽터 기업에도 공통되는 부분이다. 조금 길어지더라도 자세히 설명한다.

기하급수적 성장의 길
현대 테크놀로지 기업의 성장은 종종 '기하급수적Exponential'이라고 표현된다. 상대어인 '산술급수적Linear'이 일정 기간마다 1, 2, 3, 4로 증가하는 것을 가리키는 반면에 '기하급수적'은 1, 2, 4, 8처럼 배로 증가하는 것을 가리키는 용어다. 이것이 지금 미국 테크놀로지 업계에서 가장 중요한 개념 중 하나다.

이 개념을 제창한 인물은 싱귤래러티 대학Singularity University의 설립자인 피터 디아만디스Peter Diamandis다. 디아만디스는 엑스프라이즈 재단XPRIZE Foundation의 CEO이자 15곳이 넘는 우주·하이테크 관련 회사를 소유한 창업가이기도 하다. 한마디로 말해서 디아만디스는 미국 테크놀로지 업계의 멘토다. 베조스를 포함해 많은 창업가에게 영향을 끼친 디아만디스의 가르침은 저서인 『볼드Bold』(2015)에 정리되어 있다.

그 가르침의 핵심은 "대담하게 발상하라. 그러나 작게 시작해서 초고속으로 PDCA를 회전시켜 궤도 수정을 도모한다"라는 것이다. 그것이 기하급수적으로 성장할 수 있는 길이라고 디아만디스는 말한다.

기하급수적 성장의 6D

아울러 디아만디스는 기하급수적 성장에는 6D가 있다고 했다. 기하급수적 성장은 디지털화Digitized로 시작된다. 그러나 단번에 성장이 이루어질 수는 없다. 기하급수(지수함수)는 2배씩 증가해가는 것인데 0.01이 0.02가 됐다고 해서 그 성장이 눈에 띄지는 않는다. 0.02가 0.04가 되어도 마찬가지다. 따라서 디지털화 다음에는 잠복기Deception가 이어진다.

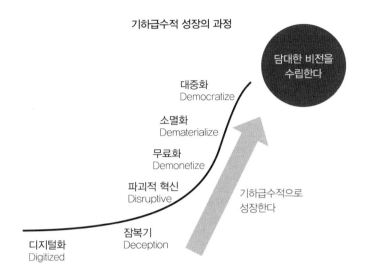

기하급수적 성장의 과정

담대한 비전을
수립한다

대중화
Democratize

소멸화
Dematerialize

무료화
Demonetize

파괴적 혁신
Disruptive

기하급수적으로
성장한다

잠복기
Deception

디지털화
Digitized

그런데 계속해서 2배로 증가하다 보면 어느 순간부터 폭발적인 증가가 시작된다. 디아만디스는 이렇게 적었다.

"내가 샌타모니카에 있는 우리 집 거실에서 산술급수적으로, 성큼성큼 큰 걸음(한 걸음이 대략 1m라고 했을 때)으로 30번을 움직이면 나는 결국 30미터 떨어진 곳, 즉 길 건너편에 도달할 것이다. 하지만 내가 같은 곳에서 출발하여 '기하급수적으로' 30번을 움직이면 어떻게 될까? 나는 10억 미터 떨어진 곳, 다시 말해 지구를 26바퀴 돌고 난 지점에 서 있게 된다."

결과적으로 파괴적 혁신의 단계Disruption가 찾아온다. 어떤 기업의 기하급수적 성장에 동반하여 관련 업계나 기업이 파괴적인 영향을 받는 것이다. 전형적인 사례가 '아마존 효과'다. 아마존의 성장으로 인해 많은 소매업자가 폐점으로 내몰렸다. ILSR Institute for Local Self-Reliance (미국지역자치연구소)의 집계에 따르면, 2015년까지 1억 3,500만 제곱피트 이상의 오프라인 점포가 공실 매물로 나왔다고 한다.

우리는 그 거대한 영향력의 한복판에 있다. 최근 몇 년 동안 세상이 변화하는 속도가 빨라지고 있다고 느끼는 독자가 많으리라 생각한다. 다양한 영역에서 조용히 진행되던 디지털화의 움직임이 마침내 파괴의 단계를 맞이한 것이다. 최근 유행하는 말인 딥러닝Deep Learning과 자율주행도 이와 같은 과정을 거쳐 오늘날에 이르렀다.

파괴적 혁신 다음에는 무료화Demonetize, 소멸화Dematerialize, 대중화Democratize로 이어진다.

모든 것은 디지털화에서 시작된다

디아만디스는 기하급수적 성장 과정을 설명할 때 디지털카메라를 예로 들었다. 필름 카메라가 디지털화됐을 때 단번에 시장을 석권할 수 있었던 것은 아니다. 세계 최초의 디지털카메라가 탄생했을 당시에 화소 수는 0.01메가픽셀이었다. 화소가 2배씩 늘어나도 별반 달라진 바 없는 시기가 한동안 이어진다. 이것이 '잠복기'다. 이윽고 폭발적인 성장이 시작되고, 눈 깜박할 새에 화소 수는 '억'의 장벽을 넘어섰다. 이렇게 화소 수를 늘린 디지털카메라는 필름 카메라 시장을 '파괴'하고 '무료화'했으며, 이윽고 스마트폰에 내장되어 '소멸'했다. 마지막에는 누구나 디지털카메라를 소유하는 '대중화' 시대가 찾아온 것이다.

여기서 재차 강조하고 싶은 것은 기하급수적인 성장이 '디지털화'에서 시작됐다는 점이다. '디지털 전환'이라는 말을 접해본 독자가 많을 것이다. 일반적으로는 IT가 자리 잡히면서 우리 삶이 더 나은 방향으로 변화하는 것을 의미한다. 예컨대 시스템화, 네트워크화, 클라우드화의 이야기이고, 모바일과 SNS, 빅데이터, AI, IoT, RPA(로봇을 통한 업무 자동화)의 이야기이며, 테크놀로지 전략의 이야기이고, 경영전략의 이야기이기도 하다.

그러나 이것이 전부가 아니라는 점이 매우 중요하다.

디지털 전환이 바꾸는 것은 기업의 일부가 아닌 전부이기 때문이다. 미션, 비전, 핵심 가치, 전략까지 쇄신하는 것이 디지털 전환의 본질이다. 기업의 DNA부터 디지털화하지 않는 이상 기하급수적인 성장은 기대할 수 없다. 형식적으로 '새로운 시스템과 서비스를 도입하고 끝'이 아닌 것이다.

데이 원
정신

—

여기서 아마존의 고속 PDCA 이야기로 돌아오자.

베조스가 하는 말에는 반드시 '데이 원DAY 1'이라는 표현이 등장한다. 그뿐만이 아니다. 아마존의 공식 블로그blog.aboutamazon.com 이름도 '데이 원day one'이다. 베조스의 사무실이 들어선 빌딩에도 반드시 '데이 원'이라는 이름이 붙어 있다. 게다가 아마존의 연간 보고서에는 1997년, 즉 아마존 창업 연도에 주주들에게 보낸 편지가 첨부되어 있는데 여기에도 '여전히 데이 원Still DAY 1'이라는 말이 적혀 있다.

이 표현에는 '아마존은 언제나 오늘이 창업일이다'라는 메시지가 담겨 있다.

대조적으로 베조스는 창업 당시의 정신을 망각하고 쇠퇴해가는 '대기업병'을 비난하는 맥락에서 '데이 투DAY 2'라는 표현을 사용한다.

베조스가 이토록 '데이 원'에 집착하는 이유는 아마존의 생명선인 혁신을 잃어버리지 않기 위해서다. 지속적으로 혁신을 창출하기 위해 중요한 요소로 인력, 물자, 자금, 테크놀로지 등 여러 가지를 꼽을 수 있겠지만 무엇보다 중요한 것은 스타트업처럼 속도감 있는 기업 문화다. 따라서 베조스는 줄곧 '여전히 데이 원'이라고 강조하는 것이다.

덧붙이자면 베조스는 고객에 대한 집착이야말로 '데이 원'의 활력을 유지하는 가장 효과적 방법이라고도 말한다. 연간 보고서에서 베조스는 이렇게 적었다.

"고객은 멋지고 훌륭한 만큼 늘 불만에 가득 차 있습니다. 고객이 행복하고 비즈니스가 순조로울 때조차 말이죠."

지구에서 가장 고객 중심적인 회사를 표방하는 한 아마존이 대기업병에 빠질 일은 없다. 이것은 또 기존 금융 산업이 디지털 전환을 추진할 때 '기업 DNA의 쇄신 = 대기업병으로부터의 탈피'가 불가결하다는 증거이기도 하다.

아마존이 금융에
뛰어든 진짜 목적

—

이상으로 아마존이라는 회사의 특이성과 강점을 숨 가쁘게 소개했다. 이어서 '아마존이 생각하는 금융'에 대해 살펴보자.

필자의 문제의식은 다음 세 가지로 집약할 수 있다.

첫째로, 앞에서 설명했듯이 은행의 3대 업무인 예금, 대출, 환전은 복제(유사 창조)할 수 있게 됐다. 은행업 면허를 취득하지 않더라도 디지털 테크놀로지를 사용하여 은행과 같은 사업을 개시할 수 있는 것이다. 금융 디스럽터 중에서도 아마존은 그 선구자라고 할 수 있다.

아마존과 더불어 알리바바, 텐센트를 포함한 3대 메가테크의 사업 영역은 이미 대형 금융기관과 다수의 핀테크 기업을 능가하고 있다. 알리바바는 결제앱인 알리페이를 진입점으로 삼아 서비스 확대를 목표로 한다. 텐센트는 커뮤니케이션 앱인 위챗을 진입점으로 금융 사업을 수직통합해 생활 서비스 전반을 지배하려고 한다.

아마존도 이미 은행의 3대 업무인 예금, 대출, 환전을 복제하여 사업을 전개하고 있다. 예를 들면 소매·전자상거래 매출을 증대하기 위해 결제 기능을 진화시키고(원클릭), 대출 업무를 하며(아마존 렌딩), 실질적인 예금 기능을 제공한다(아마존 기프트 카드).

또 다른 금융 디스럽터나 은행과의 결정적인 차이로, 상류·물류·금류를 삼위일체로 장악하고 있다는 점도 지적해둔다. 아마존 렌딩은 공급자와 판매자 대상의 대출 업무이며, 공급망에 대한 금융이라는 측면이 매우 큰 서비스다.

둘째로, 금융 디스럽터 기업은 기존 금융기관보다 본질적인 금융 기능을 실현하고 있다. 선진국에서 자금 수요가 있는 쪽은 영세기업과 개인이다. 이들에게 자금을 제공하는 곳은 담보주의를 핵심으로 하는 은행이 아니라 '상류'를 보고 돈을 빌려줄 수 있는 금융 디스럽터들이다. 알리바바가 두드러지는데 아마존도 마찬가지 역할을 다하고 있다.

셋째로, 테크놀로지 기업이 여기는 '당연한 것'을 금융 산업에 도입했다. 특히 아마존은 '고객 경험'이라는 게임 규칙을 만들었다. 세계적인 차원에서 부감하면 이 점에서도 중국 메가테크가 앞서가는데, 알리바바와 텐센트의 서비스가 중국 이외의 국가들에는 자리 잡지 못한 상황에서 아마존의 고객 경험이 얼마나 대단한지 쉽게 이해할 수 있다.

아마존 비즈니스 모델의 선순환 구조

그런데 아마존은 왜 금융 사업에 진출하는 것일까? 은행의 3대 업무인 예금, 대출, 환전을 사실상 전개하고 있는 이유는 무엇일까? 먼저

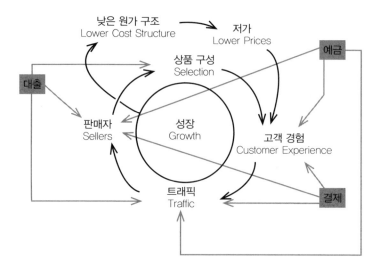

아마존 비즈니스 모델과 금융 비즈니스의 관계

이 점에 관해 심층적으로 살펴보자.

아마존은 베조스가 창업할 때 종이 냅킨에 메모했던 비즈니스 모델을 회전시킴으로써 아마존 경제권을 확대하고 있다.

비즈니스 모델의 중심에는 '성장growth'이라는 표현이 놓여 있다. 그리고 성장 주변에 위와 같은 순환도가 그려져 있다.

'상품 구성selection'을 늘리면, 즉 많은 상품을 취급하여 고객에게 선택지가 늘어나면 고객의 만족도가 높아진다. 만족도가 높아지면 '트래픽traffic'이 증가한다. 즉 아마존에 사람이 모인다. 그렇게 되면 아마존에서 물건을 팔고 싶어 하는 판매자가 모인다. 선택지가 점점 늘고 고객의 만족도가 더 높아진다. 이것이 바로 아마존 경제권이 성장해가는 순환 구조다.

아마존의 금융 사업이란 이 순환 구조를 강화하는 형태로 아마존 경제권의 확대를 촉진하려는 구상이다. 판매자 수를 늘리고 판매자의 사업을 직접적으로 지원하여 상품 구성을 확대하는 데도 기여하는 것이다. 결과적으로 아마존 경제권 전체의 트래픽이 확대된다.

구체적으로 살펴보자. 아마존이 제공하는 대출 기능 중 하나인 아마존 렌딩은 아마존에 출점해 있는 사업자(셀러)에 대해 매출의 추이, 고객에게 받은 평가 등을 포함한 데이터를 기반으로 신용력을 평가한다. 이 융자 덕분에 판매자가 제공하는 상품 구성은 더욱 풍부해지고 비즈니스가 성장하는 것이다.

결제 기능도 마찬가지다. 원클릭 결제는 아마존을 폭발적으로 성장시킨 계기 중 하나다. 이후로도 아마존은 아마존페이와 아마존 고, 그리고 음성 결제인 아마존 알렉사와 같은 혁신적 결제 기능을 잇달아 투입했다. 이것도 고객 경험의 향상과 트래픽 증대로 이어지는 셈이다.

창업 이래로 아마존은 지구에서 가장 고객 중심적인 회사로서 고객 경험을 추구해왔다. 아마존의 비전과 앞에서 설명한 비즈니스 모델 모두 달라진 점은 전혀 없다. 금융 사업도 그 일환이다. 원클릭 결제가 얼마만큼 고객 경험을 향상했던가. 아마존이 금융 사업에 진출하는 이유는 아마존 경제권을 더욱 확대하려는 수단으로서다. 아마존이 금융 사업 자체에서 패권을 쥐려고는 생각하지 않는다는 점을 읽어내야 한다.

'당연하지 않았던 것'을 당연하게

아마존이 금융 산업에 가져온 파괴적 영향력은 "이제까지 당연하지 않았던 것이 당연한 것이 되었다"라는 말로 간단히 표현할 수 있다.

이제는 모든 업계에서 이런 변화가 생기고 있다. 구태의연한 오래된 업계에서는 불편하고, 수고가 들고, 시간이 걸리고, 사람이 담당하고, 친숙하지 않고, 즐겁지 않고, 거래하고 있다는 사실을 의식하는 것이 '당연한 것'이었다. 이는 금융뿐만이 아니다. 소매에도, 광고업계에도, 출판업계에도 적용할 수 있는 말이다. 굳이 말하자면 거의 모든 현실 업종에 해당한다.

하지만 고객 경험을 자유자재로 추구할 수 있는 테크놀로지 기업이 그런 '당연한 것'을 반전시켜 보였다. 온라인에서는 편리하고, 수고가 들지 않고, 시간이 걸리지 않고, 알기 쉽고, 자동으로 처리해주고, 친숙하고, 거래 중이라는 사실을 의식하지 않는 서비스가 당연하다.

앞으로 모든 업계에서 디지털 전환을 진행하면서 이처럼 새로운 '당연한 것'이 자리를 잡아갈 것이다. 아마존은 그런 디지털 전환을 선도했다고 할 수 있다.

이제 은행의 3대 업무인 예금, 대출, 환전과 연결 지어 아마존이 추진하는 주요 금융 서비스를 살펴보자.

원클릭에서 시작된
결제 테크놀로지의 진화

—

아마존이 가장 빨리 시작한 금융 서비스는 환전(결제) 관련 서비스다. 고객의 재방문을 촉진하고 전자상거래·소매의 매출을 증대하기 위해서는 결제 기능의 편의성을 높이는 방법이 가장 효과적이라고 여겼기 때문이다. 그래서 더더욱 아마존은 결제에 집착해왔다.

아마존은 1994년에 창업했다. 그리고 1997년에는 원클릭을 발명했다. 이 속도감에서 헤아리건대, 아마존은 아마도 창업 전부터 '결제를 의식하지 않게 만들겠다'라는 고객 경험의 실현을 지향하고 있었을 것이다.

원클릭이란 말 그대로 클릭 한 번에 결제와 발송 절차가 완료되는 기능이다. 쇼핑할 때마다 메일 주소, 신용카드 정보, 배송지 주소 등을 입력하는 수고를 줄이고 자기가 원하는 물건을 바로 살 수 있게 된다. 원클릭 덕분에 전자상거래 사이트 아마존의 편의성은 비약적으로 향상했다. 이제는 원클릭으로 쇼핑이 끝나지 않으면 스트레스를 느낄 정도다. 당장 나부터도 아마존 이외의 전자상거래 사이트에서 쇼핑하려고 하면 결제까지 가는 도중에 막혀버리는 경우가 적지 않다. 그런 수고를 생각하면 '쇼핑은 전부 아마존에서 원클릭으로' 해결하는 생활 스타일이 자연스럽게 강화되어가는 것은 분명하다.

그 정도로 결제를 의식하게 만들지 않는 서비스는 고객 경험의 향상에 기여한다. 당연히 아마존도 결제를 의식하지 않도록 하는 것이 얼마나 중요한지를 인식하고, 원클릭 이후의 결제 서비스를 설계하고 있을 것이다. 현재 점포 수를 늘리고 있는 무인 계산대 편의점인 아마존 고에는 아예 계산대가 없어 계산을 의식할 필요가 없어졌다. 그 실마리는 원클릭에 있었다.

아마존페이로 극적인 매출을 달성하다

그렇다면 이제 '아마존페이'가 지닌 중요성도 쉽게 이해될 것이다. 아마존페이는 아마존 이외의 전자상거래 사이트에서 아마존 계정으로 로그인하고 아마존 계정에 등록된 정보를 이용하여 구입할 수 있는 결제 서비스다. 이외의 전자상거래 사이트는 아마존페이를 도입함으로써 배송지 주소, 메일 주소, 신용카드 정보 등 고객의 정보를 입력받아야 하는 수고를 생략할 수 있다. 원클릭까지는 아니더라도 최소 클릭 두 번에 완전하고도 원활한 쇼핑이 가능한 환경을 사용자에게 제공한다. 2017년부터는 오프라인 점포 결제 서비스인 '아마존페이 플레이시즈Amazon Pay Places'가 시작됐다. 2018년부터는 오프라인 점포의

QR 코드 결제도 시작했다. 서비스를 제공한 지 3년이 지난 현재, 아마존페이를 도입한 전자상거래 사이트는 수천 곳이 넘는다. 아마존에 따르면 아마존페이 도입 전후로 전환율(구입률)은 1.5배, 신규 고객 가입수는 56%나 증가했다고 한다. 아마존페이의 서비스 페이지에는 전자상거래 사업자의 코멘트와 도입 성공 사례가 자세히 게재되어 있다.

일본의 안경 브랜드인 진즈JINS도 아마존페이를 도입한 기업 중 한 곳이다. 진즈는 2007년에 온라인 쇼핑몰을 개설하여 거래액을 늘려왔는데 신용카드 결제, 편의점 결제, 상품 인도 결제(물건을 주문한 후 택배를 받을 때 물건 값, 배송비, 수수료 등을 한꺼번에 결제하는 방식, 일종의 착불택배)의 세 가지 결제 방법이 있었고 모든 방법에는 회원 등록이 필요했다. 안경의 교체 주기는 기껏해야 1년 단위다. 어쩌다 한 번 이용하는데 일부러 회원 가입까지 하기가 부담스러워 사용자가 쇼핑 도중에 페이지를 이탈하는 사례가 많았다. 그래서 2016년에 아마존페이를 도입했다. 그러자 전환율이 30%나 증가했다고 한다.

"결제 방법으로 아마존페이를 선택한 고객은 상품의 반품률이 낮다는 결과가 저희 회사 홈페이지에 나와 있습니다. 또 인기 온라인 게임과 협업해 개발한 상품의 경우에는 아마존페이 이용률이 전체의 40%를 넘었던 적도 있습니다. 아마존페이 이용자 중에는 전자상거래에 익숙하며 인터넷 친화적인 고객이 많은 것 같습니다(아마존페이의 서비스 페이지 중에서)."

아마존은 고객 수를 공표하지 않는 기업인데, 2016년에는 170개

국가와 지역에서 3,300만 명이 아마존페이를 이용하고 있다는 사실을 밝혔다.

아마존 알렉사의 음성 결제

음성 결제 수단인 아마존 알렉사도 존재감을 키우고 있다. 아마존 에코Amazon Echo 등 알렉사 탑재 기기를 사용해 쇼핑하는 사람은 아직 적지만 이용자는 꾸준히 증가하는 추세다. '음성 결제Voice Payments'라는 표현은 미국에서는 이제 일반적이다.

그 사용성도 계속 발전한다. 필자도 몇 번인가 이용한 적이 있다. 언젠가 초콜릿을 구입하려고 "알렉사, 고디바 초콜릿을 주문해줘"라고 명령했다. 그러자 알렉사는 "고디바 초콜릿에는 ○○가 있습니다. 주문할까요?"라고 대답했다. "아니"라고 대답했더니 또 다른 초콜릿을 제안해줬다.

문자 입력에 비하면 음성 입력은 간단해서 다른 일을 하느라 바빠도 사용할 수 있다는 이점이 있다. 무엇보다 '그냥 말을 걸기만 해도 쇼핑할 수 있는' 고객 경험이 최대 가치다.

"미국에서는 음성 비서에 의한 결제가 이미 열풍을 일으키고 있다. 2017년 4월에 음성 결제를 이용하는 미국 성인은 8%였으며 앞으로 5년 안에 31%까지 늘어날 것이라고 BII가 예측했다. 사람 수로 따지면 1,800만 명에서 7,800만 명으로 확산된다는 것이다. 2022년까지 미국 성인 3명 중 1명은 음성 결제를 사용하게 될 것이다(사토 모토노리

佐藤元則 『금융 디스럽터들의 야망金融破壊者たちの野望』(2018)).”

아마존 대시 버튼Amazon Dash Button은 모든 사물이 인터넷에 연결되는 IoT 시대의 결제 기기로 등장했다. 와이파이 접속 기능과 버튼 2개를 탑재한 것이 전부인 작은 IoT 기기인데, 버튼을 누르면 미리 설정해둔 상품을 주문할 수 있다. 즉 '상품의 검색'조차 필요 없다. CES 2019에 참가했다가 한국 LG전자가 모든 아마존 대시 버튼을 디지털화해 IoT 냉장고에 탑재한 것을 보고 놀랐다. 이제는 결제 기기조차 디지털화하고 있다.

다만 현재로서는 아마존 대시 버튼을 보면 알렉사 등장 이전의 서비스라는 인상을 받을 수 있다. 세제, 화장지, 음료수 등 구매 빈도가 높은 생활용품에 이용되는 경우가 많은데 알렉사로 한번 주문하면 이후에는 그 상품을 추천해주기 때문에 앞으로 보급되는 음성 결제로 대체될 가능성이 크다. 실제로 2019년 들어 아마존은 아마존 대시 버튼의 신규 전개를 중지하겠다고 밝혔다.

'저스트 워크 아웃', 아마존 고의 최첨단 IoT 결제

그리고 아마존 고다. 아마존 고는 새로운 유통업의 형태로 다뤄질 때가 많은데, 이 책에서는 새로운 결제 수단이라는 면에 주목하고자 한다.

아마존 고는 2016년에 아마존 본사가 있는 시애틀에서 시범 운용을 하기 시작했다. 2019년 1월의 점포 수는 아직 9곳이었지만, 아마존이 2021년까지 점포 3,000곳을 오픈할 계획을 검토 중이라는 말도 나온다. CES 2019에서는 "아마존이라면 실제로 그 계획을 실현하지 않을까?" 하고 얘기하는 사람이 적지 않았다.

아마존 고의 구조를 다시 설명하자면, 쇼핑객은 자동 개찰기처럼 생긴 게이트에 스마트폰을 갖다 대고 QR 코드로 아마존 ID를 인증시켜 입장한다. 그런 다음에 진열대에서 상품을 골라 들고 그대로 가게를 나오면 된다. 가게를 나올 때 자동으로 결제되면서 스마트폰에 영수증이 전송된다. 이를 구현한 기술적 배경에 관해서는 자세히 알려지지 않았지만, 아마존이 공개한 정보를 보면 여기에 사용되는 IoT 기술이 메가테크 기업다운 최첨단 기술이라는 점을 알 수 있다.

아마존 고에 도입된 기술은 '저스트 워크 아웃Just Walk Out(그냥 걸어 나가세요)'이라고 명명되어 있다. '컴퓨터 비전Computer Vision'은 매장 내 카메라를 통해 고객의 얼굴 등을 인식하여 어디서 무엇을 하고 있는지를 관찰한다. '센서 퓨전Sensor Fusion'은 고객이 어디서 어떤 상품을 집어 들었는지를 인식한다. 그리고 '딥러닝'으로 AI가 고객의 행동을 학습하고 초고속으로 PDCA를 회전시켜 사용자 경험을 더욱 높여가는 방식이다.

사업자 대상
아마존 렌딩의 혁신
—

이어서 아마존이 제공하는 대출을 살펴보자. 서비스명은 '아마존 렌딩'이다. 일본 아마존의 공식 사이트에는 '법인 판매 사업자의 비즈니스 확대를 지원하기 위한 단기운전자금대출'이라고 되어 있다. 장점으로는 온라인으로 신청하여 최단 5영업일 안에 완료되므로 적시에 자금 조달이 가능하다는 점, 판매 사업자의 매출이 결제되는 아마존 계정에서 매달 자동으로 인출되어 상환 절차가 단순하다는 점, 그리고 융자액이 최대 5,000만 엔까지인 점이 꼽히고 있다.

반복해서 말하지만, 아마존이 융자를 심사할 때 보는 내용은 사업 계획이나 부동산 담보가 아니다. 단적으로 말하자면 아마존이 보유하고 있는 상류, 물류, 금류에 축적된 방대한 데이터가 판단 근거다. 과거의 판매 실적과 결제 데이터 등을 기반으로 심사하는 것이다.

이것이 가능한 비결은 바로 상류, 물류, 금류를 삼위일체로 장악하고 있기 때문이다. 아마존은 '풀필먼트 바이 아마존'이라는 이름으로 판매자에게 물류 기능을 제공한다. 아마존은 사업자의 상품 판매 상황과 재고 상황을 모두 훤히 들여다볼 수 있다. 이제까지 융자 비즈니스는 은행과 제2금융권의 독무대였는데 아마존은 상류, 물류, 금류의 데이터를 활용하여 법인 대상 융자의 주요 참여자로 도약하려는 것이다.

그러나 목적은 어디까지나 아마존 경제권의 확대다. 판매 사업자에게 융자해줌으로써 이자 수입을 얻을 수 있을 뿐만 아니라 해당 기업들의 비즈니스가 성장하여 아마존의 매출도 증가하게 된다.

아마존 기프트 카드와
아마존 캐시로 '언뱅크'까지 포섭하다

—

    은행의 3대 업무 중에서도 규제를 가장 많이 받는 업무가 바로 예금이다. 다른 사람에게서 돈을 맡아두는 업무는 은행의 첫째 존재 의의라 해도 과언이 아닐 것이다. 은행은 자기자본비율을 비롯해 엄격한 규제를 적용받는다.

    그런데 아마존 기프트 카드와 아마존 캐시(아마존 차지^{Amazon Charge})는 사용자에게서 돈을 맡아둔다는 점에서 광의의 예금이라 해도 지장이 없는 기능을 갖췄다. 금리의 형태는 아니지만, 포인트 지급이라는 형태로 은행 예금으로는 절대 받을 수 없는 수준의 실질적인 이자도 주고 있다.

    아마존 기프트 카드는 아마존 내에서 쇼핑할 때 사용할 수 있는 기프트 카드다. 편의점 또는 온라인에서 구입할 수 있다. '기프트 카드'라는 말처럼 선물용으로 구입하는 사용자도 많은 한편, 본인의 결제 수단으로도 사용하고 있다. 자신이 원하는 금액을 충전할 수 있는 유형의 기프트 카드를 선택하여 편의점이나 ATM, 인터넷 뱅킹 결제로 잔액을 추가할 때마다 일반 회원에게는 최대 2.0%, 프라임 회원에게는 최대 2.5%의 아마존 포인트가 적립된다. 메가뱅크의 보통예금 금리는 0.001%, 정기예금 금리라고 해봐야 0.01%인 요즘 시대에 이렇게 높은 아마존 포인트 적립률은 상당히 매력적이다.

아마존 캐시는 이른바 선불 계좌다. 보통 아마존에서 쇼핑하려면 계정을 만들고 은행 계좌 혹은 신용카드 번호를 등록해야 한다. 아마존 캐시는 이런 수고를 줄여 아마존 계좌에 입금한 현금으로 쇼핑할 수 있는 서비스다.

사용자는 은행 계좌나 신용카드를 소유하지 않은 사람들이다. 미국에는 은행 계좌가 없거나 은행 이외의 금융 서비스를 받는 사람들을 가리켜 '언뱅크Unbank'라고 부른다. 미국 연방예금보험공사FDIC의 조사에 따르면, 미국의 3,350만 가구가 은행 계좌를 갖고 있지 않은 것으로 추정된다. 이 사람들은 이제까지 아마존을 이용할 수 없었는데, 아마존 캐시 덕분에 이들도 아마존 경제권에 포섭할 수 있게 됐다.

최근 금융업계를 둘러싼 논란 중에는 "핀테크가 앞으로 시장의 패권을 쥐게 되면 결과적으로 기존 금융기관에는 덤 파이프Dumb Pipe(정보의 단순 통로 역할만 하는, 부가가치가 낮은 연결 수단) 기능밖에 남지 않을 것"이라는 지적이 있다. 이 점에 관한 내용을 시로타 마코토城田真琴의 『핀테크의 충격Fintechの衝撃』(2016)에서 인용했다.

"은행 업무가 계좌의 유지 관리에 한정되는 것을 의미한다. 핀테크 기업은 사용자의 계좌에 입출금하거나 잔고를 확인하기 위해 은행과 접속할 필요는 있지만, 그 밖의 서비스는 자체적으로 제공한다. 극단적으로 말하면 기존 금융기관의 업무는 계좌의 유지 관리만으로 한정될 가능성이 있다. 그렇게 되면 당연히 다른 은행과의 차별화는 어려워진다. 일본의 이동통신 3사 모두 아이폰을 다루게 된 결과, 소비자는 통신사의 선택에 집착할 필요가 없어졌듯이, 금융기관의 고객도 계좌를 개설할 수 있으면 어느 은행이라도 상관없다고 생각하게 되어 통신사업자와 같은 상황에 빠질 우려가 있다."

그러나 아마존 캐시처럼 핀테크를 통해 예금 기능을 제공할 수 있게 되면 계좌의 유지 관리마저 금융기관의 역할이 아니게 될지도 모른다. 아마존 캐시에 돈을 충전하면 은행 계좌를 갖고 있지 않아도 일상생활에는 곤란함이 없다는 뜻이다. 2018년에는 "일본 후생노동성, 전자화폐로 급여 지급 허용 검토(교도통신, 2018년 10월 24일)"라는 보도도 있었다. 스마트폰 자금 결제앱으로 입금해주는 방식이 상정되고 있다는 뜻이다. 그렇게 되면 은행에는 덤 파이프 기능조차 남지 않을 것이다. 필자가 개인적으로 이 점에 관해 어떻게 분석하는지는 8장에 서술했다. 아울러 참조하길 바란다.

2025년, 당신은 어느 은행을
선택할 것인가

—

이제까지 살펴봤듯이 아마존 경제권을 확대하기 위해, 그리고 지구에서 가장 고객 중심적인 회사라는 사명을 실현하기 위해 금융 사업의 추진은 지극히 자연스러운 귀결인 것으로 생각된다. 그렇다면 '아마존 뱅크'의 탄생을 예상하지 않는 것이 오히려 이상하다.

실제로 아마존은 은행업 본격 진출을 노리면서도 복잡다단한 규제와 미국 은행업계의 반대 등으로 그렇게 하지 못하는 상태다. 그런 한편으로는 현행 규제하에서도 가능한 신용카드 사업과 아마존 렌딩, 아마존페이 등의 금융 서비스를 전개해왔다.

그러나 아마존 등 미국 대형 IT 기업의 은행업 진출이 저지되어온 가운데, 중국의 알리바바와 텐센트가 중국인 대상 결제 서비스 등의 네트워크를 미국에서 급속도로 확대했다. 이런 상황에서 미국의 금융당국은 중국 IT 대기업의 공세에 위기감을 느끼기 시작하여, 은행과 상업의 분리를 의무화하는 규제를 해제하는 것에 대해 진지하게 검토하고 있다. 앞으로는 IT 대기업의 진출을 인정하여 경쟁을 장려하고, 미국 은행에도 이 분야의 경쟁력 향상을 요구하는 쪽으로 방향키를 튼다고 봐야 타당할 것이다. 미국 금융 당국이 아마존을 포함한 IT 대기업에 은행업 본격 진출을 허용하는 것은 시간문제다.

독자적인 가상화폐와 '빅데이터×AI'의 파괴력

은행업에 진출할 경우, 아마존은 먼저 예금·대출 업무와 결제 업무부터 개시할 것으로 생각된다.

AWS 부문의 고객인 은행에 대해 업무 AI화를 지원해온 아마존 자신이 은행업에 나선다면, 업계에 알리바바와 텐센트 이상의 파괴적인 영향력을 미칠 것이라는 점을 살펴둬야 한다.

더 구체적으로는 아마존의 독자적인 가상화폐를 기축으로 아마존 경제권을 확대하는 것, 테크놀로지 기업으로서 보유한 기술력을 살려 블록체인과 AI를 활용한 새로운 금융·상업 플랫폼을 구축하는 것 등이 예상된다.

그리고 '빅데이터×AI'를 구사하여 AWS를 활용해왔던 많은 은행의 노하우를 최대한 살린 AI 은행으로서의 '아마존 뱅크'가 탄생하지 않을까? 최종장에서 설명할 '금융 4.0'을 제공하는 선구자는 아마존이 될지도 모른다. 아마존이 자사 경제권에서 사용할 수 있는 '아마존 코인'을 발행할 경우, 그야말로 명실상부한 거대 아마존 경제권이 탄생한다고 할 수 있을 것이다.

기존의 오프라인 점포, 직원, 과대한 시스템과 같은 '유산'이 없는 디지털 은행 혹은 AI 은행인 아마존 뱅크가 탄생하여 고객의 편의성 향상에 특화해 뛰어난 고객 경험과 속도감 있는 서비스를 제공하게 될 때, 아마존 고의 은행판인 근미래형 오프라인 점포를 개점하게 될 때 기존 금융기관에는 분명 커다란 위협이 될 것이다. 아마존 뱅크의 탄생을 완전히 부정할 수 있는 근거도 현재로서는 빈약하다.

아마존 뱅크를 핵심으로 하는 비즈니스 구조

아마존 뱅크를 핵심으로 하는 아마존 비즈니스의 계층 구조를 도표(121쪽)로 정리했다. 아마존 뱅크가 실제로 전개될 경우의 사업 구조를 예측한 것이다.

먼저 모든 비즈니스의 인프라로 자리 잡은 것이 클라우드 컴퓨팅인 AWS다. AWS는 아마존 뱅크의 두뇌와 같은 기능을 수행하는 동시에 아마존 뱅크에서 축적되어갈 AI 은행의 노하우를 새로운 기반으로 삼아서 외부에 공개해나갈 것으로 예상된다.

AWS 위에 위치하는 것이 전자상거래·소매의 생명선인 물류 부문이다. 물류를 장악하고 있는 것이 아마존의 특징 중 하나다. 아마존 뱅크의 전개와 함께 그야말로 상류, 물류, 금류를 삼위일체로 장악해나가게 된다.

그리고 아마존 뱅크는 아마존 전체의 금류를 담당하는 동시에 결제 부분인 아마존페이(각종 결제), 아마존 알렉사(음성 결제), 아마존 고

아마존 뱅크를 핵심으로 하는 계층 구조

금융 서비스	전자상거래·소매	엔터테인먼트	모빌리티 서비스	스마트 홈	기타 서비스
'결제'	아마존페이 (각종 결제)		아마존 알렉사 (음성 결제)	아마존 고 (IoT 결제)	
'은행'	아마존 뱅크				
'물류'	FBA (풀필먼트 바이 아마존)				
'클라우드 컴퓨팅'	AWS (아마존 웹서비스)				

(IoT 결제)를 연결하는 역할을 한다. 나아가 '뱅크'의 의미이기도 한 '쌓아둔다'라는 관점에서 상류, 물류, 금류를 삼위일체로 장악해가는 '정보은행'으로서도 사업을 도모할 수 있는 잠재력을 지닐 것이다.

결제라는 기능만 보더라도 아마존 뱅크가 설립되면 아마존이 중앙은행 결제 시스템과 민간은행 시스템에 연결되어 각종 결제, 음성 결제, IoT 결제 등이 아마존 뱅크의 계좌 이체와 직결한다는 의미가 있다. '2025년 4월, 가까운 미래' 이야기에서 예측했듯이 독자적인 통화인 아마존 코인이 등장한다 해도 은행 계좌가 만들어지면 아마존과 소비자 양쪽에 편의성이 높아지는 것은 확실하다.

아마존 뱅크를 포함하여 고객 접점으로서의 결제 부분인 아마존페이, 아마존 알렉사, 아마존 고로부터 아마존이 전개하는 다양한 상품, 서비스, 콘텐츠로 고객을 유도할 수 있게 될 것이다. 고객 유도 대상으로는 은행·증권·보험 등의 금융 서비스, 전자상거래·소매, 엔터테인먼트, 아마존 알렉사 탑재가 진행되는 모빌리티 서비스, 아마존 알렉사를 생태계로 하는 스마트 생활 서비스 등을 들 수 있다.

고객을 각자 자기 우주의 중심에

아마존 뱅크가 탄생하면 기존 금융기관에 최대의 위협이 되는 점은 세계에서 가장 고객 중심적인 회사라는 미션, 그를 위한 뛰어난 고객 경험 안에서 은행 업무를 전개하는 것이다. '2025년 4월, 가까운 미래' 이야기에서 예측했듯이 아마존 뱅크는 은행 거래를 하고 있다는 사실이 느껴지지 않을 만큼 쾌적한 경험을 모토로 추진될 가능성이 크다.

제프 베조스 본인의 정의에 따르면 고객 중심주의란 '경청', '발명', '개인 맞춤' 세 가지로 구성된다. 고객의 목소리에 귀를 기울이고, 그것에 대응하기 위해 발명과 혁신을 한다. 세 번째인 '개인 맞춤'의 정의가 절묘한데 고객을 각자 자기 우주의 중심에 놓아주는 것 put them at their own universe을 말한다.

필자는 아마존이 은행 업무에 나서게 된다면 이때까지 배양해온 '빅데이터×AI' 테크놀로지를 활용하여 다수의 사람에게 동시에 개인별 맞춤형으로, 이른바 대량 맞춤화된 금융 서비스를 제공하지 않을까 예측한다.

예를 들면 아마존의 전자상거래 사이트에서 거래하는 판매자인 중소기업에 대해서는 아마존에 축적된 상류·물류·금류의 삼위일체 데이터를 활용하여 해당 기업이 정말 필요로 하는 금액을 최적의 시점에 '가변 가격제(AI를 활용한 동적 가격 결정 방식)' 이율로, 대출은 물론 손해 보험과 여유 자금 운용 등까지 제안할 수 있게 될 것이다.

음성 AI 비서인 아마존 알렉사를 탑재한 차세대 자동차도 더욱 확산되고 있으므로 '달린 만큼만 납부하는 자동차보험'을 제공하는 것도 아마존의 시야에 들어 있을지 모른다.

'사용한 만큼, 사용하고 싶은 만큼'만 설정하는 대출과 보험, '남은 만큼'만 설정하는 여유 자금 운용 등은 기존 금융기관보다 아마존이 더 잘할 수 있지 않을까?

제프 베조스가 오랫동안 계속 강조해온 '개인 맞춤'이라는 행위는 '빅데이터×AI'와 결합되어 아마존 뱅크에서도 실현될 합리성이 높다.

아마존 뱅크를 탄생시키는 것

지금까지 논의한 것을 토대로 분석하면 아마존 뱅크는 2장에 제시한 '앞으로 당연해질 것(50쪽)'의 여덟 항목을 특징으로 할 것이다.

- 편리하다.
- 수고가 들지 않는다.
- 시간이 걸리지 않는다.
- 알기 쉽다.
- 자동으로 처리해준다.

- 친숙하다.
- 즐겁다.
- 거래하고 있다는 사실을 의식하지 않는다.

 무엇보다 아마존 뱅크가 탄생할 경우 2025년 4월의 이야기에서 묘사했듯이 본업인 전자상거래·소매 사업부터 금융 사업까지 수직통합할 수 있다는 강점, 생활 서비스 전반에서 금융 서비스를 제공할 수 있다는 강점도 생겨날 것이다.

 2025년, 여러분은 'AI화한 은행'과 '은행도 시작한 아마존' 중에 어느 쪽과 거래하고 싶은가? 여러분의 생각이 정말로 '아마존 뱅크의 탄생'을 결정짓게 될 것이다.

 9장에서 다룰 DBS 은행의 CIO 데이비드 글레드힐David Gledhill은 '만약 아마존의 제프 베조스가 은행을 만든다면 무엇을 할 것인가?'라는 관점에서 철저하게 고민했고, 결과적으로 DBS 은행은 '세계 제일의 디지털 은행'으로 탈바꿈할 수 있었다. 이번 장의 진정한 가치는 독자도 글레드힐처럼 사고할 수 있도록 디자인 사고법과 비판적 사고법을 익히게 하는 데 있기도 하다.

제5장

알리바바와 텐센트,
중국을 핀테크
대국으로 바꾸다

알리바바와
텐센트가 탄생한 대륙

—

금융, 비즈니스 모델의 핵심

아마존과 나란히 세계 3대 메가테크로 다루고자 하는 기업은 알리바바와 텐센트다. 두 기업은 세계 최첨단의 핀테크 대국이 된 중국에서 탄생했다.

'세계 최첨단의 핀테크 대국'이라는 표현이 과장처럼 느껴지는 독자가 있다면 이번 장의 마지막 부분인 '세계 최첨단의 핀테크 대국, 중국의 현재'를 먼저 읽어보기를 권한다. 혹은 중국인 지인이 있다면 알리바바 그룹의 앱인 '알리페이'를 한번 보여달라고 부탁해보자. '해외 체류 중인 중국인 대상의 금융 서비스'로 자리매김했는데, 알리페이 앱을 통해 상세한 가맹점 정보를 얻을 수 있음은 물론 은행·증권·보험·투자신탁 등 일련의 금융 서비스, 전자상거래와 기타 서비스까지 매끄럽게 거래할 수 있도록 되어 있다는 사실에 놀랄 것이다.

이번 장에서 상세한 내용을 설명하겠지만, 알리바바 금융의 대단함은 알리페이의 표면적인 기능에만 그치지 않는다. 캐시리스와 QR 코드 결제만이 대단한 것은 아니다. 알리바바는 전자상거래 사이트를 근간에 두면서 물류 사업과 오프라인 매장, 클라우드, 우주, 그리고 금융까지 모든 사업에 진출하는 에브리싱 컴퍼니로 변화하여 독자적인 경제권을 넓혀가고 있다는 점에서 아마존과 매우 유사하다.

특히 금융에 관해서는 아마존을 훨씬 뛰어넘는 규모로 사업을 펼치고 있다. 알리바바는 처음부터 금융 서비스, 특히 결제 기능에 주력했다. 알리바바의 결제앱인 알리페이에는 약 8억 7,000만 명의 연간 실사용자가 있으며(2018년 3월 보도자료), 현재 40개 이상의 국가와 지역에서 알리페이 결제가 가능하다.

한편 텐센트의 위챗페이는 커뮤니케이션 앱인 '위챗'의 지갑 기능으로 제공된다. 위챗에는 약 10억 5,700만 명의 월간 실사용자가 있다(2018년 6월 4분기 보고).

이 두 가지 앱을 주축으로 하는 중국의 캐시리스 결제 비율은 80% 이상에 달한다.

그렇다면 알리바바와 텐센트가 결제에 주력하는 목적은 무엇일까?

4장에서 설명했듯이 아마존의 경우 금융 사업이란 아마존 경제권의 확대를 촉진하기 위한 것으로 어디까지나 수단에 불과하다. 따라서 아마존은 금융 사업 자체에서 패권을 쥘 생각은 하지 않는다.

한편 알리바바와 텐센트는 금융이 비즈니스 모델의 핵심이다. 알리바바 경제권의 중심에는 알리페이가 있다. 알리바바는 앤트파이낸셜이라는 별도의 전략 회사를 설립하여 금융 사업을 추진하고 있다.

텐센트도 위챗의 압도적인 존재감을 배경으로 생활 서비스 전반을 지배하려고 계획 중이다. 압도적인 우위에 있는 고객 접점과 그로부터 얻을 수 있는 방대한 데이터가 있다면 금융 서비스의 질적·양적인 면에서 앞서 있는 알리바바를 따라잡는 일도 무리는 아닐 터다. 오히려 알리바바를 참고해 후발 주자의 유리함을 마음껏 누릴지도 모른다.

어느 쪽이든 두 중국 금융 디스럽터의 비즈니스 모델에서 금융은 없어서는 안 될 요소이며 패권을 잡겠다는 의지도 강렬하다. 그런 만큼 기존 금융 산업에는 아마존 이상으로 위협이 될 존재다.

'금융의 본질'에 더 다가서다

알리페이는 알리바바 전자상거래 플랫폼의 결제 수단으로, 위챗페이는 텐센트의 통화 및 메시지 등 소셜 커뮤니케이션 플랫폼 다각화의 일환으로 각각 성장했다. 즉 알리바바와 텐센트는 태생이 금융 참여자는 아니지만 이제는 세계 최첨단 핀테크 대국의 양대 참여자가 됐다.

알리바바와 텐센트가 금융 산업에 가져다준 가치란 대체 어떤 것일까? 필자는 '기존 금융기관보다 금융의 본질에 더 다가섰다'는 점을 높이 평가한다.

2장에서 거대 플랫폼 안에 상류, 금류, 물류를 보유하는 것이 차세대 금융 참여자의 3대 기능이라고 설명했다. 알리바바와 텐센트는 생활 서비스 플랫폼 안에 상류, 금류, 물류를 둘러싸는 형태로 사용자 개개인에 관한 빅데이터를 축적하고 있다. 이 데이터들은 당연히 새로운 서비스를 개발하는 데 활용되는데, 더 중요한 것은 사용자 개개인의 신용을 측정하는 척도, 즉 신용 정보가 된다는 점이다.

기존 금융기관은 전통적인 담보주의에서 벗어나지 못한 채, 정말로 자금 수요가 있는 중소기업과 영세기업, 혹은 개인에 대한 금융 중개를 충분히 하지 못하고 있다. 즉 기존 금융기관은 금융의 본질적인 역할을 다하지 못하는 셈이다.

반면에 알리바바와 텐센트는 자신들의 플랫폼에 상류·금류·물류 데이터를 축적하고, 이를 주된 판단 근거로 삼아 자금 수요가 있는 개인과 중소기업의 신용력을 심사해 돈을 빌려주고 있다. 이런 사실에서 필자는 기존 금융기관이 놓친 금융의 본질을 알리바바와 텐센트가 구현하고 있다고 평가하는 것이다.

알리바바 창업주인 마윈馬雲은 이렇게 생각했다고 한다.

"기업을 부자와 가난뱅이로 나눈다면 인터넷은 그야말로 가난뱅이의 세계다. 대기업은 자사의 독자적인 정보원을 보유한 데다가 거액의 광고 예산도 있기 때문이다. 소기업에는 아무것도 없다. 소기업이야말로 인터넷이 가장 필요한 곳이다. 나는 가난뱅이를 이끌어 혁명을 일으키고 싶다.' 민영 중소기업이 활발하게 움직이는 중국 저장성에서 태어나고 자란 마윈은 중소기업의 생존 경쟁과 발전을 둘러싼 역경을 깊이 이해했다〔렌웨이廉薇, 벤훼이边慧, 쑤쌍훼이蘇向輝, 차오펑청曹鵬程『앤트 파이낸셜 : 한 마리 개미가 만드는 신금융 생태계蚂蟻金服:從支付寶到新金融生態圈』

(2017)〕."

알리바바의 경우 전자상거래 이용자가 늘수록, 텐센트의 경우 통화 및 메신저 이용자가 늘수록 각 플랫폼의 상류·금류·물류가 촉진된다. 예를 들면 금류 과정에서는 알리페이 계좌나 위챗 지갑에 체류하는 자금이 발생한다. 그러면 체류 자금과 연관된 금융 서비스가 다양하게 개발, 제공되며 플랫폼 내외의 서비스와도 이어진다.

이런 방식으로 알리바바와 텐센트는 전통 은행이 본래 제공해야 할 기능을 플랫폼 내외의 서비스와 함께 통째로 대체하려고 한다. 이것이 야말로 '테크놀로지 기업 대 기존 금융기관의 대결' 구도에서 발생하는 금융의 파괴인 것이다.

PEST 분석으로 바라본 현대 중국

알리바바와 텐센트를 거느린 중국이 앞으로 차세대 금융 산업에 절대적인 영향력을 가지리라는 것은 틀림없다. 이런 초강력 금융 디스럽터가 탄생한 배경에는 중국이라는 국가 자체가 놓인 특수한 환경도 관련되어 있다.

그래서 개별 기업 분석을 진행하기에 앞서 중국의 거시 환경에 관해 PEST 분석을 해봤다. PEST 분석이란 정치Politics, 경제Economy, 사회Society, 기술Technology의 관점에서 국가와 산업에 초래되는 변화를 분석하는 도구다.

현대 중국의 PEST 분석

구분	중국 전체	금융 관련
정치 (P)	• 국가 산업 정책 : 강국화와 혁신 • '일대일로' • '13차 5개년 계획' • 국책을 수탁하는 기업	• 금융정책 : 외국계 자본 규제 완화, 전자 결제 시장의 관리·감독 체제 확립 • 금융 행정개혁 : 중국인민은행의 권한·기능 강화 • 증권화에 의한 금융 규제 강화
경제 (E)	• '중국 제조 2025' • 산업의 스마트화 • 인터넷과 각 산업의 융합 • 신산업·신업태의 창출 • 농촌 빈곤 인구의 감소 • 공유경제	• 2013년 금리 자유화 : 기존 은행의 수익성 저하 • 금융 전반의 규제 완화 • 2015년 '인터넷 금융의 건전한 발전을 촉진하기 위한 가이드라인' • 전통적인 금융기관들의 핀테크 은행화
사회 (S)	• 생활수준, 국민 자질, 국가 지배 구조 등의 질적 향상 • 가치관의 다양화, 편의성, 합리성 • 디지털 네이티브 세대 • 스마트폰, SNS	• 스마트폰 • SNS • 모바일 결제 • 캐시리스 • 무인화, 자동화 • 공유
기술 (T)	AI × 빅데이터, 클라우드, 뉴럴 네트워크 컴퓨팅, 머신러닝·딥러닝, 5G, 로보틱스, 자율주행	• AI • 얼굴 인식, 생체 인식, 센싱 • 핀테크(광의, 협의) • 블록체인 • 무인화, 자동화

정치적 요인 | 정치적 요인에서는 중국 정부의 국가 산업 정책, 특히 강국화와 혁신에 주목해야 한다.

강국화의 대표적인 사례로는 아시아에서 아프리카, 유럽에 걸쳐 인프라, 금융, 테크놀로지, 제조, 전자상거래, 무역 등의 중국 경제권을 구축하는 대전략 '일대일로ー帶ー路'를 꼽을 수 있다. 아울러 중국은 제조 강국, 자동차 강국, 세계 최첨단의 AI 강국 등 국제 질서의 방향성까지 바꿔버릴 '강국' 지향 정책을 잇달아 내놓고 있다.

혁신의 경우, '13차 5개년 계획(2016~2020년)'에서 혁신 구동형 경제성장을 목표로 내걸었다. 또 개별 정책을 통해 신에너지, 에너지 절약, AI, 디지털 혁신, 빅데이터 활용 등 국가 차원에서 전략적으로 대응하는 신흥 분야가 설정되어 있다. 특히 중국 정부가 강력히 추진하는 AI 정책에서는 알리바바가 '도시계획×AI', 텐센트가 '의료 영상×AI'의 국책 수탁 기업으로 선정되어 있다.

이번에는 금융정책을 살펴보자. 2010년 6월에 공포된 '비금융기관 결제서비스 관리변법(중국인민은행령-2010 제2호)'에 따르면 알리페이와 텐센트 같은 비금융기관이 결제 서비스를 제공하려면 최저 출자금, 출자자, 자금 세탁 방지책 등 일정 조건하에서 '결제 업무 허가증'을 의무적으로 취득해야 한다.

2018년 3월의 '중국인민은행공고-2018 제7호'에 따르면 외국계 기업이 중국의 전자 결제 시장에 진입할 경우 '외국인투자기업' 설립, '결제 업무 허가증' 취득, 독자적인 결제 시스템 및 재해 복구 시스템 완비, 개인 정보 취급 등을 조건으로 규제가 완화되어 있다. 이는 토종 자본과 외국계 자본을 동등하게 취급하는 한편, 급성장한 중국의 전자 결제 시장을 더욱 건전하게 발전시키기 위해 관리·감독 체제를 확립한 것이다.

아울러 인터넷 금융이 약진하고, 금융업계 내부의 협조가 필요해졌으며, 경쟁이 격화됨에 따라 금융 행정개혁이 이루어졌다. 새로운 행정 체제에서는 중요 법규 입안 등의 기능이 중국인민은행에 집중되어 있다.

증권화에 의한 금융 규제도 강화됐다. 예를 들면 2017년 12월에 중국인민은행 등 당국은 소액 융자 사업자에 대해 자산담보증권ABS에 의한 자금 조달을 대차대조표에 의무적으로 포함시켜야 한다고 발표했다. 일반적으로 금융기관은 증권화를 통해 소액 융자를 대차대조표에서 제외함으로써 자기자본에 대한 대출 비율을 낮게 조정하는 식으로 회계 처리가 가능하다. 중국에서도 소비자 금융 기업으로는 최대인 앤트파이낸셜 등 온라인 소액 융자 사업자는 순자본이 낮은데도 거액의 소액 융자액과 거액의 ABS 발행액을 떠안고 있는 것으로 알려져 있다.

하지만 중국에서 ABS의 오프밸런스화(대차대조표에 자산·부채를 계상하지 않는 것)가 금지된다면 ABS를 발행하는 이점이 작아진다. 실제로 이 규제를 시행한 이후 앤트파이낸셜 등 소액 융자 사업자는 ABS에서의 자금 조달을 줄였다.

또 중국인민은행은 2018년 6월에 '결제기구고객 준비예금 전액집중예치에 관한 통지(은변발-2018 제114호)'를 발표했다. 이는 알리페이와 위챗페이처럼 중앙은행을 경유하지 않는 결제 시스템을 제공하는 사업자에 대해, 사용자가 계정에 입금한 금액과 100% 동일한 금액을 중앙은행인 중국인민은행에 준비금으로 예치하는 것을 의무화한 조치다. 이 조치에는 사용자를 보호한다는 의미가 있는데, 한편으로는 알리페이와 텐센트가 경영상의 영향을 받는 것은 부정할 수 없다.

경제적 요인 | 다음으로 경제적 요인을 살펴보자.

중국은 이미 기본적으로 '어느 정도 여유 있는' 사회를 실현했다고 하는데, '13차 5개년 계획'에서는 2020년까지 전면적으로 실현하겠다고 역설했다. 그러려면 우선 경제성장을 빼놓을 수 없다. 2020년까지 GDP와 국민소득을 2010년 대비 2배로 만들겠다는 목표를 내걸고 연평균 경제성장률을 6.5%로 설정했다. 이 계획에서는 농업 현대화를 통한 농촌의 빈곤 인구 감소, 공업화와 정보화의 융합적 발전, 신산업과 신업태 창출 등이 중요한 과제로 꼽았다. '인터넷 플러스', '중국 제조 2025', '빅데이터의 발전을 촉진하기 위한 행동 요강' 등 개별 정책에 의해서도 산업의 스마트화, 인터넷과 제조업 등 각 산업과의 융합이 진행되는 중이다.

제품·서비스의 가동률과 경영 자원의 효율성을 높이고 경제 전체의 생산성을 올린다고 알려진 공유경제도 추진된다. 승차 공유 업체인 디디추싱 등 유력한 기업도 나타났는데, 중국 공유경제의 시장 규모는 이미 7조 위안을 넘어섰다는 데이터가 있다.

특히 금융에 관해서 말하자면 2013년 금리 자유화의 영향이 매우 컸다. 이 조치로 인해 은행 간의 경쟁이 격화해 예금·대출의 매매차익은 축소되고 수익성도 낮아졌다. 금리 자유화 이후에는 주요 5개 은행의 순이익이 감소하고 성장률도 둔화했다. 동시에 임대료와 인건비가 인상됐고 오프라인 점포의 운영 비용도 상승했다. 금융 전반의 규제 완화와 맞물려 은행의 이익이 압박받는 상황이 펼쳐지고 있다.

그런 가운데에 은행이 취한 대책이 디지털 채널 확충과 '핀테크 은행'으로의 탈바꿈이었다. 2017년에는 알리바바·앤트파이낸셜과 중국건설은행, 텐센트와 중국은행과 같이 금융 디스럽터와 전통적인 금융기관이 전략적인 제휴를 발표했다. 이는 2015년 7월에 배포된 '인터넷 금융의 건전한 발전을 촉진하기 위한 가이드라인(중국인민은행, 공업정보화부, 공안부, 재정부 등)'에 토대한 것이다. 이 가이드라인에서는 인터넷을 통한 결제, 대부, 소비자 금융, 펀드 판매, 보험, 신용 정보 등 인터넷 금융의 질서 있는 발전을 강조하면서, 전통적인 금융기관의 변혁에 인터넷 금융을 이용하는 것도 장려한다.

사회적 요인 | 여기서는 중국 사회의 질이 변화하고 있다는 것을 지적할 수 있다. 예를 들면 국민의 생활수준, 국민의 자질, 생태 환경, 국가 지배 구조 등은 '13차 5개년 계획'에서도 목표 항목으로 꼽혔다. 다양한 가치관을 지닌, 1980년대 이후에 태어난 세대가 중국 인구의 절반을 차지한다는 통계도 나와 있다.

중국의 젊은 층은 스마트폰과 SNS를 능수능란하게 사용하는 디지털 네이티브다. 온라인과 오프라인이 융합하는 OMO가 급속도로 보급되는 가운데, 젊은 층은 편의성과 합리성을 추구하며 당연한 듯이 모바일 결제를 이용한다. 최근에는 스마트폰의 새로운 트렌드가 중국에서 생겨나고 있는데 그 커다란 원동력이기도 하다.

기술적 요인 | 마지막으로 여기서는 AI×빅데이터, IoT, 클라우드, 뉴럴 네트워크Neural Network와 컴퓨팅, 머신러닝과 딥러닝, 4G에서 5G로, RPA(로봇을 통한 업무 자동화), 자율주행 등을 꼽을 수 있다. 얼굴 인식과 생체 인식 등 센싱의 진보는 스마트폰조차 필요 없는 결제를 가능하게 하면서 무인 계산대 편의점의 증가에도 기여했다. 정부 차원에서 추진하는 AI 등 기술 정책에 관해서는 앞의 정치적 요인을 얘기할 때 설명한 대로다.

핀테크를 광의로 파악할 때는 인프라·서비스, 플랫폼, 융자, 자산 운용 관리의 네 영역으로 나누어 생각할 수 있다.

인프라·서비스에 해당하는 것은 알리페이와 위챗페이 같은 결제 시스템, 빅데이터, 클라우드, 네트워크와 보안이다.

플랫폼은 알리바바의 전자상거래 사이트나 텐센트의 커뮤니케이션 앱처럼 사용자가 봤을 때 포털 역할을 하는 것이다. 여기에는 온라인 은행의 개인 계좌로 예금을 예치하거나, 알리페이 계좌나 위챗 지갑 등에 예금처럼 자금을 체류시키는 기능도 포함된다.

융자에는 P2P 융자, 크라우드 펀딩Crowd Funding, 소액 융자 등이 해당한다. 소비자 금융과 부동산 금융 등도 포함된다.

자산 운용 관리에는 펀드, MMF, 증권, 보험, 신탁, 파생 금융 상품 등이 해당한다.

한편 핀테크를 기술 면에서 더 협의로 파악한다면 블록체인과 가상화폐에 관한 기술, AI, 인증 기술 등을 꼽을 수 있다. 중국에는 각각의 영역에 많은 참여자가 존재하는데, 앞에서 설명했듯이 ABS 오프밸런스화 금지처럼 핀테크에도 영향을 미치는 규제 강화 등으로 도태되는 영역도 있는 것으로 보인다.

이상이 알리바바와 텐센트를 둘러싼 중국의 거시 환경이다. '어느 정도 여유 있는' 사회를 실현하고자 하는 거대한 중국 시장, 선진국을 단번에 따라잡은 도약적 혁신을 이룩한 기술, 그리고 '국가 통제형 자본주의'라고 해야 할 중국의 독특한 정치적 지원. 이 요인들에 더해서 경제적인 요청과 중국 사회의 변화가 상호작용하여 사업 환경을 형성하는 양상을 엿볼 수 있었을 것이다.

알리바바,
'세계 5위 경제권'을 꿈꾸다

—

계속해서 알리바바와 텐센트 두 회사의 사업 개요와 금융 서비스를 설명한다.

세계은행의 공식 사이트www.worldbank.org에는 '금융 포용Financial Inclusion'이라 불리는 개념이 설명되어 있다. 금융 포용이란 "개인이나 기업이 신뢰할 만한 방법을 통해 거래, 결제, 저축, 신용, 보험 등 자신의 요구 사항에 맞는 편리하고 적정한 금융 서비스에 접근할 수 있는 것"을 뜻한다. 이 정의에 따른다면 알리바바와 텐센트는 사람들이 생활하는 가운데 발생하는 요구 사항을 충족하는 데 주목하고, 그 과정에서 금융 서비스 요구 사항에 대해 테크놀로지를 사용해 대응한다. 테크놀로지를 사용하여 금융 포용을 실현하려는 회사라고 할 수 있다.

먼저 알리바바의 사업 개요부터 살펴보자.

알리바바는 1999년에 마윈이 창업했다. 사회문제를 사회 인프라로 해결한다는 미션, 미국·중국·유럽·일본에 이어 세계 5위의 알리바바 경제권을 구축한다는 장대한 비전을 내걸었다. 또 2036년까지 세계 20억 명의 소비자에게 서비스를 제공하는 것, 2036년까지 1,000만 회사가 알리바바 플랫폼에서 수익을 올리는 것을 전략목표로 한다.

본사는 항저우 시에 있고, 직원 수는 2018년 3월 말을 기준으로 약 6만 6,000명이다. 2014년에 뉴욕증권거래소에 상장했으며, 2019년 3월 11일 시점의 시가총액은 4,676억 달러로 세계 10위권에 들어간다. 연간 보고서에 따르면 2018년도(2017년 4월 1일~2018년 3월 31일) 매출은 398억 달러, 영업이익은 110억 달러에 달했다. 전년도의 매출과 영업이익이 각각 229억 달러, 69억 달러였으니 모두 높은 성장을 보여준다.

거대한 플랫폼으로 생활 서비스 전반을 아우른다

알리바바 그룹은 핵심 상거래 사업, 지역 서비스 사업, 디지털 미디어 & 엔터테인먼트 사업, 클라우드 컴퓨팅 사업, 마케팅 서비스 사업, 물류 사업, 결제 & 금융 서비스 사업이라는 7개 사업 부문으로 구성되어 있다(140쪽 도표 참고). 거대한 플랫폼이 생활 서비스 전반을 아우른다.

핵심 상거래 사업은 알리바바의 근간인 전자상거래 사이트 운영을 말한다. B2C 서비스인 티몰Tmall(텐마오天猫)과 C2C 서비스인 타오바오taobao 등 중국 내 소매, B2B 서비스인 알리바바닷컴과 공급망 플랫폼 링쇼통LST 등 중국 내 도매, 티몰글로벌Tmall Global·알리익스프레스

알리바바의 사업 구조

디지털 미디어 & 엔터테인먼트	핵심 상거래	지역 서비스
• 유쿠 (동영상 스트리밍 플랫폼) • 투두 (동영상 스트리밍 플랫폼) • 알리바바픽처스 (영화 투자, 제작, 배급, 흥행) • 알리바바게임즈 (게임 개발, 스트리밍) • 알리스포츠 (e스포츠) • 다마이 (엔터테인먼트, 티켓 서비스 플랫폼) • UC 브라우저 • 웨이보 (SNS, 중국판 트위터) • UC 뉴스	• 알리바바 • 타오바오 • 티몰(텐마오) • 티몰글로벌 • 알리익스프레스 • 알리바바닷컴 • 쥐화수안 • 라자다 (이상은 모두 인터 넷 쇼핑몰) • 농촌 타오바오 (지역 활성화 사업)	• 플리기 (여행 상품 판매 플랫폼) • 허마 (슈퍼마켓) • 코우베이 (라이프 스타일 플랫폼) • 어러머 (음식 주문 배달) • amap (위치 정보 서비스) • 아모이티켓
결제 & 금융 서비스	앤트파이낸셜, 알리페이	
물류	차이냐오	
마케팅 서비스 & 데이터 관리 플랫폼	유니마케팅, 알리마마	
클라우드 컴퓨팅	알리바바 클라우드	

알리바바 공식 사이트 등을 토대로 작성함

AliExpress·라자다Lazada 등 국제 전자상거래 서비스가 포함되어 있다.

지역 서비스 사업에는 신선식품 슈퍼마켓인 허마盒马[알리바바는 2019년 1월 30일 보도자료에서 '허마'의 영문 표기를 'Hema'에서 'Freshippo'로 변경하겠다고 발표했다], 음식 등의 평가 서비스 코우베이Koubei, 식품 주문 배달 서비스 어러머Ele.me, 지도 앱 가오더amap 등이 들어간다. 디지털 미디어 & 엔터테인먼트 사업에는 동영상 스트리밍 플랫폼인 유쿠Youku와 투두Tudou 등이 포함된다.

클라우드 컴퓨팅 사업은 알리페이를 비롯한 알리바바 그룹의 모든 서비스 콘텐츠를 지탱하는 중국 최대의 클라우드 서비스 제공업체인 알리바바 클라우드가 담당한다.

마케팅 서비스 사업에서는 데이터 관리 플랫폼인 유니마케팅Uni Marketing과 알리마마Alimama를 통해 티몰(텐마오) 등을 대상으로 빅데이터의 축적·분석 기능을 제공하고 있다.

물류 사업에서는 물류 기업인 차이냐오CAINIAO가 중국 전 지역에는 24시간 이내, 해외에는 72시간 이내에 배송하겠다는 목표로 알리바바 그룹 전체의 전략적인 물류를 담당한다.

그리고 알리바바 그룹의 결제 & 금융 서비스 사업을 담당하는 곳이 알리페이 결제 등을 제공하는 앤트파이낸셜이다.

그 수익 구조를 살펴보면 핵심 상거래 사업이 2018년도 매출의 86%를 차지하는 알리바바는 여전히 전자상거래 회사다. 그러나 디지털 미디어 & 엔터테인먼트 사업 매출은 2015년부터 2018년 사이에

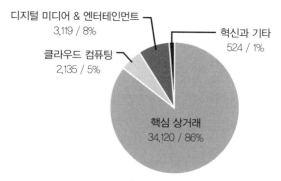

알리바바의 수익 구조

디지털 미디어 & 엔터테인먼트
3,119 / 8%

혁신과 기타
524 / 1%

클라우드 컴퓨팅
2,135 / 5%

핵심 상거래
34,120 / 86%

2018년도 매출 내역 (단위 : 100만 달러, %)

200% 가까운 연평균 성장률을 기록했다. 클라우드 컴퓨팅 사업 매출도 같은 기간 연평균 170%가 넘는 성장률을 보이면서 세계 시장 점유율로는 아마존, 마이크로소프트, IBM, 구글에 이어서 5위에 안착했다. 신소매 전략에 동반하여 차이냐오의 전략성도 높아질 것이다. 'AI×빅데이터'를 다루는 유니마케팅과 알리마마의 잠재력은 두말할 나위도 없다. 알리바바는 플랫폼 전체에서 수입을 얻는 체제를 갖췄다.

백 야드에서도 아마존에 대항한다

핵심 상거래 사업, 지역 서비스 사업, 디지털 미디어 & 엔터테인먼트 사업을 개인과 중소기업의 '프론트 야드front yard'라고 한다면 알리바바 클라우드, 유니마케팅, 알리마마, 차이냐오, 앤트파이낸셜은 그것을 지탱하는 '백 야드back yard'다

그런데 백 야드가 단순히 프론트 야드를 지탱하는 역할에 그치는 것은 아니다. 차이냐오는 기업 자체적으로 최첨단 테크놀로지를 구사하여 중국 내외의 택배 회사로 구성된 물류 생태계를 구축, 운영하고 있다. 앤트파이낸셜은 뒤에서 설명하겠지만, 알리바바 그룹의 금융 사업을 수직통합하는 주체가 되는 기업이다. 그리고 알리바바 클라우드는 유니마케팅, 알리마마와 함께 알리바바 그룹은 물론 다양한 업계의 사업자를 대상으로 클라우드 컴퓨팅과 'AI×빅데이터' 관련 서비스를 제공하여 클라우드 서비스의 시장 점유율 1위를 달리는 아마존의 AWS에 대항하고 있다.

알리바바는 2016년 10월에 '신소매'라는 개념을 내놓았다. 2018년도 연간 보고서에 따르면, 신소매란 테크놀로지 혁신을 통해 '온라인과 오프라인의 통합'을 실현하여 '고객이 언제 어디서나 매끄러운 경험을 누릴 수 있는 것'이다. 즉 알리바바의 신소매는 '온라인+오프라인+물류+테크놀로지'를 통해 고객 경험을 극대화하는 것이라고 바꿔 말할 수 있다. 신선식품 슈퍼마켓인 허마셴셩盒马鲜生과 알티마트RT Mart는 신소매의 핵심적인 존재다. 고객 경험의 추구는 고객과의 양호한 관계성을 지속적으로 구축할 수 있는지에 달려 있다. 알리바바가 아마존보다 앞서서 신소매를 제창한 것은 고객 경험의 추구 면에서 알리바바가 얼마나 선진적인지를 말해준다.

앤트파이낸셜,
알리바바 경제권의 핵심

—

그렇다면 알리바바의 금융 사업을 담당하는 앤트파이낸셜을 자세히 살펴보자.

앤트파이낸셜이 제공하는 결제, 융자와 자산 운용 관리, 신용 정보 등의 금융 서비스는 사용자의 생활을 더욱 쾌적하게 하는 편리한 도구로서 알리바바 서비스 전체를 지탱하고 있다. 앤트파이낸셜이야말로 거대한 알리바바 경제권의 핵심에 위치한 기업이다.

원래 앤트파이낸셜은 알리바바의 결제를 담당하는 한 부문에 불과했다. 시작은 2004년, 알리바바의 연결 자회사로서 '알리페이'가 설립됐다. 그러나 일본 소프트뱅크 등 외국 자본도 받아들인 알리바바는 2011년 중국인민은행의 외자 규제로 알리페이에 대한 소유 주식을 매각하고 연결에서도 제외했다. 그 대신 알리페이의 모회사가 된 곳이 2011년에 마윈 개인 등에 의해 설립된 중국 자본 회사인 제지앙 앤트파이낸셜 서비스Zhejiang Ant Small and Micro Financial Services Company, Ltd.

다. 2014년 10월, 회사명을 앤트파이낸셜로 변경하여 현재에 이른다. 한편 알리페이는 2011년 5월에 '비금융기관 결제서비스 관리변법'에 근거하여 중국인민은행으로부터 사업 면허인 '결제 업무 허가증'을 취득했다.

알리바바와 앤트파이낸셜의 관계를 이해하기 어려울지도 모르니 보충해둔다. 알리바바는 2011년 앤트파이낸셜을 설립한 이후 직접적으로는 앤트파이낸셜의 주주가 아니며, 2014년 합의에 근거하여 앤트파이낸셜에서 이자 및 세전이익EBIT 37.5%를 가져오는 수익 배분 약정을 맺고 있었다. 그러나 2018년 2월, 알리바바는 신주 발행을 인수하는 형태로 앤트파이낸셜의 주식 33%를 취득하고, 아울러 수익 분배 등 기존 약정은 종료한다고 발표했다. 이렇게 앤트파이낸셜은 글자그대로 알리바바 그룹의 금융 사업을 담당하는 자회사(비연결)가 된 것이다.

앤트파이낸셜은 비상장 기업이라 수익 구조와 연결 범위를 밝히지 않는데, 2018년 4월 18일 《로이터Reuter》 기사에 따르면 2017년 매출은 89억 달러, 세전이익은 21억 달러였다. 중국 내에서도 도드라진 '유니콘 기업'이다. 알리바바의 매출, 영업이익과 비교하면 대략 5분의 1 규모다. 또 앤트파이낸셜 매출의 약 55%를 알리페이가 벌어들인다고 알려졌다.

앤트파이낸셜의 공식 사이트www.antfin.com 등에 따르면, 앤트파이낸셜은 자사를 '포용적인 금융 서비스를 세계에 제공하는 테크놀로지 기업'이라면서 스스로 '테크핀TechFin' 회사라고 부른다. 귀에 익은 '핀테크'가 아닌 '테크핀'이다. 금융 서비스와 핀테크 자체로 수익을 올리는 것이 아니라, 테크놀로지로 금융 포용을 실현하고 사용자의 금융 요구 사항에 대응하겠다는 의지를 나타낸 표현처럼 느껴졌다.

"앤트파이낸셜의 노력은 모두 하나의 목표를 향한다. 바로 미래를 위한 디지털 금융 생태계를 구축하고, 과학기술을 사용하여 세계에 평등한 기회를 많이 가져다주는 것이다(유시由曦 『앤트파이낸셜의 성공 법칙 : 알리페이를 만들어낸 거대 유니콘 기업アント·フィナンシャルの成功法則 : アリ ベイを生み出した巨大ユニコーン企業』(2018))."

기술 혁신을 통해 개방형 신용 시스템과 금융 플랫폼을 구축하여 전통적인 금융기관이 서비스 대상으로 삼아오지 않았던 개인과 중소기업과 영세기업에 안전하고 편리하며 포용적인 금융 서비스를 제공하는 회사. 그곳이 바로 앤트파이낸셜이다.

알리페이부터 즈마신용까지
포용적인 금융 서비스

—

알리페이, 모든 서비스의 시작점

앤트파이낸셜은 결제 서비스 알리페이, 자산운용관리업체 앤트포춘ANT FORTUNE, 신용평가업체 즈마신용芝麻信用, 온라인 은행 마이뱅크MYbank 등을 산하에 둠으로써 금융 서비스 생태계를 구축하고 있다. 각 회사를 해설하겠다.

먼저 앤트파이낸셜 매출의 55%를 벌어들이며 생태계의 시작점이기도 한 알리페이다. 알리페이는 티몰(텐마오)과 타오바오 같은 알리바바의 전자상거래 사이트, 허마와 알티마트 등 알리바바가 운영하는 신소매 매장은 물론 제3자 오프라인 매장 및 전자상거래 사이트의 쇼핑, 전기·가스 같은 공과금, 택시·버스·지하철·비행기 같은 교통수단, 레스토랑·테마파크·영화관 같은 음식·오락 시설 등 온갖 서비스 장면에서 이용할 수 있는 결제 시스템으로서 중국을 석권했다.

주된 기능은 스마트폰에 설치하는 앱 '알리페이'를 통한 QR 코드 결제다. QR 코드 결제에는 두 가지 방법이 있다. 하나는 사용자가 자신의 앱 화면에 표시된 QR 코드를 매장 점원에게 보여주면 매장 점원이 그것을 스캐너로 읽어 들이는 방법이다. 다른 하나는 매장 계산대에서 보여주는 QR 코드를 사용자가 직접 앱 화면의 스캔 기능을 사용해 읽어 들이는 방법이다. 알리페이 결제를 이용하는 사용자는 대부분 이런 방식으로 QR 코드 결제를 한다.

사용자에게는 원칙적으로 비용이 들지 않는다. 스마트폰을 사용한다면 알리페이 앱을 설치한 후 은행 계좌와 연동시키는 등을 설정하기만 하면 된다. 알리페이 결제를 도입하는 사업자의 수수료도 저렴하다. 사용자와 사업자 모두에게 매력적인 도구다. 중국에서 QR 코드 결제가 단번에 보급된 주요 원인이 바로 이것이다.

알리페이 결제에는 에스크로 서비스Escrow Service도 제공된다. 에스크로란 거래의 안전성을 보증하는 중개를 뜻한다. 사용자와 판매자가 서로 얼굴을 볼 수 없는 전자상거래 사이트에서 거래하는 경우 알리페이가 해당 거래의 안전성을 보증하는 것이다. 상품을 구입하는 사용자는 알리페이 결제를 통해 대금을 지불한다. 이 시점에서 대금은 일단 알리페이로 들어간다. 그리고 알리페이는 사용자가 지불했다는 것을 판매자에게 보고한다. 판매자는 보고에 따라 상품을 사용자에게 발송한다. 상품을 수령한 사용자는 상품 내용을 확인한다. 상품에 문제가 없다면 알리페이에 들어간 대금은 판매자에게 지급된다. 만약 문제가 있다면 알리페이가 사용자와 판매자 사이의 분쟁 해결을 중개하고 사용자에게는 환불 처리를 한다. 부정과 위조가 자주 발생하던 중국 시장에서 알리바바의 전자상거래가 비약적으로 성장한 배경에는 이런 에스크로 서비스로 안전성을 보증한 점도 있었다.

알리페이는 결제 이외에도 이용된다. 정확하게 말하자면 알리페이 앱을 통해 결제 이외의 다양한 서비스에 접속할 수 있다는 뜻이다.

알리페이 앱 화면의 순서대로 설명한다. 시작 페이지 바의 '스캔 Scan'과 '페이Pay'는 QR 코드 결제에 사용한다. '콜렉트Collect'는 더치페이 기능이고, '포켓Pocket'에서는 할인과 우대 등을 받을 수 있다. 그 밖에도 송금 기능인 '트랜스퍼Transfer', 충전 기능인 '탑업Phone Top-up', 소액투자인 '위어바오Yu'E Bao', 신용 평가인 '즈마신용Zhima Credit', 소액 융자인 '마이뱅크MYbank', 보험 서비스인 '인슈런스Insurance' 등이 있다. 레스토랑 등의 사전 예약·결제·포장, 영화 티켓 구입, 비행기와 호텔 예약 등 서드파티 서비스에도 연결되어 있다.

물론 알리바바의 티몰(텐마오)과 타오바오에도 접속할 수 있다. 이 모든 것이 알리페이 결제로 이루어진다. 알리페이 앱이 결제를 진입점으로 삼아 알리바바 그룹의 생활 서비스와 금융 서비스, 나아가 서드파티 서비스에 대한 포털 역할을 한다는 것을 한눈에 알 수 있는 인터페이스로 구성되어 있다.

앤트포춘, 원스톱 자산 운용 서비스

이어서 앤트포춘을 알아보자. 2015년 8월에 론칭한 앤트포춘은 주식, 펀드, 금, 정기예금 등 사용자의 자산을 원스톱으로 운용, 관리하는 서비스다.

대표적인 상품은 2013년부터 서비스를 개시한 위어바오Yu'E Bao다. 위어바오는 앤트파이낸셜이 출자한 텐훙펀드天弘基金를 통해 운용된다. 알리페이 앱에서 접속할 수 있으며 알리페이 계정과 연결되어 있다.

위어바오는 원래 MMFMoney Market Funds인데, 알리페이 앱의 위어바오 아이콘을 통해 타사 MMF로도 접근할 수 있게 되어 있다. 그런 의미에서 위어바오는 앤트파이낸셜이 서비스하는 자산 운용·관리 포털이라고도 할 수 있을 것이다.

MMF로서 위어바오가 가진 특징은 최저 1위안부터 투자할 수 있다는 점, 은행 예금보다 높은 금리로 운용할 수 있다는 점, 알리페이 결제에 위어바오 계좌를 이용할 수 있다는 점, 당일 인출이 가능하며 해약 페널티가 없다는 점 등이다. 즉 유동성이 높고 편의성이 뛰어난 금융 상품이라고 할 수 있다. 위어바오는 2017년 3분기 시점의 예금 자산액이 1조 5,600억 위안에 달하여 중국 MMF 전체의 23% 이상을 차지한다고 알려져 있다.

2017년부터는 위어바오에 대한 당국의 규제와 감시가 강화됐다. 위어바오 계좌에 대한 입출금 가능액, 하루당 예금 가능액, 하루당 위어바오 판매 규모에 제한이 가해졌다. 게다가 당국이 당일 인출 제한을 검토한다는 보도도 있다. 사용자의 편의성이 떨어지게 됐다는 사실은 부정할 수 없을 것이다.

그렇지만 위어바오가 알리페이 계좌에 체류하는 자금을 유효하게 활용하는 수단이라는 점은 틀림없다. 알리페이 결제의 장려, 알리바바에 의한 생활 서비스 플랫폼 속 상류·금류·물류의 촉진, 그리고 알리바바 플랫폼의 강화에 크게 기여하는 상품이다.

위어바오와 더불어 주목했으면 하는 서비스로, 2017년 6월에 론칭한 서드파티 금융기관 대상의 마켓플레이스인 차이푸하오^{財富号}가 있다.

앤트포춘 사용자는 차이푸하오를 통해 앤트파이낸셜의 금융 상품뿐만 아니라 서드파티가 제공하는 보험과 정기예금 등의 금융 상품도 구입할 수 있다. 서드파티 금융기관의 입장에서는 판매 채널을 확대하고 판촉 비용을 절감한다는 이점이 있다. 한편 알리바바와 앤트파이낸셜의 입장에서는 충실한 상품 구성으로 사용자의 선택지를 늘리고 편의성을 향상할 수 있다는 이점이 있다.

이렇게 되면 알리바바의 플랫폼에 서드파티가 모여들 수밖에 없다. 결과적으로 사용자는 늘어나고, 상류·금류·물류로부터 빅데이터가 축적되며, 이를 활용하여 플랫폼을 강화하는 시너지 효과가 발생한다.

즈마신용, 개인과 기업의 신용을 점수화한다

2015년 1월에 서비스를 개시한 즈마신용은 알리바바와 앤트파이낸셜이 축적해온 개인과 중소기업의 빅데이터를 AI와 클라우드 컴퓨팅으로 분석, 활용하여 독자적으로 그들의 신용력을 점수화한다. 보증금을 징수하거나 과거의 상환 이력을 심사하는 기존의 여신 제도와는 다른 형태의 새로운 심사 시스템이다.

즈마신용의 공식 사이트www.xin.xin에 따르면 즈마신용은 '새로운 대출 경제'에서 발생하는 신용 간극을 중개한다고 강조하면서, 상거래를 할 때 발생하기 쉬운 보증금 등 고객의 비용 부담이나 사업자의 위험 요인을 제거하는 동시에 신용할 수 있는 상거래를 만들겠다고 말한다. 여기서 즈마신용이 말하는 '새로운 대출 경제'는 '공유경제'라고 바꿔 불러도 좋을 것이다. 2018년에는 점수화를 통해 사용자에게 1,000억 위안에 해당하는 보증금 지불을 면제시키는 것을 목표로 했다고 한다.

마찬가지로 즈마신용의 공식 사이트에 따르면 개인의 신용 점수에는 신용 이력, 행위 동향, 지불 능력, 신상 특징, 인맥 관계라는 다섯 가지 기준이 마련되어 있다. 신용 이력은 거래 및 상환 이력, 행위 동향은 쇼핑 및 금융 서비스 등의 이용 이력과 성향, 지불 능력은 안정적인 수입원과 자산 보유 상황, 신상 특징은 학력 및 직업 등 기본적인 정보, 인맥 관계는 인맥 및 그 신용도 등을 말한다.

알리바바 그룹에는 전자상거래 사이트 쇼핑과 알리페이 결제 등을 통해 이 데이터들이 축적되어 있다. 그리고 AI와 클라우드 컴퓨팅으로 분석하여 신용 점수를 산출하는 것이다. 높은 신용 점수부터 '신용 최우수(700~950), 신용 우수(650~699), 신용 양호(600~649), 신용 보통(550~599), 신용 불량(350~549)'으로 나누어진다. 이 신용 점수는 자산 운용·관리 상품인 위어바오와 마찬가지로 알리페이 앱에서 접속하여 등록, 확인할 수 있다.

이 신용 점수는 소비자 대출 시 개인에 대한 여신과 무담보 대출에 사용될 뿐만 아니라 렌터카, 호텔, 부동산 임대, 비자 신청, 공공시설 이용 등 다양한 서비스 장면에서 활용된다. 이미 즈마신용은 중국의 사회 인프라로 정착한 느낌마저 든다. 취직에 유리하고 결혼에도 이용할 수 있는 등 눈에 보이지 않는 이점도 있다니 놀랍다.

즈마신용은 사업자에게도 이점이 있는 시스템이다. 다각적인 기준을 설정하고 있어 사용자는 신용 점수를 올리기 위해 일상생활 전반에서 의식적으로 규율에 맞게 행동하려 한다. 사업자는 더 우량한 고객을 낮은 비용으로 확보할 수 있는 것이다. 신용 이력과 행위 동향을 개선하여 신용 점수를 올리고 싶어 하는 낮은 점수층 대상의 마케팅과 판매 정책, 상품과 서비스가 등장할지도 모른다.

즈마신용의 공식 사이트에는 이 신용 점수가 상거래를 목적으로 하는 것이며 사회적인 신용력을 측정하는 것과 혼동해서는 안 된다고 적혀 있다. 그러나 중국에서는 이미 즈마신용 점수를 공유하거나 자랑하는 광경이 일상적이다. 이상한 일은 아니다. 즈마신용 점수가 올라가면 사용자는 중국에서 사회생활을 하기가 편리해지기 때문이다.

어느 쪽이든 신용 점수의 상승이 인센티브로 작용해 알리바바 그룹이 제공하는 생활 서비스의 이용이 한층 더 촉진된다. 결과적으로 다시 상류, 금류, 물류의 빅데이터가 축적되는 것이다. 즈마신용이 알리바바의 플랫폼을 더 강고히 하기 위한 우수한 도구라는 점은 명백하다.

마이뱅크, 신청은 3분, 융자 판단은 1초

중소기업의 사업 활동을 지원하는 마이뱅크는 금융 포용을 실현한다는 미션을 가지고 2015년 6월에 온라인 은행으로 설립됐다. 티몰과 타오바오 등 알리바바의 전자상거래 사이트를 활용하는 중소기업과 개인 대상의 소매·소액 융자를 사업의 골자로 한다.

융자 상대는 예컨대 장거리 트럭 운전기사, 노점상 점주, 수산 시장에서 생선을 파는 점주, 인터넷 쇼핑 운영자 등이다. 그날그날 일하기 위한 자금이 필요하고, 그날그날 일당이나 매출로 상환하는 층이 주요 고객이다. 중소기업과 개인 사업주 대상의 상품인 왕상다이網商貸, 농민 대상의 상품인 왕눙다이旺農貸, MMF 상품인 위리바오金利宝 등을 취급한다. 마이뱅크의 공식 사이트www.mybank.cn에 따르면 2018년 6월에 마이뱅크를 이용하는 중소기업은 1,042만 곳, 융자액 누계는 1조 8,800억 위안이었다. 마이뱅크도 알리페이 앱에서 접속할 수 있다.

공식 사이트에 따르면 왕상다이의 경우 온라인 신청에 필요한 시간은 3분, 융자 가부 판단은 1초라고 되어 있으며, 무담보로 1위안부터 융자받을 수 있다. 이렇게 빠른 속도와 쉬운 대출은 그야말로 영세사업자의 자금 수요에 대응하는 시스템이라고 할 수 있다.

심사는 즈마신용처럼 알리바바와 앤트파이낸셜이 축적한 빅데이터를 기반으로 AI가 수행한다. 신용도에 따라 일이율이 달라지는데, 신용이 높을수록 금리가 떨어지며 자금 조달 비용은 낮아진다.

매우 흥미로운 점은 신용 평가에 더하여 신청자가 자금을 필요로 하는 배경과 이유도 심사 근거가 된다는 것이다. '인기 가게라 직원을 늘려서 판촉 캠페인을 하고 싶다', '세일을 하니 재고를 더 확보하고 싶다', '외상매출금 회수가 뜻대로 되지 않아 당장 쓸 현금이 필요하다' 같은 이유가 진짜인지를 AI가 빅데이터로 판단한다는 뜻이다. 차입 이유의 검증도 빅데이터로 가능해졌다는 것은 기존 금융기관과의 결정적인 차이다.

상후바오, 독자적인 보험 상품

앤트파이낸셜의 보험 사업에 관해서도 간단히 언급해둔다. 2018년 10월, '상후바오相互保'로 명명된 중대질병보장보험의 가입 접수가 개시됐다. 이는 중국 보험사인 신메이상후信美相互와 공동 개발한 보험 상품이다. 가입 심사에는 알리바바 그룹의 전자상거래를 이용하는 회원일 것과 즈마신용이 일정 점수에 달할 것 등을 조건으로 한다. 물론 보험료 납부는 알리페이 결제다.

생각해보면 '상호 구제'라는 전통적인 보험 서비스의 이념과 개인을 둘러싼 생활 서비스 플랫폼 사이에는 친화성이 있을 터다. 그렇게 생각하면 상후바오란 빅데이터, AI 혹은 블록체인 등 새로운 테크놀로지를 사용하여 상호 구제를 실현하는 시스템이라고 할 수 있을 것이다. 참고로 앤트파이낸셜은 신메이상후와 귀타이찬셴国泰産険의 모회사이며, 중국 평안보험衆安保険 및 텐센트 등과 함께 인터넷 보험사인 종안보험平安保険을 공동 설립했다.

앤트파이낸셜을 이해하기 위한
두 가지 포인트

—

금융 파괴라는 맥락에서 앤트파이낸셜을 바라볼 때 두 가지 포인트를 다시 지적할 필요가 있을 것이다. 첫째는 앤트파이낸셜이 테크놀로지와 빅데이터를 활용하여 결제, 자산 운용 관리, 신용 정보, 소액 융자 등 전통적인 금융기관이 제공해온 금융 서비스를 모두 제공한다는 점이다. 둘째는 앤트파이낸셜을 통해 알리바바 그룹 안에서 금융이 수직 통합되고 있다는 점이다.

이미 금융을 복제하는 수준을 넘어서다

먼저 첫째 포인트다. 이제까지 거듭 설명한 것처럼 차세대 금융 산업에서 금융은 이제 복제(유사 창조)할 수 있다. 예금, 대출, 환전 같은 은행의 3대 업무도 은행이 독점할 수 있는 것이 아니다.

앤트파이낸셜은 독자적인 테크놀로지와 알리바바 그룹이 축적해온 상류, 금류, 물류의 빅데이터를 기반으로 이미 금융 중개와 결제 같은 기능을 제공한다. 구체적으로 보면 알리페이는 결제 시스템을 제공하고, 알리페이 계좌에 체류하는 자금은 위어바오 등을 통해 고금리로 운용되며, 마이뱅크를 통해 개인과 중소기업·영세기업에 소액 자금이 융자된다. 앤트파이낸셜 산하에는 화베이花唄와 제베이借唄라는 소비자 대출 서비스가 있는데, 절차가 너무나 간단하여 개나 소나 돈을 빌릴 수 있게 됐다는 빈정거림까지 나올 정도다.

즈마신용의 신용 점수는 여신 및 무담보 대출에 이용된다. 증권화에 의한 당국의 금융 규제가 강화된다고는 하지만, 마이뱅크의 소액 융자가 자산담보증권ABS 발행을 통해 앤트파이낸셜의 자금 조달로 이어지는 구조도 만들어져 있다.

이렇게 정리하면 앤트파이낸셜은 알리페이를 진입점으로 삼아 유사 은행 업무를 전개한다는 사실을 알게 된다. 그뿐만이 아니다. 기존 금융 서비스와 금융 상품을 제공할 뿐만 아니라 알리바바 사용자가 축적해온 빅데이터를 기반으로 알리바바 사용자의 생활 요구 사항과 금융 요구 사항에 부합하는, 알리바바 사용자만을 위한 새로운 금융 서비스와 금융 상품을 만들어내고 있다.

당연하지만 그렇게 실현되는 고객 경험은 매우 우수하다. 이 점은 기존 금융기관에는 없는 강점으로 충분히 강조할 만하다.

클라우드, 알리페이, 즈마신용의 시너지 효과

그리고 둘째 포인트다. 앤트파이낸셜은 알리바바 그룹의 금융 서비

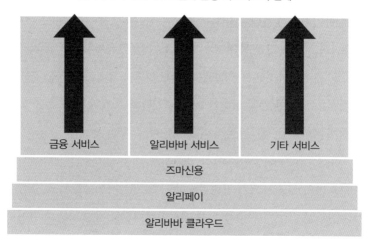

알리바바의 비즈니스 모델과 금융 비즈니스의 관계

금융 서비스	알리바바 서비스	기타 서비스
즈마신용		
알리페이		
알리바바 클라우드		

스를 수직통합하고 있다. 위 도표는 알리바바 그룹의 비즈니스 모델과 금융 플랫폼인 알리페이와 신용 플랫폼인 즈마신용의 관계를 나타낸 것이다.

알리바바 그룹이 제공하는 모든 서비스 콘텐츠의 기반에는 클라우드 컴퓨팅인 알리바바 클라우드가 있다. 그 한 계단 위에 알리페이가 위치한다. 여기서는 편의상 협의의 알리페이(결제 시스템)와 광의의 알리페이(금융 플랫폼)를 구분해서 생각하자. 협의의 알리페이란 QR 코드 결제 등 개별 금융 서비스다. 광의의 알리페이란 알리페이 앱이 앤트파이낸셜 내외의 금융 서비스 및 알리바바 그룹 내외의 생활 서비스에 대한 포털 역할을 담당하여 알리바바 플랫폼의 진입점으로 기능하는 것이다. 알리페이 앱만 설치하면 원스톱으로 생활의 편의성이 훨씬 높아진다. 그야말로 알리페이는 금융 플랫폼이다.

알리페이의 한 계단 위에는 즈마신용이 위치한다. 알리페이 결제를 비롯하여 알리바바의 서비스 플랫폼 안에서 발생한 상류, 금류, 물류를 토대로 산출되는 즈마신용의 신용 점수는 앤트파이낸셜 내외의 금융 서비스 혹은 알리바바 그룹 내외의 다양한 서비스에 사용된다. 그 데이터가 다시 즈마신용에 축적, 분석되어 신용 점수는 더욱 정교해진다. 즈마신용 점수가 높을수록 사용자는 금융 서비스와 생활 서비스를 더 유리한 조건에서 더 스트레스 없이 누릴 수 있다. 즈마신용은 말하자면 신용 플랫폼으로서 알리바바 그룹의 생활 서비스 플랫폼을 양질로 만드는 역할을 담당한다.

사용자와 사업자 모두의 이용 욕구를 자극한다

즈마신용 위쪽 계단에는 알리페이를 사용자 접점으로 전개하는 일련의 서비스들이 있다. 앤트파이낸셜의 결제 및 소액 융자 등 금융 서비스, 알리바바 그룹의 전자상거래 및 디지털 콘텐츠 등 생활 서비스, 서드파티의 공공 서비스와 각종 생활 서비스가 그것이다.

이처럼 알리바바 그룹은 서드파티까지 포섭하여 금융 사업을 수직 통합해왔다. 이로써 상류, 금류, 물류와 관련된 빅데이터를 축적하고 금융 플랫폼인 알리페이와 신용 플랫폼인 즈마신용을 강화했다. 그것이 다시 알리바바 그룹의 생활 서비스 플랫폼을 더욱 견고하게 하면서 선순환한다.

고객 경험의 추구도 그치지 않는다. 테크놀로지와 서비스 메뉴를 확충할 뿐만 아니라 고객의 경험 가치도 중시하는 것이다.

금융 디스럽터가 전통적인 금융기관에 위협이 되는 이유 중 하나는 바로 신규 고객 유치에 필요한 비용이 낮다는 데 있다. 알리바바의 플랫폼에는 사용자와 사업자의 이용 욕구를 자극하는 장치가 여기저기 포진해 있다. 알리페이와 즈마신용은 이것이 가장 두드러진 서비스다.

앞에서 설명했듯이 2036년까지 세계 20억 명의 소비자에게 서비스를 제공하면서 1,000만 회사가 알리바바 플랫폼에서 수익을 올리도록 하겠다는 전략목표를 내걸고 세계 5위의 경제권 구축을 계획하고 있는 알리바바, 그 성패는 전적으로 앤트파이낸셜이 쥐고 있다 해도 과언이 아니다.

텐센트, 커뮤니케이션·게임에서
시작해 금융으로

—

알리바바의 근간이 전자상거래 사이트에 있다면 텐센트의 근간은 소셜 네트워킹 서비스SNS에 있다.

텐센트는 1998년에 현 회장이자 CEO인 마화텅馬化騰 등이 창업했다. 본사는 선전 시에 있고 직원 수는 2017년 12월 말 기준으로 약 4만 4,000명이다. 2004년 홍콩증권거래소에 상장했으며 2019년 3월 11일 시점의 시가총액은 약 4,300억 달러였다. 연간 보고서에 따르면 2017년도(2017년 1월 1일~2017년 12월 31일) 매출은 2,377억 위안, 영업이익은 724억 위안이다. 전년도 매출과 영업이익이 각각 1,519억 위안, 414억 위안이었으니 알리바바와 함께 높은 성장을 보여준다.

미션은 "인터넷의 부가가치 서비스를 통해 생활의 질을 향상하는 것"이다. 비전으로는 "가장 존경받는 인터넷 기업이 되는 것"을 내걸었다.

텐센트의 첫째 사업은 커뮤니케이션 앱과 온라인 게임이다.

커뮤니케이션 앱으로는 인스턴트 메신저 큐큐QQ, SNS 큐존QZone, 그리고 통화·메신저 위챗이 있다. 2018년 2분기 보고에 따르면 월간 실사용자는 큐큐가 약 8억 300만 명, 큐존이 약 5억 4,800만 명, 위챗이 약 10억 5,700만 명에 달한다. 월간 실사용자로 따지면 위챗은 페이스북의 페이스북, 왓츠앱, 페이스북 메신저에 다음가는 규모다.

온라인 게임 사업에서는 온라인 게임의 개발과 판매 외에 세계 최대의 온라인 게임 커뮤니티를 운영하고 있다. 2015년에 출시한 게임 '아너 오브 킹Honor of Kings'은 1억 건 이상의 다운로드를 기록하여 게임 중독이라는 사회문제도 일으킬 만큼 엄청난 히트 상품이 됐다.

그 밖에 애니메이션 플랫폼인 텐센트 코믹, 영화 제작사인 텐센트 픽처스, 음악 스트리밍 플랫폼인 텐센트 뮤직 등 디지털 콘텐츠 사업, 큐큐닷컴과 텐센트 뉴스 등 미디어 사업, 나아가 결제 관련 사업, 클라우드 사업, AI 사업 등을 펼친다. 텐센트 뮤직은 2018년 12월에 뉴욕 증권거래소에 상장했다.

고성장 지속을 위한 6개 중점 분야

텐센트의 수익 구조는 세 부문으로 나뉜다. 2017년 매출을 살펴보면 먼저 VASValue Added Service(부가가치 서비스)라 불리는 온라인 게임 및 디지털 콘텐츠의 유료 서비스와 유료 계약에서 얻는 수입이 전체의 65%를 차지한다. 그 밖에 매출의 17%를 온라인 광고 수입이, 18%를

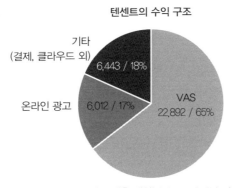

텐센트의 수익 구조

기타
(결제, 클라우드 외)
6,443 / 18%

온라인 광고 6,012 / 17%

VAS
22,892 / 65%

2017년도 매출 내역(단위 : 100만 달러, %)

결제 관련 사업·클라우드 사업·기타 수입이 차지한다. 광고 수익 모델 덕분에 무료 통화와 무료 메시지를 이용할 수 있다는 이미지가 강한 한편, 실제로는 VAS 수입이 온라인 광고 수입의 3배 이상이나 된다는 점은 주목할 만하다. 또 전년 대비 성장률은 VAS 수입이 약 43%, 온라인 광고 수입이 약 50% 증가했는데, 결제 관련 사업·클라우드 사업·기타 수입은 전년 대비 150%로 급격하게 증가하는 성장세를 보여주어 텐센트의 높은 성장성을 알 수 있다.

2017년 연간 보고서에는 '소셜 플랫폼을 강화한다'라는 전략하에 텐센트가 중점을 둔 6개 사업 분야가 제시되어 있다. 온라인 게임, 디지털 콘텐츠·미디어, 결제, 클라우드, AI, 스마트 소매다. 스마트 소매란 텐센트가 알리바바의 신소매 정책을 모방해 따라잡으려고 계획 중인 오프라인 점포 전개를 의미한다.

6개 사업 중 온라인 게임과 디지털 콘텐츠·미디어는 이미 사업의 골자다. 결제 분야에서는 위챗페이를 전략적으로 활용하여 핀테크 사업으로 강화한다. 클라우드 분야에서는 전 세계에 지리적으로 독립된 지역인 21개 '리전Region'과 독립된 데이터 센터 로케이션인 36개 '가용존Availability Zone'을 거느리는 데 이르러(2017년 말) AWS와 알리바바 클라우드를 추격하고 있다.

AI 분야에서는 '의료 영상×AI' 사업의 국책 수탁 기업이 됐다. 위챗을 통한 '위챗 스마트 병원 3.0' 제공, '대장 종양 검사 AI 시스템' 개발, 대형 헬스테크 기업인 '위닥터WeDoctor'에 대한 투자 등 의료 분야의 강화가 두드러진다.

스마트 소매 분야에서는 알리바바 다음가는 전자상거래 대기업인 제이디닷컴JD.com(징둥京東)도 출자한 슈퍼마켓 체인 융후이초시永輝超市의 주식을 취득했다. 융후이초시는 알리바바의 허마에 대항하는 차오지우중超級物種, Super Species이라는 신규 브랜드를 내놓았다. 텐센트는 월마트와 전략적인 파트너십을 맺고 있기도 하다. 즉 중국의 신소매 사업에서는 '허마+알티마트+티몰+LST'라는 알리바바 진영과 '융후이초시+차오지우중+월마트'라는 제이디닷컴·텐센트 진영의 대결 구도가 펼쳐지고 있다. 필연적으로 결제 시스템인 알리페이와 위챗페이가 격렬하게 대결하는 상황이다.

미니프로그램의 전략적 확대

그리고 텐센트는 2017년 1월에 미니프로그램을 출시했다. 미니프로그램은 위챗 앱 안에서 서비스가 제공되는, 말하자면 앱 안의 앱이다. 앱이기 때문에 제3자도 개발할 수 있다. 쇼핑, 교통, 레스토랑, 게임, 생활 도구 등 다양한 종류의 앱이 미니프로그램으로 개발되어 위챗 안에서 제공된다. iOS나 안드로이드처럼 OS용으로 만들어진 것이 아니니 앱스토어나 구글 플레이에 등록 신청을 할 필요가 없다.

사용자는 앱을 일부러 새로 다운로드하거나 설치할 필요도 없다. 텐센트가 승인한 앱 안의 앱이라면 위챗 앱 안에서 제공되는 셈이다. 그런 의미에서 위챗은 OS나 인프라 같은 앱이라고 볼 수도 있다.

연간 보고서에 따르면 2018년 1월에 이미 58만여 개의 미니프로그램이 제공됐다. 위챗 내의 미니프로그램에 스마트 소매인 차오지우중과 위챗페이를 연결하면 위챗 사용자와 차오지우중 쇼핑객은 그 안에 포위된다. 사용자의 상류, 금류, 물류는 더욱 촉진되고, 텐센트의 소셜 커뮤니케이션 플랫폼은 강화되는 것이다.

한편 후발 주자이기는 하지만 알리페이 앱 안에서도 미니프로그램이 제공된다. 알리바바도 그 전략성과 중요성을 인식하듯이 앞으로 미니프로그램을 둘러싼 움직임은 주시할 필요가 있을 것이다.

ICT 종합 백화점

여기서 2018년 3분기 보고 자료에 기반한 텐센트의 비즈니스 모델을 잘 살펴보길 바란다(166쪽 도표 참고).

이 비즈니스 모델은 '커뮤니케이션 & 소셜'이라는 하나의 커다란

텐센트의 비즈니스 모델

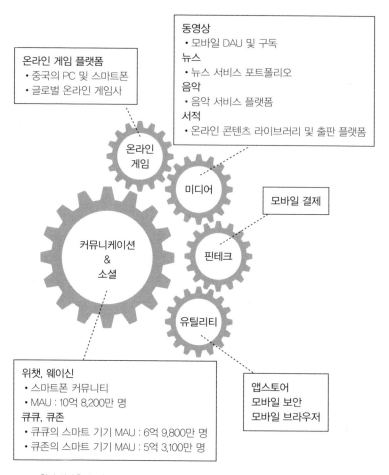

온라인 게임 플랫폼
- 중국의 PC 및 스마트폰
- 글로벌 온라인 게임사

동영상
- 모바일 DAU 및 구독

뉴스
- 뉴스 서비스 포트폴리오

음악
- 음악 서비스 플랫폼

서적
- 온라인 콘텐츠 라이브러리 및 출판 플랫폼

온라인 게임

미디어

모바일 결제

커뮤니케이션 & 소셜

핀테크

유틸리티

위챗, 웨이신
- 스마트폰 커뮤니티
- MAU : 10억 8,200만 명

큐큐, 큐존
- 큐큐의 스마트 기기 MAU : 6억 9,800만 명
- 큐존의 스마트 기기 MAU : 5억 3,100만 명

**앱스토어
모바일 보안
모바일 브라우저**

MAU : 월간 실사용자 수(Monthly Active Users)
DAU : 일간 실사용자 수(Daily Active Users)

텐센트의 2018년도 3분기 결과 발표를 토대로 작성함

톱니바퀴가 동력원이 되어 온라인 게임, 미디어, 핀테크, 유틸리티라는 작은 톱니바퀴 4개를 움직이는 구조를 보여준다. 커뮤니케이션 & 소셜 사업이 크고 강력해질수록 다른 사업도 성장하는 것이다. 혹은 작은 톱니바퀴(사업)를 더 추가하는 것도 가능해질지 모른다.

앞에서 소개한 수익 구조와 내역, 그리고 이 같은 비즈니스 모델을 통해 알 수 있는 것은 텐센트의 다각화 지향이다. 2018년에는 텐센트를 다룬 보도라면 대부분 IT, 결제, 영상·음악·콘텐츠, 소매, 인터넷 통신판매, 물류, 여행 예약 등의 기업·사업에 대한 출자 및 자본 제휴와 같은 것이었다. 텐센트의 대차대조표를 보더라도 지분법이 적용되는 피투자회사에 대한 투자와 JV 투자Joint Venture(합작벤처투자)가 자산의 약 26%를 차지한다.

'소셜 플랫폼을 강화한다'라는 전략이 말해주듯 텐센트의 최대 강점은 소셜 커뮤니케이션 플랫폼의 약 10억 5,700만 명이나 되는 사용자 기반이다. 텐센트는 이처럼 탄탄한 사용자 기반, 나아가 기반 강화를 지렛대로 삼아 사업을 다각화하고, 다각화한 사업을 더욱 강화하고 있다. 텐센트는 그야말로 'ICT의 종합 백화점Information & Communication Technology'이다.

누구에게나 친밀한
위챗페이의 압도적 고객 접점

—

텐센트 금융 사업의 중심은 2013년에 서비스를 개시한 위챗페이다. 2004년에 출시된 알리페이의 시장 점유율을 급속도로 빼앗으면서 이제는 알리페이와 함께 중국 결제 시스템의 쌍벽을 이룬다.

위챗페이는 중국인민은행이 발행하는 사업 면허인 '결제 업무 허가증'을 토대로 서비스를 제공한다. 일반에는 알려지지 않았는데, 해당 면허를 취득한 곳은 2005년에 설립된 텐센트의 자회사 텐페이Tenpay(차이푸통財付通)다. 위챗페이의 이용 약관도 텐페이 이름으로 되어 있다.

2017년 연간 보고서에 따르면, 지주회사 텐센트는 지배권을 소유한 연결 자회사, 또 지배권까지는 아니더라도 영향력을 행사할 수 있는 관련 회사 및 출자 회사를 산하에 다수 거느리고 있다. 제이디닷컴(징둥) 등 유력한 전략적 제휴사도 있다. 금융을 비롯한 텐센트의 사업은 텐센트의 자회사와 관련 회사가 포괄적으로 추진한다고 이해하는 것이 적절하다.

이제 알리바바의 알리페이와 비교하면서 텐센트의 위챗페이 기능을 소개한다.

톱니바퀴 이론으로 알리바바를 맹추격 중

위챗페이는 스마트폰에 설치된 커뮤니케이션 앱인 위챗 내의 지갑 기능 중 하나로 제공되는 서비스다. 알리페이가 독립적인 금융 서비스 앱인 데 비해, 위챗페이는 커뮤니케이션 앱의 한 기능으로 구동된다는 차이가 있다.

위챗은 10억 5,700여만 명이나 되는 월간 실사용자를 보유한 커뮤니케이션 앱이다. 친구나 지인과 메시지를 주고받을 때마다 앱을 열기 때문에 사용자의 이용 빈도와 그 친밀도는 결제앱인 알리페이보다 훨씬 높아진다. 텐센트의 '톱니바퀴 이론(166쪽 도표 참고)'에서 '커뮤니케이션 & 소셜'이 가장 큰 톱니바퀴로 기능한다는 점을 떠올리길 바란다. 커뮤니케이션 앱에 기반을 둔 위챗페이가 얼마나 큰 잠재력을 내재하는지를 쉽게 예상할 수 있다. 후발 주자이면서 알리페이를 맹추격하는 것도 수긍이 간다.

다음으로 위챗페이의 기능을 살펴보자.

위챗페이의 결제 기능과 구조는 기본적으로 알리페이와 다르지 않다. 전자상거래 사이트와 오프라인 점포, 공과금, 교통수단을 비롯해 모든 서비스 장면의 결제에 위챗페이를 이용할 수 있다. 알리페이와

마찬가지로 에스크로 서비스도 제공된다. 티몰 등 알리바바의 전자상
거래 사이트에서는 이용할 수 없는 등 경쟁상 제약이 있기는 하지만,
기본적으로 알리페이를 이용할 수 있는 상황에서는 위챗페이도 이용
할 수 있다.

위챗페이 결제도 알리페이와 마찬가지로 대부분 모바일의 QR 코드
결제로 이용한다. 사용자 본인의 스마트폰에 표시되는 QR 코드를 매
장의 스캐너로 읽어 들이는 방식이나, 매장 계산대에서 표시하는 QR
코드를 사용자가 직접 스마트폰으로 스캔하는 방식이 있다. 위챗페이
지갑은 은행 계좌에 연결되어 있으므로 양 계좌 사이에서 현금을 주
고받을 수도 있다. 사용자와 사업자에 대한 편의성과 비용에 관해서는
알리페이와 서로 경쟁한다.

일본인이 일본 시장에서 이용할 수 없는 이유

일본에서도 최근 편의점인 패밀리마트FamilyMart 등에서 위챗페이와
알리페이의 QR 코드 결제가 가능한 매장이 늘어났다. 그러나 그 대상
은 어디까지나 일본을 방문한 중국인 고객이다. 현재로서는 일본인이
일본의 은행 계좌를 연결하거나 현금을 충전해서 위챗페이와 알리페
이의 QR 코드 결제를 이용하는 것은 불가능하다.

2018년 11월 27일 자 라인의 보도자료에 따르면 위챗페이는 일본
시장에서 라인과 제휴하여 라인페이와 QR 코드를 공유한다고 밝혔
다. 야후·소프트뱅크의 페이페이도 알리페이와의 제휴를 발표했다.

그러나 더 본질적인 문제로는 일본인이 일본 시장에서 위챗페이와 알리페이의 QR 코드 결제를 직접 이용하는 것이 불가능하다는 사실에 있다.

이는 무엇을 시사할까? 확실히 일본 시장과 중국 시장의 성질은 다르다. 물론 법 제도 같은 규제 환경도 다르다. 그러나 '고객과의 지속적이고 양호한 관계성'을 중시한다면 위챗페이든 알리페이든 일본 시장에서 일본인과의 접점이 되는 QR 코드 결제를 직접 제공하고 싶을 것이다.

필자는 이 상황을 미국과 중국의 양분화 속에서 수면 위로 떠오른 새로운 중국 리스크와 무관하지 않다고 바라본다. 일본 시장에서는 장기간에 걸친 패권으로 이어질지 모를 테크놀로지와 서비스를 중국 기업에 허용하기는 어렵다. 위챗페이와 알리페이의 일본 시장 진출을 바라볼 때는 이와 같은 가치관이 작용할 가능성도 고려할 필요가 있다.

알리페이와 똑같은 기능에 세뱃돈 기능까지

위챗페이의 결제 이외 기능으로는 송금의 '트랜스퍼Transfer', 충전의 '탑업Mobile Top Up', 자산 운용 관리의 '웰스Wealth', 신용카드 상환의 '카드 리페이Card Repay', 더치페이의 '고더치Go Dutch' 등이 있다. 알리페이 앱에 갖춰진 기능은 위챗페이에서도 모두 제공된다고 생각하면 된다. 텐센트와 서드파티가 제공하는 생활 서비스 및 금융 서비스, 유틸리티, 공공 서비스 등으로 이어지는 기능도 있다. 알리페이를 맹추격하는 데 크게 기여했다고 알려진 '홍바오红包, Red Pocket'라 불리는 세뱃돈 기능도 포함한다.

텐센트는 위챗페이를 계기로 텐센트와 서드파티의 다양한 서비스를 한데 묶어 사용자의 생활 서비스 전반을 지배한다. 위챗페이와 큐큐 지갑(큐큐에서 제공되는 결제 서비스)은 일상생활에 다양하게 필요한 다종의 서비스가 가득 담긴 통의 마개와 같은 기능을 한다. 이렇게 생활의 질을 향상한다는 텐센트의 미션을 실현하는 데 위챗 결제 시스템이 결정적으로 기여하고 있다.

투자·은행·보험부터 위챗 포인트까지, 텐센트 금융의 진화

—

텐센트의 금융 사업으로 위챗페이만 있는 것이 아니다. 여기서도 알리바바의 금융 서비스와 비교하는 것이 좋을 듯하다. 앤트파이낸셜의 금융 상품이 위어바오라면 텐센트는 링첸통零錢通, 알리바바의 온라인 은행이 마이뱅크라면 텐센트는 위뱅크WeBank, 알리바바의 보험 서비스가 상후바오라면 텐센트는 위슈어WeSure, 알리바바의 신용 점수가 즈마신용이라면 텐센트는 텐센트신용腾讯信用이다.

링첸통은 2018년 11월에 서비스가 개시된 유동성 높은 소액투자 상품이다. 위챗 지갑을 통해 접속할 수 있으며 계좌는 위챗 계정과 연결되어 있다. 즉 은행 계좌나 위챗 지갑에서 링첸통 계좌로 입금하여 자산을 운용할 수 있는 것이다. 링첸통 계좌는 위챗페이와 마찬가지로 QR 코드 결제, 송금, 홍바오에도 사용할 수 있다. 텐센트는 링첸통의 이율, 예금 한도액, 거래 한도액 면에서 앤트파이낸셜의 위어바오보다 사용자에게 유리한 조건을 제시하는 것으로 보인다. 텐센트의 2018년 3분기 보고에 따르면 텐센트가 운용, 관리하는 자산은 5,000억 위안 이상이라고 되어 있다.

링첸통은 알리페이의 위어바오와 마찬가지로 위챗페이 지갑에 체류하는 자금을 소액투자라는 형태로 유효하게 활용하는 수단이라는 데 의미가 있다. 무료 통화와 무료 채팅을 이용하는 위챗 사용자는 원래 위챗페이를 사용할 인센티브가 있는데, 링첸통 서비스의 유동성과 편의성이 높아 그 인센티브가 더 강력하게 작용하는 것이다.

그렇게 되면 미니프로그램과 스마트 소매에 대한 위챗의 대응과 맞물려 다각화로 향하는 소셜 커뮤니케이션 플랫폼의 상류, 금류, 물류는 더욱 촉진된다. 이렇게 텐센트의 생활 서비스 플랫폼이 강화되어가는 셈이다.

위뱅크는 텐센트 등이 2014년 12월에 중국 최초의 온라인 은행으로 설립했다. 본사는 선전 시에 있다. 대상 고객층은 앤트파이낸셜의 마이뱅크처럼 기존 은행에서 융자를 받기가 어려웠던 개인과 중소기업, 영세기업이다.

"모든 사람에게 더 좋은 은행을 만든다"라는 미션을 내걸고, 빅데이터에 근거한 신용 등급 평가와 스마트폰 얼굴 인식에 의한 본인 확인 등 테크놀로지를 활용하여 소액 융자를 하고 있다.

개인 대상 상품에는 소비자 대출인 웨이리다이微粒貸와 자동차 대출인 웨이체다이微車貸가 있다. 웨이리다이에서 받을 수 있는 융자액은 500위안~30만 위안의 범위다. 텐센트 앱인 위챗과 큐큐, 혹은 위뱅크의 독자적인 앱인 위뱅크를 통해 간편하게 융자 신청이 가능하다. 심사에 걸리는 시간은 5초, 융자까지는 1분으로 되어 있다. 물론 웨이리다이는 위챗, 큐큐의 계정과 연결되어 있다.

중소기업 대상 융자의 경우, 무담보로 최대 300만 위안까지 받을 수 있다. 참고로 2018년, 텐센트는 독일 베를린에 본거지를 둔 모바일 은행 N26에도 전략적으로 출자했다. N26은 유럽에서 이미 230만 명 이상의 고객을 확보했으며 2019년에 미국 시장에도 진출했다.

위슈어는 2017년 11월에 출시된 위챗 사용자 대상의 보험 중개 플랫폼이다. 건강보험, 자동차보험, 여행보험을 아우른다. 텐센트는 인터넷 보험사인 종안보험, 허타이생명和泰人壽, 아비바 그룹Aviva Group 등과 출자·제휴하고 있어 인터넷 보험 사업이 전략적으로 높게 자리매김했다는 사실을 알 수 있다.

텐센트신용은 즈마신용과 마찬가지로 개인의 신용력을 점수화한다. 점수가 높을수록 신용력이 높다는 것을 나타내며 금융 관련 서비스뿐만 아니라 다양한 생활 서비스에서 우대와 혜택을 누릴 수 있는 구조다. 텐센트에는 위챗, 큐큐, 큐존으로부터 얻는 소셜 커뮤니케이션에 관련된 데이터, 위챗페이로부터 얻는 결제 데이터, 온라인 게임 및 디지털 콘텐츠에 관련된 데이터, 나아가 스마트 소매에 대응함으로써 얻을 수 있는 구매 데이터와 행동 데이터가 축적되어 있다. 이 빅데이터를 AI와 클라우드 컴퓨팅을 통해 분석, 활용하여 개인의 신용력을 산출하는 셈이다.

텐센트는 중국인민은행의 통보에 따라 2015년에 알리바바 그룹의 앤트파이낸셜과 함께 신용 점수 사업의 준비를 허가받았다. 그러나 텐센트신용은 2018년 1월 말에 불과 하루 남짓의 시범적인 론칭만 했을 뿐 현재 해당 서비스를 중지한 상태다. 이미 중국 사회에 널리 자리 잡은 알리바바의 즈마신용에 비하면 출발이 상당히 늦었다.

그러나 위챗은 뭐니 뭐니 해도 10억 5,700여만 명에 달하는 월간 실사용자가 있다. 텐센트는 1억 5,000만 명의 유료 가입자가 있는 온라인 게임과 디지털 콘텐츠도 보유했다. 그 잠재력을 얕볼 수는 없다.

텐센트신용은 알리바바에 대한 경쟁 전략으로도 중요하다. 소셜 커뮤니케이션 플랫폼을 양질로 강고하게 만드는 신용 플랫폼의 역할도 필요하다. 신용 플랫폼이 갖춰지면 여신 기능도 강화된다. 이에 따라 사용자 요구 사항에 부합한 금융 서비스와 생활 서비스를 제공할 여지도 생겨날 터다.

실제로 2019년 1월 광저우 시에서 개최된 개발자 대회 '위챗 오픈 클래스 프로WeChat Open Class PRO'에서 위챗페이의 신용 점수 기능을 시범적으로 공표했다. 명칭은 위챗페이 포인트다. 텐센트는 신용 점수 사업의 본격적인 운용 개시를 호시탐탐 노리고 있다.

소셜 커뮤니케이션
플랫폼의 선순환

—

지금까지 텐센트의 금융 사업에 대해 설명했다. 여기서 텐센트의 비즈니스 모델과 금융 비즈니스의 관계를 나타낸 도표(178쪽)를 확인하길 바란다.

스마트폰의 커뮤니케이션 앱인 위챗은 진입점이다. 위챗 기능 중 하나인 위챗페이는 결제 시스템을 제공한다. 지갑에 체류하는 자금은 은행, 증권, 보험 등 텐센트의 금융 서비스에 대한 자금의 원천이다. 링첸통은 높은 금리로 운용하고, 위뱅크는 개인과 중소기업을 대상으로 소액 융자를 한다. 이처럼 텐센트는 사용자의 금융 요구 사항과 생활 요구 사항에 맞추어 매력적인 고객 경험, 매력적인 운용 상품과 운용 조건을 제공함으로써 소셜 커뮤니케이션 플랫폼 안에서 금융 사업을 수직통합하고 있다.

그리고 그 플랫폼 안에서 생활에 관련된 서비스가 매끄럽게 제공되어 사용자에게 점점 더 편리하고 쾌적한 환경이 구축된다. 이것이 위

텐센트의 비즈니스 모델과 금융 비즈니스의 관계

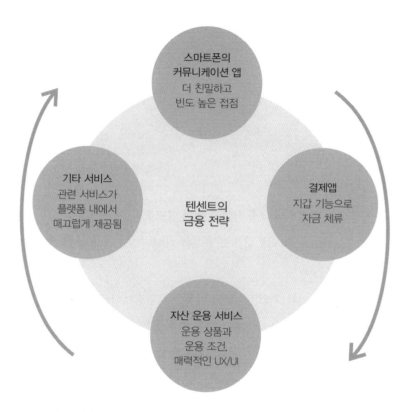

- SNS 등 본업의 고객 접점
- 데이터 축적
- '빅데이터×AI'
- 대량 맞춤화
- 본업 안에서 금융을 수직통합함
- 구독 형태로 각종 서비스를 제공함
- 결제앱의 지갑 기능이 은행, 증권, 보험 서비스에 대한 자금의 원천이 되어줌

챗의 실사용자를 한층 더 증가시키는 것으로 이어진다.

커뮤니케이션 앱 '위챗'→결제 시스템 '위챗페이'→자산 운용 서비스→기타 서비스라는 선순환이 만들어진 것이다. 선순환이 진행될수록 텐센트의 플랫폼은 더 견고해지며 충실한 금융 서비스를 만들어가게 된다.

텐센트에는 아마존이나 알리바바보다 유리한 점이 있다. 텐센트가 더 친밀하고 빈도 높은 사용자 접점을 가졌다는 것이다. 텐센트의 무료 통화와 무료 채팅은 아마존이나 알리바바의 전자상거래에 비하면 고객과의 친밀도가 훨씬 높다. '고객과의 지속적이고 양호한 관계성'이야말로 텐센트의 최대 강점이다.

그리고 자사의 강점을 활용하려는 움직임이 바로 소셜 플랫폼을 강화한다는 전략이다. 이 전략을 따를 수만 있다면, 가령 후발 주자라도 오히려 그 이익을 누려가면서 알리바바나 아마존 등 차세대 금융 산업에서 앞서가는 참여자를 충분히 추월할 수 있다.

하지만 5G 시대가 도래하고 동영상과 VR/AR에서 새로운 커뮤니케이션 플랫폼이 생겨날 가능성이 크므로, 언제까지나 현재 비즈니스 모델에만 의존한다면 사업이 송두리째 뒤집힐 가능성도 부정할 수 없을 것이다. '나중에 시작했어도 압도적인 고객 접점을 활용하여 금세 따라잡을 수 있는' 현재 플랫폼과 비즈니스 모델이 너무나 강력한 만큼, 텐센트에 더 큰 관심을 두게 된다.

미국과 중국의 신냉전 시대, 새로운 중국 리스크

—

마지막으로 두 중국 금융 디스럽터의 향후를 점치는 데, 2018년 봄부터 드러난 미국과 중국의 무역 전쟁이 커다란 의미를 지닌다는 점을 지적해둔다. 근래에 많은 지식인이 '미국과 중국으로 양분된 세계가 도래할 것이다'라고 지적하고 있다.

"앞으로 인터넷 세계는 미국이 주도하는 세계와 중국이 주도하는 세계 두 가지로 양분될 것이다(에릭 슈미트Eric Schmidt, 구글 전 회장)."

"이제 따져봐야 할 문제는 미국과 중국 양극체제의 시대가 오느냐 마느냐가 아니라 그것이 어떤 시대가 될 것이냐다(옌쉐퉁閻学通, 칭화대 특별교수, 《포린 어페어스Foreign Affairs》 2019년 1월 호)."

필자는 이것을 단순한 무역 전쟁이라고 파악하지 않는다. 오히려 무역 전쟁에 그친다면 미국과 중국의 대결은 비교적 단기간에 수습될 것이다. 앞으로 10년, 20년, 30년 간격으로 이어질 미국과 중국의 대결이 시작됐다. PEST 분석으로 정치, 경제, 사회, 기술 네 분야에서 두 나

라의 대결 구도를 정리한다면 '군사와 안보를 포함한 국력의 대결'이자, '미국식 자본주의와 중국식 자본주의의 대결'이자, '자유×통제의 방향성을 둘러싼 가치관의 대결'이자, '테크놀로지 패권의 대결'이다.

PEST 분석으로 들여다본 미국과 중국

정치적 요인으로는 도널드 트럼프Donald Trump 대통령과 시진핑習近平 국가주석이 각각 '군사적으로 강한 미국', '군사적으로 강한 중국'이 되겠다고 분명히 말한다는 점이 핵심이다. 즉 정치적으로는 이미 안보를 포함한 국력의 대결이 됐다.

경제적 요인도 다양한데, 여기서는 '미국식 자유시장형 자본주의'와 '중국식 국가통제형 자본주의'의 대결로 파악하길 바란다. 알리바바와 텐센트 등 중국 기업이 약진할 수 있었던 배경에는 중국 정부 차원의 지원이 있다. 미국식 자유시장형 자본주의의 공적은 인정하면서도 일단 '패권'을 목표로 정하고 거기로 향하고자 한다면 국가통제형 자본주의가 강하지 않겠느냐는 논의가 나올 정도다.

사회적 요인으로는 먼저 트럼프 행정부 탄생의 여파를 언급하지 않을 수 없다. 미국에서는 트럼프 행정부가 출범한 이후에 '정치적 올바름Political Correctness과 다양성 존중' 의식이 흔들리고 있다.

하지만 미국은 이민 국가이며 태생적으로 다양성을 중시하는 나라다. 버락 오바마Barack Obama 전 행정부도 역시 다양성을 존중하는 국가를 만들자고 역설했다. 소수자를 존중하는 문화, 혹은 전국민 건강보험 제도(통칭 '오바마 케어')는 그런 토대 위에서 만들어졌다. 동요하고 있다고는 하지만, 아직 다양성을 존중하는 국가라는 정체성을 완전히 놓지는 않았다. 애초에 지난 대선에서 다양성을 선호한다고 여겨졌던 밀레니얼 세대는 반트럼프 쪽이 많았다.

중국이라고 하면 태생적으로 자유보다는 통제의 국가다. "즈마신용 점수를 올리기 위해 중국인의 매너가 좋아졌다"라는 말도 나오는데, 이처럼 통제의 긍정적인 측면이 있는 한편으로는 엄격한 언론통제와 소수민족 탄압 등 부정적인 측면도 떠안고 있다.

기술적 요인으로는, 선구자 이익을 누려온 미국과 그것을 모방하는 형태로 후발자 이익을 누려온 중국이라는 도식이 변화했다. 이미 많은 분야에서 중국의 테크놀로지가 앞서면서 중국이 선행자 이익도 빼앗으려는 상황이다. 특히 테크놀로지 패권 대결의 격전지는 AI 분야다. 소프트뱅크의 손정의 회장도 앞으로 AI가 모든 산업을 재정의할 것이라면서, AI 관련 기업에 적극적으로 투자하는 'AI군群 전략'을 전개하려 한다.

하지만 AI는 단순한 수단에 불과하다. 얼마만큼의 빅데이터를 집적하여 AI를 통한 분석에 활용할 수 있느냐가 중요하다. 즉 패권의 관건은 첫째로 데이터다. 그렇게 되면 국가통제형인 중국은 강할 수밖에 없다. BATH(바이두, 알리바바, 텐센트, 화웨이華為) 등 메가테크 기업에서 빅데이터를 흡수하는, 혹은 국가가 직접적으로 빅데이터에 관여하는 형태로 빅데이터를 축적할 수 있기 때문이다.

PEST 분석으로 읽는 미국과 중국의 대결 구도

구분	미국	중국
정치 (P)	트럼프의 (군사적으로도) '강한 미국'	시진핑의 (군사적으로도) '강한 중국'
경제 (E)	미국식·자유시장형 '자본주의'	중국식·국가통제형 '자본주의'
사회 (S)	– 다양성 존중에서 동요 발생 – 그럼에도 존중되는 개성	– 통제가 만들어낸 새로운 규율 – 그럼에도 제약받는 개인의 가 치관
기술 (T)	– 선구자 이익 – 일부에서는 패권을 잃을 우려	– 후발자 이익 – 일부에서는 선행자로 앞서감

알리바바가 블록체인 송금에 나선 이유

더욱 충격적인 것은 2018년부터 알리바바가 알리페이를 수단으로 삼아 블록체인을 활용한 국제 송금 업무에 나섰다는 사실이다. 이미 필리핀과 파키스탄으로 대상국을 넓히고 있다.

필자는 이 움직임을 알리바바라는 일개 기업이 추진하는 일개 금융 서비스라고 파악하지 않는다. 오히려 앞으로 수십 년에 걸쳐 펼쳐질 '양분화되는 세계'의 금융 편 프롤로그는 아닐까 관찰하고 있다.

기존에는 국제 송금 업무는 미국 주도의 중앙집권형 시스템인 스위프트SWIFT(국제은행간통신협회)가 쥐고 있었다. 하지만 블록체인은 분산형 테크놀로지다. 중국에서는 이미 중앙집권적인 시스템을 거치지 않고도 개인 간에 돈이 거래된다. 그리고 이번 국제 송금 업무의 시작은 스위프트 부재의 금융 시스템이 중국권에 설립된다는 것을 뜻한다.

'양분화되는 세계'에서 금융의 일익을 알리바바가 담당하는 것이다.

공산당원 마윈의 퇴임

이런 가운데에 특기할 만한 사항은 알리바바의 창업 경영자인 마윈의 움직임이다. 2018년 9월, 중국 사람들에게 '신神'이라고도 불리는 마윈이 1년 후에 퇴임하겠다고 발표했다. 퇴임 후에는 자신의 회장 자리를 당시에 최고경영책임자CEO였던 장융張勇에게 양도했다. 2020년 주주총회까지는 이사직에 머물 것이며 경영 간부로 구성되는 '알리바바 파트너십'에는 계속 관여하겠다고 한다. 원래 교사였던 마윈은 이렇게 말하면서 교육의 세계로 돌아가고 싶다는 의향을 내비쳤다.

"교사란 늘 학생이 자신을 넘어서길 바랍니다. 따라서 더 젊고 유능한 사람들에게 간부직을 양보하는 것이 나와 회사 입장에서는 책임 있는 대응입니다."

그리고 마윈이 퇴임을 발표한 지 3개월가량 지난 11월 말에 놀라운 사실이 보도됐다. 중국공산당 기관지인 《인민일보人民日報》가 중국의 경제 발전에 이바지한 100인 명단을 발표했는데, 그중에 마윈의 이름이 올랐고 마윈을 공산당원이라고 기재한 것이다.

필자는 예전부터 마윈이 미션 리더십형 인물이라고 말해왔다. 마윈의 말이나 그가 실현한 사업에서 '중국을 위해서'라는 강한 신념을 감지했다. 알리바바는 구멍가게를 지원하거나 지방을 활성화하는 사업 등에도 적극적으로 나서서 아마존 창업 경영자인 베조스의 방식이 '데스 바이 아마존death by Amazon'이라 일컬어지는 것과는 대조적이었다. 마윈이 공산당원임을 알았을 때 그 신념의 배경을 비로소 납득했다.

마윈의 내면에는 자신이 중국 정부와 함께 중국의 발전을 담당하겠다는 기개가 있었음이 틀림없다. 이런 배경 때문에 알리바바가 중국 정부로부터 상당히 극진한 보호를 받아왔다는 사실도 틀림없을 것이고, 이는 분명 알리바바 성장력의 원천이 됐을 것이다. 마윈이 퇴임한 진의는 누구도 알 수 없다. 다만 그의 퇴임이 발표됐을 때 일각에서는 정치적인 사정이 있지 않았겠느냐는 풍문이 나돌았다.

중국에서는 알리바바, 특히 계열사인 앤트파이낸셜이 제공하는 알리페이의 영향력이 매우 커졌고, 예금에서 알리바바 그룹의 MMF 쪽으로 자금이 유출된 것 등이 문제가 되어 중국의 금융 당국이 알리바바를 규제하려는 움직임도 보인다. 중국 정부와 친밀했지만 그 관계성에 균열이 생겨나면서 서로 배려하는 차원으로 마윈이 수장에서 물러나지 않았을까 하는 것이 또 하나의 견해였다. 여러 억측 속에서 중국 공산당은 별안간 마윈이 공산당원이라는 사실을 공표한 셈이다.

중국과 하나로 간주되는 알리바바

중국공산당의 발표에는 크게 두 가지 효과가 있을 것이다.

하나는 알리바바의 비즈니스에 타격을 주는 효과다. 일본, 미국, 유럽에서 알리바바가 사업을 확대하려는 와중에 중국공산당과 창업 경영자 사이에 두꺼운 연줄이 있다고 밝혀진다면 그것은 장애가 될 가능성이 있다. 마윈은 자기가 공산당원이라는 사실이 발표되기를 바라지 않았을 것이다. 반대로 생각하면 중국 정부와 마윈 사이에 어떤 형태로든 충돌이 있었음을 시사한다. 필자는 이것이 거의 확실하다고 본다.

또 하나는 중국 입장에서 미국과 당당하게 겨룰 각오를 보여주는 효과다. 마윈이 공산당원이라는 사실을 이 시점에 공표한 배경에는 미국과 중국의 무역 전쟁, 나아가 미국과 중국의 신냉전도 있을 것이다.

어느 쪽이든 이런 일련의 보도로 알리바바에는 중국과 표리일체의 존재라는 낙인이 찍혔다. 당분간 미국에서 본격적으로 미국인을 위한 상품이나 서비스를 제공하기는 어려워질 것이다. 중국 정부의 보호와 지원을 받기도 어려워질 것으로 예상된다. 중국과 한 몸 같은 존재라고 간주되는 가운데, 중국권 이외에서 얼마나 알리바바 결제권을 확대해나갈 것인가. 금융 서비스의 질과 양, 그리고 뛰어난 고객 경험으로 알리바바는 차세대 금융의 선행마가 될 수 있었지만, 앞으로 상당히 어려운 상황을 헤쳐 나가야 할 것으로 보인다.

일본 중국통 사이에서는 마윈이 공산당원이었다는 사실에 관해 "중국에서 공산당원이라는 것이 놀랄 일은 아니다"라는 지적도 있어 해외에서 받아들이는 것과는 상당한 차이를 보인다. 하지만 중국은 공산당 일당독재 국가이며, 공산당 규약(특히 당원 의무 조항)만 보더라도 공산당원이 이익 상반 없이 민간사업을 하기란 곤란하다는 것, 그리고 문제의 소재가 무엇인지를 이해할 수 있을 것이다.

세계 최첨단의 핀테크 대국, 중국의 현재

—

　이번 장의 마지막으로 세계 최첨단의 핀테크 대국이 된 중국의 현재 (2019년 3월 시점)에 관해 알리바바 본거지인 항저우의 상황을 사례로 들어 정리하고자 한다.

캐시리스를 전제로 만든 스마트 시티, 알리바바 공원

　알리바바는 중국 정부로부터 'AI×스마트 시티' 사업을 추진하기로 수탁했다. 항저우에 있는 알리바바 공원 주변에는 알리바바 본사, 알리바바 최초로 현실 세계에 구현한 최첨단 상업 시설, 알리바바 최초의 근미래형 AI 호텔, 알리바바 직원 주거지 등으로 구성하여 캐시리스를 전제로 만든 스마트 시티의 모습을 보여준다. 주거지 옥상에는 친환경 에너지를 발전하는 데 사용되는 태양광 패널이 있다.

　필자는 알리바바 공원 자체가 현실의 플랫폼과 생태계를 형성함으로써 중국 근미래 도시의 디자인을 상징하게 될 가능성을 감지했다.

알리바바 공원이 '중국의 실리콘밸리'를 지향하는 항저우 중에서도 핵심을 담당하는 '웨이라이 커지청未来科技城(미래과기성, '혁신, 개방, 인본, 저탄소, 공생'이라는 다섯 가지 핵심 이념으로 건설되는 국가중앙기업의 혁신 기지)'을 품고 있는 데다 1,000곳 이상의 스타트업과 액셀러레이터가 모여들어 일대 집적지를 형성하고 있다는 점도 커다란 요인이다.

알리바바 최초의 근미래형 AI 호텔인 플라이주 호텔FlyZoo Hotel은 2018년 12월에 오픈했다. 체크인에는 얼굴 인식 전용앱을 사용하고, 엘리베이터를 타거나 객실과 피트니스 클럽에 출입할 때도 얼굴 인식을 통한다. 객실에 들어서면 알리바바의 음성 비서인 알리 OS가 대활약한다. 그냥 말을 걸기만 해도 커튼의 개폐, 음악 재생, 객실의 밝기 조정, 객실의 환기 등을 조작할 수 있다. 심지어 로봇 도우미가 룸서비스를 해주고 일회용 세면 용품도 배달한다. 바에서는 로봇 바텐더가 고객에게 주문받은 칵테일을 재빠르게 만들어낸다.

알리바바 본사와 플라이주 호텔 중간에는 2018년 4월에 오픈한 알리바바 최초의 상업 시설인 친청리亲橙里가 있다. 캐시리스 결제, 자동화·무인화 서비스, 알리바바 전자상거래 쇼핑몰의 오프라인 매장, 테크놀로지를 활용한 매장 등을 눈으로 확인할 수 있다. 지하 1층에는 최신식 신소매 슈퍼마켓인 허마가 포진하여 캐시리스 소매 경험을 제공한다. 친청리 내에는 무인 노래방, 무인 휴게실 및 미팅 대여 공간, 캐시리스 자판기도 다수 설치되어 있다. 최상층 영화관은 캐시리스 및 티켓리스로 자동 게이트 입장식이다.

알리바바 전자상거래 쇼핑몰의 오프라인 매장에서는, 플라이주 호텔 객실에서도 사용되는 알리바바의 음성인식 AI 비서를 탑재하여 '그냥 말을 걸기만 해도' 가동되는 다양한 IoT 가전을 실제로 판매한다. 상업 시설 내의 알리바바 쇼핑몰에서는 이미지 인식으로 고객의 아바타가 만들어지고, 그 아바타를 사용하여 다양한 코디네이트 룩을 제안하는 단말인 가상 피팅 시스템Virtual Fitting System도 갖췄다. 단말에서 알리페이를 사용하여 마음에 드는 상품을 구입할 수도 있다. 매장에서는 잘 팔리는 상품의 정보가 알리바바의 동영상 사이트를 통해 라이브로 스트리밍된다. 소비자에게 다양한 방법으로 상품을 소개하는 동시에 다양한 방법으로 구입하도록 되어 있는 것이다.

한편 중국에 머물 때는 알리바바가 출자한 디디추싱의 승차 공유를 이동 수단으로 활용했다.

이 서비스들을 경험해보니 스마트폰에서 캐시리스 사회를 발 빠르게 실현한 알리바바의 "전인미답의 영역을 개척한다"라는 강한 자부심, 나아가 "스마트폰조차 필요 없는 IoT 결제 및 얼굴 인식 결제로 본격적으로 전환해가겠다"라는 기개도 느껴졌다.

1장에서 설명한 대로 필자는 캐시리스화를 통해 실현하는 사회의 자동화와 서비스 및 공유화를 더 중요하게 바라본다. 도심부의 정체 및 혼잡 완화, 과소지過疎地의 구조적인 인력 부족에 대한 대응책이 바로 '캐시리스화×자동화×서비스 및 공유화'다.

은행의 디지털화를 지탱하는 중국 AI 기업, 아이플라이텍

중국 정부의 차세대 AI 발전 계획을 담당하는 아이플라이텍iFLYTEK 부총재와 베이징에서 미팅을 갖고 아이플라이텍의 AI 사업에 관한 설명을 들었다. 음성인식 AI 분야에서 중국 1위 기업인 아이플라이텍은 알리바바, 텐센트, 바이두 등의 음성인식 기술을 담당하고 있다. 미팅 전 설명에 사용하던 영상 보드에는 실시간으로 중국 전역에서 아이플라이텍으로 집적되는 빅데이터의 건수가 표시되어 있었는데 하루에 무려 47억 건이 넘었다. 정말로 위협적이라고 느껴졌다.

아이플라이텍은 중국 은행의 디지털화와 AI화에도 크게 기여하고 있다. 중국 은행 중에는 업무층을 무인화한 근미래형 점포가 늘어났다. 그곳에서는 터치 패널과 음성인식 AI 비서를 통한 조작만으로 다양한 은행 거래가 가능하다.

중국에서는 이미 지하철 티켓을 구입할 때도 '그냥 말을 걸기만 하면 되는' 음성인식 AI 비서가 사용된다. 2019년 3월의 중국 상황을 일본이 따라잡는 시기는 언제가 될지 벤치마킹해두는 것이 중요하다. 금융기관의 부수 업무와 주변 업무에서 핀테크와 디지털화가 진척되고 있는 미국·유럽과 일본에 비해, 중국은 더 고유한 업무에서도 핀테크와 디지털화를 진행하고 있다. 더 중요한 점은 테크놀로지를 사회에 구현함으로써 중국에서 사회적 과제가 해결되고 새로운 가치가 제공되기 시작했다는 사실이다. 그러니 우리에게는 중국의 진화에서 시선을 돌리지 말고 제대로 대처하겠다는 자세가 더더욱 중요하다.

제6장

일본의 금융
디스럽터

차세대 금융 비즈니스의
성패를 가를 세 가지 핵심

―

세계 3대 금융 디스럽터를 아마존, 알리바바, 텐센트라고 한다면 일본의 4대 금융 디스럽터로 다루고 싶은 기업은 라쿠텐, 라인, 야후·소프트뱅크 연합, SBI다.

이제 일본의 4대 금융 디스럽터에 관해 설명할 텐데, 언뜻 보더라도 이 기업들의 비즈니스 모델은 메가테크 기업의 비즈니스 모델을 그대로 따른다는 점을 알 수 있다. 간단하게 정리하자면 이런 것이다.

먼저 스마트폰 대응 플랫폼을 구축하고 결제 기능을 출시한다. 송금, 융자, 보험, 투자, 예금과 같은 각종 금융 서비스의 내실화를 도모하면서 매력적인 사용자 인터페이스와 사용자 경험을 제공한다. 나아가 그 밖의 생활 관련 서비스로 유도한다. 이런 선순환을 회전시켜 '○○ 경제권'을 확대한다.

이제까지 거듭 설명했듯이 차세대 금융의 비즈니스 모델에서 이슈가 되는 세 가지 중요 포인트가 있다.

첫째, 스마트폰 대응 플랫폼, 즉 친밀하고 빈도 높은 고객 접점을 확보할 수 있느냐다. 다들 알다시피 일본의 4대 금융 디스럽터는 각각 특징적인 플랫폼을 구축하고 있다. 라쿠텐의 경우 그 플랫폼은 일본 최대의 전자상거래이며, 라인은 일본 최대의 커뮤니케이션 앱이다.

이와 대조적으로 일본의 메가뱅크는 차세대형 플랫폼을 구축하는

일본 4대 금융 디스럽터

구분	라쿠텐	라인	야후·소프트뱅크	SBI
주요 고객 접점	전자상거래와 금융	커뮤니케이션 앱	정보, 전자상거래, 금융	금융
소매, 전자상거래	◎	○	◎	-
통신	○	○	◎	-
QR 코드 결제	○	○	○	○
신용카드	◎	○	○	○
은행	○	○	○	○
증권	◎	○	○	◎
투자신탁	○	○	○	○
생명보험	○	○	○	○
손해보험	○	○	○	○
가상화폐	○	○	○	◎

○에는 각사의 발표 내용 및 향후 전개 가능성이 있다고 예상되는 항목이 포함됨

데 선수를 빼앗겼다. 금융 디스럽터의 융성에 강한 위기의식을 느끼고 플랫폼 구축을 서두른다. 하지만 여전히 "온라인 뱅킹은 이체할 때만 이용한다"라는 사용자도 많아서 주된 채널은 은행 창구와 ATM이다.

이러한 현재 상황을 감안한다면 '플랫폼 구축만으로는 부족한' 것이 분명하다. 플랫폼의 사용자 인터페이스와 사용자 경험이 이슈가 되는 셈이다. 이것이 둘째 포인트다.

이 점에서도 IT에서 출발한 금융 디스럽터들이 약간 더 유리하다. 디지털 네이티브 기업들은 뛰어난 사용자 인터페이스와 사용자 경험이 생명선이다. 그래서 이 기업들은 더더욱 타협 없이 '더 사용하기 쉽고, 더 스트레스 없는 서비스'를 추구해왔다.

이 기업들은 똑같은 목표를 금융 산업에서도 실천할 것이다. 일부러 지점을 방문한 고객을 창구에서 기다리게 하는 일이 '당연한' 메가뱅크와는 하늘과 땅만큼의 차이가 생겨날 수밖에 없다. 물론 메가뱅크도 말로는 사용자 경험, 사용자 인터페이스의 중요성을 얘기한다. 그러나 이 문제의 심각성을 어디까지 이해하는지는 심히 의문스럽다. 문제의 본질은 '진정한 고객 지향'에 있기 때문이다.

셋째 포인트는 디지털 전환에 대응하는 자세다. 이 점에서도 금융 디스럽터의 우위는 뚜렷하다. 디지털 전환은 '회사를 핵심부까지 디지털로', '비즈니스 전체를 디지털화하는 것'이다. 디지털 전환이 금융 서비스에서 추구된다면 '고객 입장에서 은행 서비스는 눈에 보이지 않는(의식하지 않는) 것'이 된다. 이 목표를 실천할 수 있는 곳은 '스타트업 같은 기업 문화'를 지닌 기업뿐이다. 사업 규모를 볼 때 대기업화한다고는 해도 일본의 금융 디스럽터는 스타트업 사풍과 체질을 충분히 남기고 있다. 반면 메가뱅크 입장에서 이는 기존 은행의 방향성에 대해 '자기부정'을 하는 것과 마찬가지 행위다. 뼈를 깎는 고통은 불가피하다.

이처럼 차세대 금융 모델의 성패를 가를 세 가지 포인트를 생각한다면 플랫폼, 사용자 인터페이스와 사용자 경험, 디지털 전환 모든 면에서 일본에서도 테크놀로지 기업이 기존 금융기관을 파괴할 가능성이 크다. 3년 후, 5년 후라는 가까운 미래에 충분히 일어날 수 있는 일이다.

'라쿠텐 경제권 초확대'의
청사진

—

일본의 4대 금융 디스럽터 가운데 라쿠텐은 가장 많은 금융 서비스를 제공하는 '종합 금융 참여자'다. 라쿠텐은 아마존과 야후쇼핑처럼 전자상거래 사이트라는 이미지가 강한 기업이다. 그러나 실태를 살펴보면 일본에서 유일한 핀테크 기업으로서의 면모가 분명해진다.

라쿠텐 은행, 라쿠텐 증권, 라쿠텐 생명, 라쿠텐 보험 등 모든 종류의 금융 서비스를 제공하고 있다. 신용카드인 라쿠텐 카드를 비롯해 전자화폐인 라쿠텐 에디, 라쿠텐 슈퍼 포인트가 적립되는 라쿠텐 포인트 카드, QR 코드 결제인 라쿠텐페이 등 온라인과 오프라인이 융합된 편의성 높은 결제 수단도 망라하고 있다. 이미 라쿠텐 그룹의 결제 서비스를 도입한 매장은 일본 전국 120만 곳에 달한다(2018년 6월 말). 매출을 보더라도 금융 사업의 비중이 높아 2018년 3분기 결산 시점에 매출 전체의 35.7%를 '핀테크 부문'이 차지하기에 이르렀다.

이를 보면 '라쿠텐은 이미 금융 회사다'라고 해도 과언이 아니다. 일본 메가뱅크는 물론 중국 알리바바에 필적할 서비스 라인을 갖췄다.

라쿠텐 포인트로 연결되다

라쿠텐 핀테크 사업의 핵심을 담당하는 것이 라쿠텐 카드다. 현재 라쿠텐 카드의 거래액은 7.5조 엔에 달한다(2018년). 일본 신용카드 업계에서는 거래액 1위로, 회원 수는 1,500만 명을 돌파했다. 신용카드 업계의 성장률이 한 자릿수라는 말이 나오는데도, 라쿠텐 카드는 연성장률 20%라는 발전을 이어가면서 압도적인 존재감을 발한다.

중소사업주 대상의 '슈퍼 비즈니스 론Super Business Loan'이라는 융자 서비스도 개시했다. 상류 빅데이터를 여신의 기반으로 한다는 점에서는 아마존 렌딩과 거의 같은 서비스다. 2018년 8월에는 그룹 조직 개편을 단행해 각종 핀테크 사업을 라쿠텐 카드 주식회사로 승계했다.

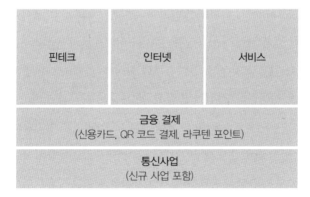

라쿠텐의 사업 구조

후발 주자였던 라쿠텐 카드를 급성장시킨 요인에 대해 라쿠텐의 핀테크 사업을 총괄하는 호사카 마사유키穂坂雅之 사장은 이렇게 말했다.

"인터넷을 최대한 활용하여 철저한 페이퍼리스를 추진하고 연회비를 평생 무료로 한 것 외에도, 인터넷 쇼핑으로 적립해 쓸 수 있는 포인트 프로그램인 '라쿠텐 슈퍼 포인트'를 발 빠르게 개발해왔는데요. 오프라인 점포 결제의 경우 0.5% 캐시백 제공이 대세였는데 '라쿠텐 카드'로 결제하면 1%로 쌓이도록 포인트 적립액을 늘렸습니다. 카드 신청을 스마트폰으로 쉽게 할 수 있게 한 정책도 타사보다 앞섰던 점입니다(《라쿠텐 투데이》, 2018년 7월 2일)."

라쿠텐 성장의 이면에는 라쿠텐 카드가 있고, 라쿠텐 카드 성장의 이면에는 라쿠텐 슈퍼 포인트가 있다. 이 구도부터 파악하길 바란다.

그런 라쿠텐이 지금 내걸고 있는 테마가 '라쿠텐 경제권의 초확대'다. 키워드는 '회원×데이터×브랜드'다. 『라쿠텐 기업 보고서 2017』에서는 다음과 같이 역설한다.

"일본 국내외에서 라쿠텐은 인터넷 서비스, 핀테크 서비스 분야에서 다방면에 걸친 서비스를 제공합니다. 이 서비스들의 중심축이자 당사의 중요한 비재무 자산이 바로 라쿠텐 회원을 중심으로 한 멤버십, 브랜드, 데이터입니다. 회원이 통합 ID를 사용해 다양한 서비스를 자유롭게 오가며 이용함으로써 '라쿠텐 생태계(경제권)'를 형성합니다. 이로써 회원의 생애 가치Lifetime Value를 극대화하며 고객 유치 비용을 저하시키고 유통 총액을 증대하여 기업 가치를 높이고 있습니다."

이동통신도 '라쿠텐 경제권 초확대'의 발판

라쿠텐 경제권의 초확대를 위해 어떻게 진전하고 있을까?

2017년 12월, 이동통신 사업에 신규로 진출한 것도 그 일환이다. 2014년 10월부터 알뜰폰 사업인 '라쿠텐 모바일'을 추진했지만 NTT 도코모NTT Docomo의 회선을 빌렸기 때문에 요금제 등에 제약을 받았다. 이번에 자사 회선을 입수한 라쿠텐은 앞으로 NTT 도코모, KDDI, 소프트뱅크에 이어 제4이동통신 사업자로서 독자적인 모바일 인프라를 구축해나가게 된다.

일본 최대의 인터넷 쇼핑몰인 라쿠텐 이치바楽天市場의 유통 총액은 2018년 1월에 76.7%가 모바일을 경유했다. 결제 서비스인 라쿠텐페이도 스마트폰에서 이용하는 것이 기본이다. 모바일은 라쿠텐 경제권의 저변을 담당하는 중요 인프라다. 이것을 장악할 수 있으면 필연적으로 라쿠텐 이치바의 유통액도 전반적으로 증가한다. 또 이동통신 사업으로 얻는 통신료는 안정적인 수익원이 된다.

무엇보다 라쿠텐 모바일의 스마트폰에 자사 앱을 설치하면 그것만으로도 앱의 이용을 촉진할 수 있다. 그렇게 되면 70가지가 넘는 라쿠텐 서비스를 자유롭게 드나들며 사용할 가능성이 커진다. 이동통신에 진출한 것도 '라쿠텐 경제권의 초확대'를 위한 발판이라고 할 수 있다.

이동통신 사업과 동반하여 2018년 11월에는 KDDI와의 제휴를 발표했다. 이동통신 사업에 진출할 때 KDDI의 통신 설비를 이용(로밍)함으로써 시간과 비용의 여유가 생겨난다.

이 제휴로 라쿠텐에만 이익이 생기는 것은 아니다. KDDI에는 라쿠텐의 결제와 물류 플랫폼이 제공된다. 구체적으로는 120만 곳이 넘는 라쿠텐페이 가맹점에서 KDDI가 2019년 4월에 개시한 au페이auPAY를 사용할 수 있다. KDDI의 쇼핑몰 사이트인 와우마Wowma!의 물류도 라쿠텐이 담당한다. 통신, 물류, 결제의 세 영역에서 제4이동통신사와 제2이동통신사의 자산을 서로 활용하는 모양새가 되어 KDDI의 au 경제권과 라쿠텐 경제권 양쪽에 많은 이점을 가져다줄 것이다.

라쿠텐은 이 제휴로 캐시리스 사회의 조기 실현, 물류 분야의 사회 과제 해결, 통신 서비스의 건전한 경쟁을 실현하여 "시장 전체에서 고객 편의성의 비약적인 향상을 목표하겠다"라고 역설한다.

손해보험부터 승차 공유까지 신규 사업 가속화

신규 사업으로 휴대전화 사업에만 진출한 것은 아니다. 아사히화재해상보험朝日火災海上保險을 인수해 손해보험 사업에 진출하면서 라쿠텐은 보험 사업에서도 모든 분야를 소유하게 됐다. 이로써 기존 라쿠텐 서비스와의 시너지를 기대할 수 있다. 예를 들면 라쿠텐 트래블Rakuten Travel의 여행보험, 라쿠텐 라이풀 스테이Rakuten LIFULL STAY의 민박 사업자에 대한 화재·가재家財 보험 등이다.

2018년 1월에는 미국 최대의 소매업체인 월마트와의 전략적 제휴를 발표했다. 월마트의 일본 자회사인 세이유Seiyu와 '라쿠텐 세이유 인터넷 슈퍼'를 공동으로 운영한다. 세이유의 강점인 '품질'과 '저렴한 가격'이 실현된 신선식품과 일용품을, 라쿠텐이 배양해온 전자상거래 노하우로 신속하게 배송한다. 더불어 미국 월마트 매장에서는 전자책 서비스인 라쿠텐 코보Rakuten Kobo가 판매된다.

게다가 2018년 4월부터는 가전 양판점 빅카메라BIC CAMERA와 함께 '라쿠텐 빅Rakuten BIC'도 시작했다. 온라인과 오프라인의 연계, 설치·배송, 오리지널 상품이 특징이며 라쿠텐 포인트에도 대응한다. 이에 맞서는 소프트뱅크·야후 연합이 일본 최대의 유통업체인 이온AEON과 제휴하는 등 '온라인에서 오프라인으로'라는 움직임이 가속하고 있다.

차세대 자동차 산업을 분석해온 필자로서는 승차 공유에 대한 대응도 간과할 수 없다. 2015년, 라쿠텐은 미국 300개 도시에서 승차 공유를 전개하는 리프트에 3억 달러를 출자했다. 소프트뱅크가 출자한 우버보다 시장 점유율에서는 아직 밑돌지만, 사용자 증가율에서는 리프트가 우버를 웃돈다. 출자 당시 라쿠텐의 미키타니 히로시三木谷浩史 사장은 이렇게 말했다.

"리프트야말로 미래형 경제입니다. 공유경제는 사람과 사람의 연결을 강화하여 서비스 업계를 근본적으로 바꾸고 사회에 혜택을 가져다줍니다. 개인과 사회의 잠재력을 끌어내는 리프트와 같은 비즈니스가 미래에 대한 관건입니다(《씨넷 저팬CNET Japan》 2015년 3월 12일)."

미키타니 사장이 대표이사로 있는 신경제연맹新経済連盟의 보고서에 따르면, 2015년에 승차 공유 시장의 규모는 약 1조 6,500억 엔이었는데 2020년까지 2배로 늘어날 것이다. 현재 신경제연맹은 일본 내에서 승차 공유 사업의 규제를 해제하기 위해 로비에 나섰다. 승차 공유 사업이 인정되면 라쿠텐은 휴대전화 사업으로 제공하는 스마트폰에 콜택시 앱을 기본적으로 탑재하는 데서부터 추진할 것이다.

어느 쪽이든 '라쿠텐 회원×데이터×브랜드'의 힘을 총동원할 것이다. 라쿠텐 경제권의 초확대는 착착 진행되고 있다.

라쿠텐 브랜드들의 교차 사용을 유도한다

'라쿠텐 경제권의 초확대'라는 표현은 2017년 통기 결산 발표에서 처음 등장했다. 이는 라쿠텐 비즈니스 모델의 최상위 개념이다.

2018년 3분기 결산 자료에는 "현재 약 4조 엔인 라쿠텐의 멤버십 가치를 미래에 10조 엔으로 만든다"라고 되어 있다. 멤버십 가치란 '총 서비스 이용자 수×LTV'를 의미한다. LTV Lifetime Value, 즉 생애 가치란 사용자 1명이 평생 특정 기업이나 브랜드에 가져다주는 이익을 산출한 것이다.

이 목표를 달성하는 데 불가결한 것이 바로 '교차 사용 Cross-use'의 확대다. 교차 사용이란 라쿠텐 회원이 두 가지 이상의 서비스를 이용하는 것이다. 회원 1명이 전자상거래와 핀테크, 디지털 콘텐츠, 통신 등 70가지가 넘는 라쿠텐의 서비스를 장벽 없이 자유롭게 사용할 수 있다면 멤버십 가치는 증대한다. 라쿠텐 회원 수는 2018년 9월 말에 1억 명 이상이었는데, 그룹의 서비스를 두 가지 이상 이용한 사용자는 무려 69.2%에 달한다.

교차 사용을 촉진하는 데 엔진 역할을 하는 것이 바로 라쿠텐의 포인트 프로그램이다. 서비스를 이용할 때 적립하거나 쓸 수 있는 라쿠텐 슈퍼 포인트가 고객이 라쿠텐 생태계에 유입되는 것을 확대하고, 그룹의 서비스를 복수로 이용하도록 해주며, 생태계 내에서 지속적으로 자유롭게 서비스를 경험하도록 촉진하고 있다. 라쿠텐 '슈퍼 포인트 업Super Point Up' 프로그램SPU이 이를 더욱 가속한다. 라쿠텐 이치바에서 라쿠텐 카드를 이용하면 '포인트 2배 추가', 라쿠텐 은행에서 라쿠텐 카드로 이체하면 '포인트 1배 추가' 등 라쿠텐 이치바에서 쇼핑함으로써 최대 15배의 포인트를 얻을 수 있는 프로그램이다. 라쿠텐 경제권이란 '라쿠텐 서비스를 많이 이용할수록 포인트 우대 혜택을 누리고 캐시백도 받을 수 있는 경제권'이다.

2018년 3분기 결산 자료에는 교차 사용을 확대하는 경로로 "라쿠텐 이치바로 유입되어 SPU 등을 계기로 라쿠텐 트래블이나 라쿠텐 북스Rakuten Books를 이용한다"와 같은 사례가 제시되어 있다. 라쿠텐 포인트 카드에서 라쿠텐 이치바를 사용하여 SPU 등을 계기로 라쿠텐 카드에 가입하는 사례도 있다.

당연히 핀테크 서비스로도 확산된다. 예를 들면 라쿠텐 카드와 라쿠텐 은행 사이에서는 카드 대출에 대한 신용 보증, 라쿠텐 은행과 라쿠텐 생명 사이에서는 주택 대출의 단체신용보험과 같은 식이다. 라쿠텐 은행과 라쿠텐 증권 사이에서는 실시간 송금과 금융 중개 같은 시너지가 있다. 결과적으로 핀테크 사업의 교차 사용은 순조롭게 확대되고 있는데 라쿠텐 카드, 라쿠텐 은행, 라쿠텐 증권의 교차 사용은 2018년 3분기에 전년 동기 대비 43.4% 증가를 기록했다. SPU 참여 전후로 라쿠텐 은행과 라쿠텐 증권에는 라쿠텐 그룹을 경유한 계좌 신청 수가 2.6배 늘었다는 데이터도 있다.

교차 사용을 통한 비즈니스 확대는 다른 참여자에게는 없는 라쿠텐의 강점이다. 라쿠텐 경제권이란 '라쿠텐 포인트 경제권'이라고 바꿔 말할 수 있을 것이다. 라쿠텐 경제권의 서비스 접점은 방대하다. 라쿠텐 이치바, 라쿠텐 트래블, 라쿠텐 카드, 라쿠텐 은행 등 각 서비스가 사용자를 모아서 다른 서비스로의 교차 사용을 유도한다. ID 연동을 통한 유도 방식은 스트레스가 없고 고객 경험도 양호하다. 라쿠텐 포인트는 각 서비스를 이어주는 '촉매제' 역할을 한다.

물류까지 라쿠텐 경제권으로 포섭하는 원딜리버리

2018년 라쿠텐 경제권의 초확대를 지향하는 새로운 움직임으로 '원딜리버리One Delivery'와 '원페이먼트One Payment'가 발표됐다.

원딜리버리란 일본에서 물류량 증대가 사회문제로 지적됨에 따라 2020년까지 독자적인 배송망을 구축하여 라쿠텐 이치바에 출점한 점포들을 대상으로 상품의 재고 보관부터 배송까지 포괄적인 서비스를 제공하는 것이다.

구체적으로는 '라쿠텐 슈퍼 로지스틱스Lakuten Super Logistics'라고 불리는 물류 센터와 독자 배송 서비스인 '라쿠텐 익스프레스Lakuten

Express'의 배송 지역을 확대한다는 계획이다. 보도자료에 따르면 "인원을 절감하고 자동화 창고 기기를 도입하여 효율적인 물류 센터를 운영하고, 라쿠텐의 배송 데이터와 AI 기술을 활용하여 수주를 예측하고 재고 정보의 연계를 통해 재고 배치를 최적화함으로써 배송 속도를 향상하며, 창고 작업 비용과 배송 비용의 절감을 목표로 한다". 이로써 라쿠텐은 상품 주문부터 배송에 이르는 시스템을 원스톱으로 제공하는 배송망을 얻게 된다. 상류, 금류에 더해 물류까지 경제권으로 포섭하려는 움직임은 아마존이나 알리바바와도 겹쳐지는 부분이다.

원페이먼트로 사용자 이탈을 막다

원딜리버리와 병행해서 원페이먼트도 구상하고 있다. 원페이먼트는 구체적인 서비스명은 아니고, '모든 매장에서 동일한 결제 수단을 사용할 수 있게 되는 것'을 의미한다.

지금까지 라쿠텐 이치바에서 사용할 수 있는 결제 수단은 카드 결제, 편의점 결제, 라쿠텐 계좌 결제, 후불 등으로 다양했다. 그러나 매장마다 결제 수단이 제각각이라는 점이 사용자가 '이탈'하는 원인이기도 했다. 본인이 희망하는 결제 수단을 고를 수 없는 경우 약 60%가 구입을 취소하거나 다른 사이트에서 구입한다고도 알려져 있다.

원페이먼트는 이 문제를 '라쿠텐페이(라쿠텐 이치바 결제)'라는 플랫폼으로 통일한다. 이에 따라 상점은 결제 관련 업무의 대행과 입금 주기의 통일 같은 이점을 누린다. 사용자에게도 결제 수단 확충과 사용자 경험 향상 등의 이점이 있다. 예를 들면 이제까지 여러 매장에서 쇼핑한 경우 신용카드 등 각 상점에 공통된 결제 수단을 골랐을 때만 결제를 한 번에 끝낼 수 있었다. 그러나 라쿠텐페이를 도입한 이후에는 어떤 매장에서 구입하든 한 번에 결제할 수 있게 됐다. 이는 사용자 경험을 향상하는 데 크게 기여하는 것이다. 2018년 7월에 열린 '라쿠텐 엑스포 2018'에서는 다음과 같은 보고도 있었다.

"니가타 현 나가오카 시에 본사를 둔 오미야 스포츠는 2017년 11월부터 '라쿠텐페이'를 도입한 후 편의점 결제, 은행 입금 등을 통한 선불 결제가 증가하여 젊은 층을 중심으로 하는 신규 고객 유치에도 성공했다. 선불 결제는 '라쿠텐페이' 도입 이전의 92.2배, 매장 전체 매출은 1.3배로 증가했다. 결제 업무의 부담이 경감된다는 이점도 생겼다(《페이먼트나비ペイメントナビ》2018년 7월 19일)."

'원'에 담긴 두 가지 의미

포괄적인 물류 서비스를 실현하는 '원딜리버리'와 일률적인 결제 방법을 제공하는 '원페이먼트'. 라쿠텐의 이런 구상들이 고객 경험을 향상하는 동시에 라쿠텐 그룹 사이의 시너지를 높여 라쿠텐 경제권 초확대로 이어지고 있음은 명백하다.

'원One'이라는 말에는 두 가지 의미가 있다. 고객에게 '원스톱'이라는 편의성을 제공하는 것, 그와 동시에 그룹 내의 연계를 심화하여 라쿠텐 브랜드를 '하나로' 묶어내는 것이다.

2018년 8월, 라쿠텐은 조직을 재편하면서 라쿠텐 산하에 인터넷 쇼핑몰, 모바일, 핀테크를 담당하는 자회사를 거느리는 형태가 됐다. 분사화分社化라고 하면 형식적으로는 각사에 권한을 이양하게 되므로 그룹이 뿔뿔이 흩어진다는 이미지가 떠오를지 모른다. 그러나 라쿠텐의 목적은 정반대다. 그룹 사이의 연계를 심화하고 이를 통해 시너지를 만들어내어 라쿠텐 전체의 일체감Oneness을 강화하겠다는 의지를 엿볼 수 있다. 필자는 라쿠텐이 통신사업에 진출한 것도 라쿠텐 전체의 일체감을 높이는 동시에 일본에서 라쿠텐 경제권을 확대하고 본격적으로 글로벌 전개에 나서는 계기가 될 것으로 예상한다.

API 경제를 통해 더욱 확대되는 라쿠텐 경제권

외부와의 일체화와 연결이라는 의미에서 마지막으로, 라쿠텐이 API에 대응하는 방식에 대해 얘기하고 싶다. API란 애플리케이션 프로그래밍 인터페이스Application Programming Interface의 약자로, 어떤 애플리케이션의 기능과 관리 데이터 등을 다른 애플리케이션에서 호출해 이용하기 위한 접속 사양과 구조를 가리킨다. 이를 다른 기업에 공개하는 것을 오픈 API라고 부른다. 세계적으로 보면 선진적인 금융기관은 이미 API를 공개하기 시작했다. API가 단순한 플랫폼에서부터 API 경제라 부를 수 있을 법한 거대 생태계까지 형성할 잠재력을 지녔기 때문이다. 9장에서 설명할 DBS 은행은 이 분야에서도 선구자다.

그런 가운데에 라쿠텐은 2018년 7월에 미국에서 API 마켓플레이스인 '래피드API^{RapidAPI}'를 제공하는 R 소프트웨어^{R Software}와 함께 API 마켓플레이스인 '라쿠텐 래피드API^{Lakuten RapidAPI}'를 제공하는 독점적 전략 파트너십을 체결했다. 중요한 부분이므로 이 체결 당시에 라쿠텐에서 발표한 보도자료의 일부를 소개한다.

래피드API는 8,000가지가 넘는 라인업으로 API를 풍부하게 제공하는 세계 최대 규모의 마켓플레이스입니다. 세계 50만 명 이상의 개발자가 이용합니다. 최근 다양한 기업, 단체, 공적 기관에서 각기 보유한 서비스 기능의 API를 외부에 공개하여 서로 이용할 수 있도록 함으로써 새로운 서비스 개발과 비즈니스가 창출되는 'API 경제' 시장이 세계적으로 급성장하고 있습니다. 일본의 경우, 2018년 6월 1일부터 시행된 개정 은행법에 따라 금융기관은 의무적으로 API를 외부 사업자에게 개방하도록 노력해야 하는 등 핀테크 업계를 비롯해 일본 내에서도 API 경제는 확산세를 보여줍니다. 라쿠텐 래피드API는 일본어로 이용할 수 있게 하는 등 일본 사용자를 대상으로 편의성을 높인 것입니다.

개발자는 라쿠텐 래피드API를 이용하여 사용자 요구 사항에 부합하는 API를 더욱 쉽고 빠르게 구입할 수 있습니다. API를 제공하는 프로바이더는 자사가 제공하는 API 판매기획안을 효율적으로 확립할 수 있으므로, 판매에 필요한 시간과 비용을 대폭 절감할 수 있음은 물론 자사 API를 전 세계 개발자에게 보내줄 수 있습니다.

라쿠텐, 라쿠텐 커뮤니케이션즈, R 소프트웨어는 앞으로 일본 이외의 아시아 지역을 위해서도 이 마켓플레이스를 최적화하고, API 프로바이더와 개발자들이 활발하게 이용하도록 촉진해나가겠습니다.

이 대응을 통해 라쿠텐 경제권을 더욱 개방하고 API 경제까지 도입함으로써 라쿠텐 경제권을 확대하는 수단을 더 지니게 된 것이다. 오픈 API에는 결제 시스템을 고도화하는 것은 물론 금융기관과 기업이 보유한 기존 유산을 활용할 수 있는 가능성이 깃들어 있기 때문이다.

라쿠텐 경제권의 진화

라쿠텐은 2019년 2월 12일에 2008년도 통기 및 4분기 결산 설명회를 개최하고 여러 가지 커다란 혁신안을 발표했다. 주요 내용은 라쿠텐 페이먼트를 신설하여 캐시리스 결제 사업을 더욱 촉진하는 것, 현행 라쿠텐페이 앱의 업데이트를 통해 모든 결제 수단을 단일 플랫폼으로 통합하여 '새로운 라쿠텐페이 앱'을 전개하는 것, 핀테크 사업에 관해서는 라쿠텐 카드 산하에 은행·증권·보험 등 각 기업을 설치하도록 조직을 개편하는 것 등이다.

라쿠텐 그룹 이용자 사이에서는 이미 라쿠텐 포인트, 라쿠텐 캐시로 결제하는 비율이 증가하고 있다. 금융이라는 맥락에서 이것들을 밑천으로 하는 증권 거래도 증가한다는 점을 간과할 수 없다. 라쿠텐에서 쇼핑을 하는 것은 '소비'인 반면, 증권 투자를 하는 것은 '투자'다. 돈을 사용하는 방식으로서는 완전히 방향성이 다르다.

라쿠텐 증권에서는 '자산 형성(급여 등 핵심 자금을 통한 장기적 재산 형성)'과 '자산 운용(여유 자금을 통한 운용)'을 명확히 구분한다. 라쿠텐 그룹으로서는 고객과의 양호한 관계성을 장기적으로 구축하는 것이 목적이므로 전자를 중시한 사업을 전개하고 있다. 실제로 라쿠텐 증권에서 자산을 형성하게 되면 사용자가 그룹 전체에서 이용하는 금액도 대폭 증가한다는 데이터가 있는 것 같다. 라쿠텐 증권에서는 '핵심 자금으로 당사에서 지속적으로 자산을 형성하겠다고 결정한 사람은 라쿠텐에 대한 신뢰도가 높은 사람'이라고 분석한다.

최근 '○○ 경제권'이라는 표현을 많이 사용한다. 아마존 경제권, 알리바바 경제권 등 그야말로 경제권이라는 표현을 쓰기에 걸맞은 사업을 전개하는 플랫포머가 세계적으로 늘어나고 있다.

일본 내로 눈을 돌릴 경우 '전자상거래, 여행 등의 소비×금융'이라는 관점에서 가장 커다란 경제권을 구축했다고 할 수 있는 곳은 현시점에서 라쿠텐일 것이다. 라쿠텐의 금융 사업은 기존에는 본업인 전자상거래를 지원하는 성격이 강했는데, 앞으로는 금융 사업을 핵심 중의 핵심 사업으로 키우려 한다. 또 승차 공유 회사인 리프트가 2019년 3월에 상장을 달성하여 최대 주주였던 라쿠텐에는 재무상으로도, 사업 전개상으로도 커다란 이득이 됐다. 몰라볼 정도의 결과를 앞으로 가져다줄 것이다. 라쿠텐 경제권의 진화에는 늘 주목할 필요가 있다.

라인, 고객 접점을 둘러싼
대결에서 우위에 서다

—

라인페이는 2018년 6월에 QR 코드 결제를 출시하면서 '가맹점 도입 비용 제로, 향후 3년간 결제 수수료 무료'라는, 적자를 전제로 한 대공세를 펼쳤다. '2018년 가맹점 100만 곳 확보'를 목표로, 라인페이의 전략은 캐시리스화되어 있지 않은 중소 매장에 중점을 두고 캐시리스 도입 시에 장벽으로 작용했던 비용을 제로로 만든 것이다.

라인페이에는 커다란 강점이 있다. 일본 이용자가 7,800만 명 (2018년도 3분기)에 달하는 라인에 기본적으로 설치되어 전용 앱을 다시 다운로드할 필요가 없기 때문이다. 여기에 도입 매장이 단번에 확대된다면 사용자 입장에서는 라인페이를 쓰기 시작하기도, 사용하기도 쉽다는 점에서 커다란 전진을 이룰 수 있다.

중국 텐센트를 벤치마킹하다
라인은 커뮤니케이션 앱을 통해 생활 서비스 전반, 마침내 금융 사업까지 수직통합하려 한다. 이 움직임을 보면 명확한데 라인은 중국 텐센트를 벤치마킹하고 있다.

텐센트의 결제앱인 위챗페이가 중국 시장을 석권한 과정을 살펴보면 라인의 잠재력도 실감할 수 있을 것이다. 중국의 QR 코드 결제 시장에서는 알리바바의 알리페이가 앞서갔다. 위챗페이가 등장한 시기는 알리페이보다 늦은 9년 후. 당초에는 알리페이의 아성이 흔들리지 않을 것 같았다. 그러나 위챗페이는 알리페이를 능가하는 기세로 자리를 잡았다. 이미 위챗페이가 역전했다는 보도도 있다. 이런 기세의 차이는 알리페이가 전자상거래 사이트와 연동하는 앱인 데 비해, 위챗페이는 커뮤니케이션 앱과 연동하고 있다는 데 크게 기인한다.

우리가 전자상거래 사이트를 들여다보는 것은 쇼핑할 일이 있을 때로 한정된다. 한편 커뮤니케이션 앱은 친구나 지인에게서 연락이 올 때, 혹은 먼저 연락할 때 '매일 몇 번이나' 열어보는 것이다. 커뮤니케이션 앱을 열람하는 빈도는 전자상거래 사이트를 열람하는 빈도의 몇 배나 될 것이다. 텐센트는 이렇게 이용 빈도 면에서 절대적인 강점을 지닌 커뮤니케이션 앱을 플랫폼으로 삼아 각종 금융 서비스를 수직통합하고, 나아가 기타 생활 서비스를 충실하게 만들어나갔다.

일본에만 7,800만 명인 실사용자

다시 돌아와서, 라인은 어떨까? 월간 실사용자 수는 1억 6,500만 명을 넘고(2018년도 3분기) 일본에만 7,800만 명이다. 아마 일본 최대의 고객 범위를 지닌 플랫폼일 것이다. 일본뿐만 아니라 타이완, 타이, 인도네시아에서도 메신저 앱을 제공한다. 그리고 금융 서비스에도 진출했다. 라인페이의 초후쿠 히사히로長福久弘 COO는 라인이 금융 사업에 진출할 수밖에 없었던 이유에 관해 다음과 같이 말했다(《월간 소비자신용月刊消費者信用》2018년 11월 호).

라인은 2011년 6월에 커뮤니케이션 앱으로 서비스를 개시했습니다. 이후 사용자가 급격히 확대되어 스마트폰 시대의 플랫폼을 지향하고자 '스마트 포털'을 구상했습니다. 스마트폰이라는 기기를 통해 언제 어디서나 자신에게 필요한 사람과 정보·서비스, 기업·브랜드와 연결하는 것으로 모든 것이 완결되는 세상을 구축하려고 한 셈이죠. '메신저 플랫폼'을 핵심에 두고 동영상, 음악, 만화, 게임 등으로 구성되는 '콘텐츠 플랫폼'과 결제, 구인, O2O 등 생활 관련 서비스를 제공하는 '라이프 플랫폼'을 융합하여 사용자의 생활 전반을 지원하는 플랫폼으로 구축하는 것을 목표했습니다.
다양한 서비스를 제공하면서 필연적으로 그 비용을 지불하는 기능이 필요해졌습니다. 사용자가 생활하는 데 절대로 빼놓을 수 없는 결제 기능을 스마트 포털에 추가하고자 2014년 12월에 라인페이를 공개했습니다. 라인을 '스마트 포털'화하여 사용자의 생활을 더욱 편리하게 만들기 위한 도구로서 결제 기능을 부가한다는 포지셔닝이었죠.

라인도 텐센트와 마찬가지로 강력한 커뮤니케이션 앱을 무기로 삼
으면서 SNS 기업이라는 틀을 뛰어넘은 것이다.

광고 수입은 증가세, 콘텐츠 등 나머지에서는 정체

일본의 4대 금융 디스럽터 중에서는 라인이 가장 신흥 기업이다.
2000년 9월에 한국 기업인 네이버의 100% 출자로 창업했다. 네이
버는 광고와 콘텐츠·서비스, 비즈니스 플랫폼 등을 포함한 한국 최대
의 종합 인터넷 서비스다. 원래 한국계 기업이라 라인 매출의 약 30%
는 해외 사업을 통한 것인데, 회원 수를 보면 해외에서는 침체 상태다.
2016년 2분기에는 타이, 타이완, 인도네시아 3개국에서 9,500만 명
이던 회원 수가 2018년 1분기에는 8,700만 명으로 감소했다.

매출 구성을 살펴보자. 현재 라인은 광고 사업을 핵심으로 하는 회
사다. 2017년도 결산에서는 총매출 1,671억 엔 중 765억 엔이 광고
수입이다. 라인 공식 계정, 라인 후원사 스탬프, 라인 포인트, 라인앳
LINE@, 타임라인 광고, 포털 광고 플랫폼인 네이버 마토메NAVER まとめ 등
이 여기에 포함된다. 전년 대비 수치를 보더라도 39.9% 증가했다. 페
이스북과 구글만큼 극단적이지는 않지만 광고 수입이 커다란 비중을
차지하고, 광고 매출 성장이 총매출을 끌어올리는 구도임을 알 수 있다.

한편 커뮤니케이션 사업 및 콘텐츠 사업은 성장이 둔화 혹은 내림
세에 있다. 커뮤니케이션 사업에는 토크, 스탬프, 배경화면 등이 해당
된다. 이 부문은 2015년부터 2017년에 걸쳐 1.05배로 보합 상태다.

콘텐츠 사업은 게임, 만화, 음악, 운세 등이다. 이 부문은 같은 기간에 0.81배로 내림세다. 안타깝게도 콘텐츠 자체의 평균 수명이 짧다. 히트작의 유무에 매출이 크게 좌우되기 때문에 비즈니스 모델로서나 수익적으로 불안정하다는 점은 콘텐츠 사업의 숙명이라고 할 수 있다.

주목해야 할 기타 사업의 성장

그러나 지금 주목해야 할 것은 '기타 사업'이 성장하는 양상이다. 금액 자체는 202억 엔으로 아직 크지는 않지만 2015년부터 2017년에 걸친 성장은 무려 3.37배에 달한다.

라인페이를 포함한 핀테크 사업은 여기에 위치한다. 라인페이의 결제액은 2017년에 4,500억 엔을 넘었다. 글로벌 계정의 가입자 수는 4,000만 명을 넘고, 월간 거래 건수는 1,000만 건을 돌파했다. 로손 LAWSON, 대형 드러그스토어 등 일본 전국 체인점에서 가맹점망을 확대하고 메가뱅크 3사를 포함한 50곳 이상의 은행과 제휴하고 있다.

AI 비서인 클로바Clova 사업도 추진하기 시작했다. 라인은 2017년에 스마트 스피커인 클로바 웨이브Clova WAVE, 클로바 프렌즈Clova Friends를 출시했다. 아마존의 알렉사, 구글의 구글홈Google Home과 같은 스마트 스피커 사업에 나선 일본 기업은 라인뿐이다. 서드파티 기업과 개인이 이용할 수 있는 소프트웨어 개발 키트를 공개하여 클로바로 사용할 수 있는 기능(스킬)은 120가지 이상으로 증가했다. 라인은 스마트폰의 커뮤니케이션 앱으로 성장해왔는데, AI 비서를 스마트폰의 차기 플랫폼으로 인식하고 있음이 틀림없다.

도요타 등 빅 네임과 제휴했다는 것

클로바 이용을 확대하기 위해 도요타 자동차와 제휴한 것도 특필할 만한 일이다. 2018년 12월에 발매된 차량부터 '클로바 오토^{Clova Auto}'를 통해 차내에서 클로바를 이용할 수 있게 됐다. 운전 중에도 음성 입력으로 라인 메시지를 송수신하고, 음악을 재생하고, 목적지 날씨를 알아볼 수 있는 기능을 제공한다.

도요타와의 제휴는 라인 입장에서는 '자동차 안'이라는 새로운 공간에 진출하려는 목적이, 또 도요타 자동차 입장에서는 라인을 사용하는 많은 젊은 층을 확보하려는 목적이 있다. 이미 아마존 알렉사를 탑재한 모델을 발표한 도요타가 봤을 때 라인은 수많은 파트너사 중 한 곳에 불과할지도 모른다. 그래도 '천하의 도요타'와 제휴한다는 사실은 라인에게 커다란 의미를 지닌다.

다시 설명하겠지만 라인 증권을 설립할 때 제휴한 노무라 증권, 라인 은행을 설립하기 위해 협력한 미즈호 은행만 하더라도 당당한 '빅 네임'이다. 라인은 도쿄증시 1부에 상장했다고는 해도 아직 신흥 기업이다. 각 업계 1위와의 제휴는 매우 커다란 자산이다. 자사 단독으로는 좀처럼 들어가기 힘든 시장에 진출하는 데 최대의 무기가 될 것이다.

참고로 핀테크 및 AI와 더불어 '기타 사업'에 포함된 사업 중에 라인 모바일이 있다. 2016년에 초저가 유심 사업에 진출했지만 NTT

도코모 등 대기업의 가격 인하 공세로 점유율 확보가 정체된 상태다. 2018년 1월에는 소프트뱅크와의 전략적 제휴를 발표했다. 소프트뱅크가 라인 모바일의 주식 51%를 취득하여 NTT 도코모에서 빌렸던 회선을 소프트뱅크로 교체했다.

핀테크 사업, 라인의 전략 사업으로 자리 잡다

지금 라인은 기존 핵심 사업인 광고에 핀테크와 AI를 합친 '전략 사업' 강화를 도모하고 있다. 투자에도 적극적이다. 2018년 9월, 라인은 제3자 배당증자를 실시했다. 거기서 조달하는 자금의 구체적인 용도로 꼽히는 것이 바로 핀테크 사업과 AI 사업이었다. 공식 발표에는 '새로운 인프라 확립을 목표로 하는 모바일 송금·결제 서비스인 라인페이 결제에 대응하기 위한 매장의 추가 확대, 사용자 수 및 송금·결제액 확대를 위한 광고선전비 및 판촉활동비', '향후 전개를 목표로 하는 금융 관련 서비스의 론칭 및 운영에 관련된 운전자금, 시스템에 대한 투자, 인건비, 각 영역에서 일본 국내외의 전략적 융자'에 약 1,000억 엔(2021년 12월까지)을, 또 '자사 제품인 라인 클로바와 관련한 서비스를 개발하기 위한 인건비, 외주비, 광고선전비'에 약 480억 엔(2021년 12월까지)을 투입한다고 되어 있다.

광고 사업을 지속적으로 성장시키면서 핀테크 사업과 AI 사업에 대해서는 전략적으로 투자한다. 여기에는 두 가지 의도, 즉 '포스트 스마트폰'으로서 AI 스피커라는 인프라를 강화하려는 의도, 그리고 라인

앱상에서 전개하는 핀테크 사업을 강화하려는 의도가 보인다. 라인은 이를 '스마트 포털' 전략으로 정리한다.

어느 쪽이든 전략 사업의 하나로 자리매김한 핀테크 사업에 걸려 있는 기대는 크다. 이제 라인의 핀테크 사업을 구체적으로 살펴보겠다.

라인페이의 진정한 목적은 방대한 결제 데이터

다시 확인했으면 하는 것은 핀테크 사업의 중심에 라인페이가 있다는 점이다. 라인페이를 기점으로 자산 운용과 보험, 대출 등의 금융 사업을 종합적으로 전개하는 것이 라인의 핀테크 전략이라 할 수 있다.

라인페이는 '라인에서 송금과 결제를 하는' 서비스로 2014년 12월에 시작했다. 거기서부터 선불카드, QR 코드 결제, 퀵페이QUIC pay로 그 기능을 확장했다. 라인 앱 내에 들어 있기 때문에 일부러 전용 앱을 따로 설치할 필요가 없다. 타사의 결제 앱과 비교하더라도 그 간편함은 발군이다. 약 7,800만 명의 사용자가 당장이라도 라인페이를 사용할 수 있는 상태에 있기 때문이다.

그뿐만이 아니다. 앞에서 언급했듯이 QR 코드 결제에 한하여 가맹점의 도입 비용 제로, 그리고 2018년 8월부터 3년 동안 마찬가지로 QR 코드 결제에 한정하지만 결제 수수료를 무료로 하는 것이다. 그 밖에도 이용액에 따라 등급 방식으로 포인트 환원율이 달라지는 '마이컬러 프로그램' 등 강력한 보급책이 강구됐다. 그 결과 2018년 12월기 3분기 결산에서는 "라인페이 스마트폰 결제 매장으로 예정되어 있는 곳이 92만 곳을 돌파, 연내 100만 매장을 위해 순조롭게 확대(퀵페이로 결제할 수 있는 매장 72만 곳 포함)" 중이라고 발표했다. 2018년 7월에 120만 곳(라쿠텐 페이+라쿠텐 에디+라쿠텐 포인트+라쿠텐 카드)을 돌파한 라쿠텐에는 미치지 못하지만 맹추격하고 있다.

그렇다고 해도 '도입 비용 제로, 결제 수수료 무료' 정책은 라인과 경쟁하는 결제 서비스 회사에 대단한 위협이다. 따라 하고 싶다고 해서 할 수 있는 일이 아니다. 자사의 수익원을 통째로 내려놓는 것이나 다름없기 때문이다. 이는 '결제 자체'로 수익을 올릴 필요가 없는 비금융 참여자에게만 가능한 전략이다. 오리가미オリガミ 등 QR 코드 결제에 특화해서 수익을 벌어들이고자 했던 참여자는 강력한 도태 압력에 노출당할 것이다.

그렇다면 수수료를 무료로 하면서까지 라인페이가 얻고 싶은 것은 무엇일까? 거기서 얻어지는 방대한 결제 데이터다. 이를 빅데이터로 축적하여 새로운 금융 서비스로 활용하려는 것이다. 라인에게 QR 코드 결제는 통과점에 불과하다.

금융 플랫폼 기업을 향한 제휴와 신사업

사실 잇달아 라인 산하의 금융 서비스가 론칭되고 있다. 2018년 1월에 설립된 라인파이낸셜 주식회사LINE Financial Corporation는 자산 운용, 보험, 대출, 가상화폐(암호화폐) 등 금융 사업 영역을 더욱 강화하려는 것이 목적이다.

개별의 금융 업태를 꼽아보자. 예를 들면 라인 증권은 노무라 증권과의 제휴로 탄생한 인터넷 증권이다. '천하의 노무라 증권'이 신흥 기업과 제휴하는 목적은 어디에 있었을까? 노무라 증권의 모리타 도시오森田敏夫 사장은 다음과 같이 말했다.

"노무라 증권의 고객은 50세 이상이 70%입니다. 이른바 '자산 형성층'이라 불리는 청년층에 접근하는 데는 솔직히 취약합니다. 이것은 분명한 사실이지요. 라인에는 7,800만 명의 월간 실사용자가 있습니다. 우리가 보유한 증권 계좌가 531만 계좌이니 대략 15배 규모입니다. 그리고 라인의 경우 반대로 50세 미만의 사람들이 75%입니다. 즉 '노무라가 약하다'고 여기는 지점을 제대로 장악하고 있습니다. (…) 라인은 반대로 증권 업무에는 취약합니다. 그 부분을 우리가 제대로 도와주는 것이지요(《뉴스픽스NewsPicks》 2018년 8월 13일)."

라인 스마트 투자도 개시했다. 드론, VR, 코스프레 등 생활에 밀접한 테마에 대해 10만 엔 전후로 가볍게 투자할 수 있는 서비스다. 일본 최초의 테마형 온라인 증권회사인 폴리오와의 제휴가 기반이 됐다.

손보저팬니혼고아損保ジャパン日本興亜와의 제휴로 라인 보험도 설립했다. 스마트폰에서 최단 60초 만에 모든 절차가 완료되며 '보험료는 100엔부터', '라인페이로도 지불 가능'하게 되어 있다.

그리고 라인 은행은 라인파이낸셜 51%, 미즈호 은행 49%의 출자로 설립되는 은행이다. 구체적인 서비스 내용은 밝혀지지 않았지만, 라인의 이데자와 다케시出澤剛 CEO는 다음과 같이 말했다.

"라인페이에 주력하고 있으며 사용자 수도 늘어나고 있습니다. 라인 페이 사용자에게 다양한 금융 서비스를 제공하려면 일상적으로 가장 필요한 것이 은행업입니다. 규제와 단속이 엄격하여 사용자 대상 서비스에는 아직 개선의 여지가 있습니다. 그러니 라인다운 도전이 가능하지 않겠습니까(《씨넷 저팬》2018년 11월 27일)?"

라인과 미즈호는 '라인 크레딧LINE Credit'에서도 제휴하여 라인 이용 상황 등의 데이터를 토대로 개인의 신용력을 측정하는 '라인 스코어'와 개인 대상의 무담보 대출 서비스인 '라인 포켓머니' 등을 추진할 계획이다.

라인 아래에 금융 사업까지 수직통합할 수 있는가

이처럼 라인은 기존 금융기관과 양호한 관계를 구축하고 있다. 이데자와 CEO는 다음과 같은 의향을 내비쳤다.

"우리가 금융 사업에 대응할 때는 기존 금융기관과 파트너 관계를 구축하고 나서 전개하는 것이 기본 방침입니다. 금융의 독특한 규제에 대한 대응이나 더욱 엄격한 운영 체제가 요구된다는 점을 감안한다면 우리가 단독으로 나서기보다는 금융의 노하우와 식견을 가지고 있는 기존 금융기관과 제휴해서 추진하는 편이 좋습니다(《금융재정사정金融財政事情》2018년 9월 17일)."

라인이 단독으로 개척하는 금융 서비스도 적지 않다. 예를 들면 라인 가계부가 있다. 750만 명의 사용자를 보유한 머니포워드Money

라인의 금융 서비스

Forward 등 앞서가는 서비스가 있는데 7,800만 명에 달하는 라인의 실
사용자를 기반으로 시장을 개척할 수 있다고 판단한 것 같다.

나아가 토큰 경제Token Economy에도 진출했다. 독자적으로 개발한 블
록체인 네트워크인 '링크체인LINK Chain'과 거기서 이용할 수 있는 범용
코인으로 해외용으로는 '링크LINK'를, 일본용으로는 '링크 포인트LINK
Point'를 발표했다. 2018년 10월부터는 가상화폐 교환소인 '비트박스
BITBOX'에서 링크를 거래하기 시작했다(미국과 일본 제외).

이렇게 다채로운 금융 사업을 커뮤니케이션 앱으로서의 라인 아래
에 수직통합할 수 있다면 라인이 차세대 금융 사업에서 승자로 남는
참여자 중 하나가 될 가능성은 크다. 간혹 부정 로그인 문제 등 불안한
보안 문제가 보도될 때도 있는데 미즈호나 노무라 같은 대기업과의 제
휴가 신용력을 보완하는 방법이 될 것이다.

라인의 우려와 과제

물론 대기업과의 제휴가 어떤 장단점을 가져다줄지 미지수인 부분도 있다. 예를 들면 신용력을 보완하는 반면에 라인다운 속도감이 손상될 우려가 있다. 디지털 전환에 뒤처지는 대기업이 오히려 라인에 걸림돌로 작용할 위험도 따른다.

노무라 증권과 라인 증권만 하더라도 단순한 인터넷 증권으로 끝나서는 차세대 금융 산업 시대에 살아남을 수 없을 것이다. 대단한 노무라 증권도 과거에 인터넷 증권을 성공시키지 못했다. 20년 전에 탄생해 급성장한 인터넷 증권업계는 극심한 수수료 경쟁으로 피폐해져 비즈니스 모델의 한계를 맞이하고 있다.

지금 필요한 것은 디지털 전환 시대의 새로운 디지털 증권이며 디지털 은행이다. 즉 '거래하고 있다'라는 것조차 느껴지지 않을 만큼 매끄러운 사용자 인터페이스와 사용자 경험을 실현하는 것이며, 디지털 네이티브 세대의 가치관과 라이프스타일에 부합하는 새로운 금융 상품을 제공하는 것이다.

텐센트와 비교한다면, 앞으로 라인의 과제는 진입점이 되어주는 커뮤니케이션 앱에서 핀테크와 전자상거래 등 그 밖의 서비스로 고객을 유도하는 것이다. 현재로서는 고객 접점 면에서 압도적인 우위에 섰는데도 광고 이외 서비스의 성장은 좋지 못하다. 그 때문에 경제권의 크기에서는 라쿠텐과 야후·소프트뱅크 연합에 뒤처졌다.

앱이 지닌 강점을 '라인 경제권'의 확대로 이어갈 수 있을지가 향후

라인에 주목되는 지점이다.

　마지막으로 필자는 라인이 금융 사업에서 패권을 쥐느냐 마느냐는 금융에서 가장 중요한 '신용'과 '신뢰'를 획득할 수 있는지에 달렸다고 분석한다. 노무라 증권이나 미즈호 은행과 제휴해도 얻을 수 있는 것은 신용을 보완하는 것뿐, 신뢰를 얻는 것은 다른 문제다. 테크놀로지보다 훨씬 높은 허들을 극복할 수 있을 것인가. 라인의 도전을 주시할 필요가 있다.

야후·소프트뱅크 연합의
화제 만발 서비스 '페이페이'

—

야후·소프트뱅크 연합이 출시한 스마트폰 결제 서비스 '페이페이'가 일본을 뒤흔든 일이 기억에 새롭다. 2018년 10월에 서비스를 개시한 페이페이는 라인페이, 라쿠텐페이, 오리가미 등에 이어서 QR 코드 결제의 후발 주자였는데, '가맹점에 대한 지불이 최단으로 다음 날, 결제 수수료 3년간 무료'라는 조건으로 사용자와 가맹점을 확보했다.

같은 해 12월에는 '100억 엔 뿌리기 캠페인'이라는 충격적인 사용자 유치 정책을 펼쳤다. 내용은 페이페이 이용자에게 구입 금액의 20% 상당을 다음 쇼핑에서 쓸 수 있는 포인트로 캐시백해준다는 것이다(환원액은 1인당 5만 엔에 한함). 더구나 40회에 1번 확률로 전액 포인트 캐시백을 받았다(1회당 10만 엔 상당까지). 나아가 소프트뱅크 스마트폰을 쓰면 전액 포인트 캐시백의 확률이 10회에 1번으로 높아졌다.

이는 폭발적인 반향을 불러일으켰다. 캠페인은 2019년 3월까지 이어질 예정이었는데, 캠페인을 위해 준비한 예산 100억 엔이 순식간에 소진됐다. 페이페이를 사용할 수 있는 가전 양판점 계산대 앞에 길게 줄이 늘어서는 등 대혼란 속에 캠페인이 종료됐다. 불과 10일 만에 190만 명의 사용자를 모은 것이다.

이 정도의 화제성은 경쟁사인 라인페이와 라쿠텐페이에도 없었다. 그때까지 스마트폰 결제에 신중했던 사용자가 포인트를 적립할 목적으로 페이페이 앱을 설치한 사례도 상당히 많았을 것이다. 즉 페이페이는 100억 엔 투자에 대한 보상으로 190만 명의 사용 후보자를 유치한 것이다. 사용자 한 사람당 유치 비용은 5,263엔이었다. 비슷한 유형의 캠페인 2탄, 3탄을 준비하는 중이라는 소문도 있다.

손정의다운 초장기 사고 전략

이토록 대담한 전략에 많은 사람이 놀라지 않았을까? 필자도 그야말로 '손정의다운' 전략임을 느꼈다. 손 회장은 2001년에 고속인터넷 접속 서비스인 '야후 BB' 모뎀을 길거리에서 무료로 배포하여 단번에 점유율을 빼앗았다. 희대의 사업가이자 투자자인 손 회장은 초장기 사고의 소유자로 평소에 "300년 계속 성장할 수 있는 기업이 되겠다"라는 비전을 내걸고, 이를 위해 많은 기업에 투자하여 "30년 이내에 그룹 5,000개사를 목표로 한다".

'100억 엔 뿌리기 캠페인'도 단기적인 이익에 개의치 않는 초장기 사고를 통해 거꾸로 계산해 도출한 정책일 것이다. QR 코드 결제 자체는 단기적으로 보면 완전한 적자 사업이다. 다들 알다시피 알리바바나 텐센트도 결제 사업 자체는 적자다. 그러나 알리바바와 텐센트가 그렇 듯 야후·소프트뱅크 연합에는 자금 회수 수단이 많다. 페이페이를 기점으로 경제권을 넓혀 경제권 전체에서 회수하는 비즈니스 모델이 마련되어 있을 것이다.

라인페이가 3년간 결제 수수료 무료 정책을 내놓은 것을 계기로 '결제료로는 수익이 나지 않는다'는 것이 QR 코드 결제 분야에서 패권을 다툴 때 기본이 됐다. 메루카리メルカリ의 메루페이メルペイ 등도 이미 진입하여 QR 코드 결제 분야의 패권 다툼은 혼전 양상이 이어지고 있다. 아마 3년 이내에는 승부가 나서 두세 곳밖에 남지 않을 것이다. 살아남는 곳은 결제료로 수익이 나지 않더라도 경제권 전체에서 수익을 낼수 있는 참여자뿐이다. 즉 QR 코드 결제앱은 어디까지나 진입점으로, 거기서부터 '전자상거래로 유도하고', '광고 매출을 늘리고', '금융 사업으로 연결하는' 방법으로 수익을 낼 수 있는 참여자 말이다.

그 무렵에는 미국 우버에 77억 달러를 출자하는 등 소프트뱅크가 추진하고 있는 승차 공유도 규제가 해제되어 페이페이와 연계할지 모른다. 다만 페이페이에도 좋은 소식만 있는 것은 아니다. 신용카드의 부정 이용이 잇달아 '쓴 적도 없는데 청구서가 왔다'는 등의 문제가 보고됐다. 이는 유감스러운 실책이다.

기하급수적으로 성장하는 기업의 일상인 '린 스타트업Lean Startup'을 시도한 결과라고 호의적으로 해석할 수는 있다. 완성도를 높이기 전에 출시하여 사용자의 반향을 살피면서 초고속으로 PDCA를 회전시키는 방식이다. 고객 유치를 기대할 수 있는 크리스마스 대목에 그 시기를 맞춘 것도 커다란 반향으로 이어졌다.

그렇다고 해도 문제가 끝난 것은 아니다. 금융 서비스에서 '안심'은 생명선이다. 안심이 손상된 서비스는 결코 다수의 평가를 얻을 수 없다. 앱이 제공하는 기능도 현재로서는 QR 코드 결제에 한정되어 알리페이처럼 '결제앱에서 시작되는 경제권'이 전개되는 것은 아니다. 이 또한 충분한 검토 없이 시작한 느낌을 지울 수 없다. 페이페이가 앞으로 어떻게 PDCA를 회전시켜갈 것인지 주시하려 한다.

야후, 빅데이터를 기반으로 다양한 금융 서비스를 연결한다

원래 야후라는 회사는 야후 ID와 연결되는 형태로 '만남(미디어, 광고)', '조사(검색, 컨버전 미디어, 상거래)', '구입(장바구니)', '지불(지갑)', '이용(서비스, 콘텐츠)'과 같은 일련의 사용자 액션에 대해 100가지가 넘는 서비스를 처음부터 끝까지 일관되게 제공하는 데 특징이 있다.

야후 프리미엄 회원 수는 1,979만 ID(2018년 3월기), 월간 로그인 사용자 ID 수는 4,000만을 넘는다. 여기서 얻어지는 빅데이터는 더욱 질 높은 고객 경험을 만들어내기 위해 활용된다. 다른 테크놀로지 기업과 마찬가지로 빅데이터는 야후의 최대 자산이다. 야후의 『통합보고서 2018』에도 다음과 같이 적혀 있다.

"2018년도부터 앞으로 몇 년간을 제3의 창업기로 규정하고, '스마트폰 회사'에 더해 '데이터 주도 회사'로 탈바꿈하도록 노력하겠습니

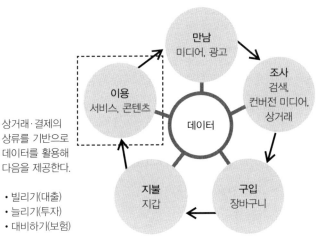

야후 결제 금융 사업의 포지셔닝

만남
미디어, 광고

조사
검색,
컨버전 미디어,
상거래

이용
서비스, 콘텐츠

데이터

구입
장바구니

지불
지갑

상거래·결제의
상류를 기반으로
데이터를 활용해
다음을 제공한다.

• 빌리기(대출)
• 늘리기(투자)
• 대비하기(보험)

다. 향후 정보사회의 '과제 해결'을 위해 데이터를 도입할 수 있는지에 따라 생산성과 창조성 면에서 커다란 차이가 만들어진다는 데는 의심의 여지가 없습니다. 따라서 서비스를 만들 때 임직원의 경험과 감에 의존하는 것이 아니라 '데이터 주도'라는 중심축을 구축하고 그 중심축에 따라 성과를 내는 구조로 전환할 필요가 있습니다. 당사가 보유한 데이터를 매끄럽게 활용해 사용자에게 최적의 서비스를 제공하면서 회사 외부와의 연계와 신규 사업의 창출에도 도전하겠습니다."

페이페이, 오프라인 시장에서 얻을 수 있는 데이터를 겨냥한다

그렇다면 금융 서비스는 어떻게 자리매김하고 있을까?

페이페이는 강렬한 존재감을 뽐내지만 야후·소프트뱅크 연합이 제공하는 금융 서비스가 특별히 많다고는 할 수 없다. 신용카드인 '야후 카드', 선불카드인 '소프트뱅크 카드', 인터넷 전용 은행인 '저팬넷 은행Japan Net Bank', 야후쇼핑과 야후옥션의 스토어 대상으로 융자하는 'JNB 비즈니스 론' 등이 있지만 금융 서비스의 존재감은 크지 않다.

그런 가운데 페이페이는 어떤 의미를 지닐까? 야후에는 원래 야후 쇼핑 등에서 사용할 수 있는 '야후 월렛'이라는 결제 서비스가 있었다. '야후 카드'로 카드 전략을 강화하여 오프라인 점포의 결제 서비스도 장악하고 있었다. 이에 관해 페이페이의 이토 후미히로尹東史博 마케팅 본부 공보실장은 이렇게 말했다(《월간 소비자 신용》 2018년 12월 호).

야후는 인터넷에서 비즈니스를 전개하는 사업자를 대상으로 야후 월렛이라는 결제 솔루션을 제공해왔습니다. 이로써 인터넷을 통한 상거래를 확대하고, 인터넷에서 누가 어떤 상품을 검색해 무엇을 구입했는지와 같은 데이터를 보충하여 인터넷 광고 등 데이터 비즈니스를 추진할 기반을 구축했습니다. 하지만 상거래 시장 규모를 생각하면 온라인보다 오프라인 시장 쪽이 훨씬 큽니다. 야후가 온라인에서도 사용할 수 있는 결제 서비스에 대응해온 것은 바로 오프라인 영역에서도 데이터를 수집하는 채널을 구축하여 그 데이터의 이용·활용을 다른 사업의 성장으로 연결할 수 있게 만들기 위해서입니다. QR 코드 결제라는 새로운 결제 서비스의 가능성이 커지는 환경 변화를 감안한다면, 소프트뱅크 그룹의 경영 자원을 활용해 QR 코드 결제 시장의 주된 참여자가 되어 오프라인 영역에서 가능한 한 폭넓게 데이터를 보충할 필요가 있다고 생각했기 때문입니다.

즉 페이페이는 오프라인 데이터 활용이 목적이다.

야후는 "상거래와 결제의 상류를 기반으로 데이터를 활용하여 빌리기(대출), 늘리기(투자), 대비하기(보험)를 제공한다"라고 한다. 이는 중요한 관점이다.

지금으로서는 야후·소프트뱅크 연합의 금융 서비스가 뿔뿔이 흩어져 있다는 인상을 받는다. 그러나 페이페이가 '상거래와 결제의 상류'에 관한 데이터를 도입하기 위한 인프라로 확립된다면 어떨까? 페이페이는 빌리기, 늘리기, 대비하기와 같은 금융 서비스 전반을 원활하게 잇는 진입점이 되어 고객 경험을 진화시킬 것이다. 앞에서 설명한 '결제앱에서 시작되는 경제권'이 생겨나는 시기는 바로 그때다.

소프트뱅크 그룹의 시너지 효과

소프트뱅크도 성장 전략의 골자로 핀테크를 꼽는다. 야후는 소프트뱅크 그룹의 자회사다. 핀테크 분야의 제휴는 지극히 자연스러운 흐름이었을 것이다.

소프트뱅크는 몇 년 내로 임직원 1만 7,000명 중 9,000명을 페이페이 등 신규 사업에 배치전환한다고 밝혔다. 이것이 가맹점 개척으로 작용한다면 매우 강력한 수다. 실제로 손 회장은 다음과 같이 말했다.

"페이페이는 일본 전국에 20개 거점을 설치하여 수천 명의 영업 전력인 '숍 컨설턴트Shop Consultant'를 투입, 각지에서 철저하게 조사하고 있습니다(《월간 소비자 신용》 2018년 12월 호)."

새삼 이러한 공세가 손 회장답다. 하나의 비즈니스를 확립하기 위해서는 모든 자원의 투입을 아끼지 않는다.

돌이키면 야후부터가 소프트뱅크 그룹이 그렇게 급성장시켜온 회사다. 1996년에 미국 야후와 소프트뱅크의 합작으로 설립되어 나는 새도 떨어뜨릴 기세로 성장한 결과, 지금은 시가총액 1조 4,000억 엔이 넘는다(2019년 3월 15일). 본가인 미국 야후가 본무대에서 모습을 감춘 반면, 일본에서는 이렇게 성장하는 모양새다. 소프트뱅크 그룹이 사업을 하는 회사로서나 투자를 하는 회사로서나 걸출하다는 증거다. 페이페이의 모회사이자 그룹의 통신 자회사인 소프트뱅크의 미야우치 겐宮內謙 사장도 제2, 제3의 야후를 만들겠다며 의욕적이다.

그리고 소프트뱅크 그룹은 통신, 자율주행, 반도체, EV, 전력·에너지 등 향후의 급성장이 예상되는 시장에 빠짐없이 투자하고 있다. 그런 소프트뱅크 그룹의 시너지가 금융 서비스에 투입된다면 어떨까? 페이페이의 잠재력은 헤아릴 수 없다.

SBI, 금융을 핵심으로
금융을 뛰어넘다

—

2018년 8월 1일 《니혼게이자이 신문日本經濟新聞》의 금융·경제 면에 "증권, 핵심인 개인 부문에서 침체"라는 꼭지로 이런 기사가 실렸다.

"주요 증권사의 2018년 4~6월기에는 주식시장의 교착으로 개별주의 매매가 약해진 데다 각사가 주력해온 투자신탁의 매매에서도 수입 감소가 눈에 띄었다. 채권 거래 부문 등의 고전苦戰을 소매 부문에서 메꾼 회사도 많은데, 이러한 이상 현상은 경영의 불안 요소가 된다."

이 기사가 지적하듯이 노무라 홀딩스, 다이와 증권大和證券, 미쓰비시UFJ증권 홀딩스의 결산은 감익이었다. 그런 와중에 크게 비약한 곳이 SBI 홀딩스다. 산하의 SBI 증권이 발표한 2018년 4~6월기 결산에서 순영업이익은 전년 동기 대비 23.9% 증가한 289억 엔, 순이익은 30.5% 증가한 99억 엔이었다. 계좌 수는 2012년 이후 연평균 10.3%라는 빠른 속도로 계속 증가하여 이제는 업계 1위 대기업인 노무라 증권에 이어서 2위 자리에 올랐다. 일본 정부가 '저축에서 자산 형성으로'를 촉진하는 기폭제로 규정한 이데코iDeCo와 니사NISA의 판매도 확대되고 있다. 이데코의 계좌 수는 21만을 넘었으며, 니사 계좌 수도 1위인 노무라 증권에 육박했다.

약진하는 곳은 증권뿐만이 아니다. 스미신SBI넷은행住信SBIネット銀行의 2018년 4~6월기 결산 경상이익은 전년 대비 33.9% 증가한 39억 엔, 투자이익은 36.2% 증가한 11억 엔이며, 예금액 4조 6,500억 엔과 주택 대출액 4조 3,000억 엔은 인터넷 은행 중에서는 압도적 1위의 숫자다.

2008년에 개업한 SBI 손보SBI損保는 보유 계약 건수가 100만 건에 도달했다. 2015년에 자회사화한 SBI 생명SBI生命은 주택 대출을 받을 때 가입해야 하는 단체신용생명보험이 크게 늘어서 신청 건수가 1년 만에 약 4배 증가했다.

SBI는 1999년에 인터넷 전문 증권사(이트레이드 증권)로 탄생했다. 그랬던 곳이 이제는 일본 4대 금융 디스럽터의 일각을 담당하여 기존 금융업계를 파괴하려 하는 것이다.

SBI의 약진은 '기하급수적'이라는 말과 딱 어울린다. SBI가 창업된 시기는 일본에서 거품이 꺼져 한창 불황일 때였다. 금융기관은 대부분 고금리 환경 때문에 대출처가 없었고, 거액의 부실채권을 처리하느라 고전했다. 그런 상황에서 SBI는 디지털화를 가장 먼저 달성하고 증권, 은행, 보험 등 다양한 금융 회사를 산하에 두며 인터넷 인프라에 대응했다. 그로부터 약 20년. 6D(4장 참고)의 '잠복기' 시대는 지나고, 마침

내 금융시장의 기존 참여자들을 '파괴'하는 단계를 맞이하고 있다. 그것이 바로 SBI의 현재 위치다.

금융의 틀을 뛰어넘어 기업 생태계를 넓히다

SBI는 태생이 금융기관이면서도 슬로건으로는 "금융을 핵심으로 금융을 초월한다"를 내걸었다. SBI 그룹 계열사는 2018년 3월에 230개사에 달했다. 증권, 은행, 보험에 더하여 일본 국내외의 IT, 바이오, 환경·에너지 및 금융 관련 벤처 기업 등에 투자하는 '자산 관리 사업', 의약품·건강식품·화장품 등을 국제적으로 전개하는 '바이오 관련 사업' 등에 나서고 있다. 각각이 다각적이고도 중층적으로 제공하는 서비스는 금융이라는 좁은 틀을 초월하여 인간의 건강과 생활 스타일에 기여한다.

그런 의미에서 SBI 그룹은 한때 미국에서 유행했던 복합기업 Conglomerate(서로 관련 없는 다양한 업종의 기업을 포섭하여 다각적으로 경영하는 거대 기업)과는 다르다. SBI를 이끄는 기타오 요시타카北尾吉孝 사장은 이렇게 말했다.

"어느 업계든 인터넷이 등장하기 전까지는 개별 기업들이 서로 가치를 경쟁하는 것이 주였는데, 인터넷이 등장하고 나서부터는 여러 기업의 시너지로 생겨나는 '네트워크의 가치'로 경쟁하게 되리라 예측했습니다. 그래서 의식적으로 기업 생태계(모든 금융 서비스를 망라하는 그룹)를 만들어낸 것입니다(《SUPER CEO》 2018년 6월 28일)."

은행, 증권, 보험 등 생태계 내의 다양한 서비스를 자금의 이동이라는 번거로움 없이 매끄럽게 이용할 수 있어 그룹 시너지를 얻을 수 있다. SBI의 목적은 바로 여기에 있었다. 그렇게 되면 '대출한 돈의 차익을 수익원으로 한다', '금융 상품의 높은 매매 수수료로 이익의 폭을 늘린다'와 같이 단순하고 구태의연한 방식에 의존한 채로 살아남으려는 기존의 금융 사업은 '파괴'되고, 머지않아 '무료화'의 파도에 휩쓸릴 터다. 디지털 전환에 적응하지 못한 참여자는 대가를 얻지 못하는 서비스가 늘어갈 것이다.

가상화폐를 통한 '글로벌 전개'의 꿈

한편 SBI는 인공지능과 가상화폐 등 다른 대형 증권사가 좀처럼 손대지 못하는 영역에서 크게 앞서간다. 무슨 의도일까?

2018년은 가상화폐에 혹독한 한 해였다. 2018년 1월에 일본의 대형 가상화폐거래소인 코인체크Coincheck가 부정 유출 사건을 일으킨 영향으로, 거품이라 할 폭등이 이어지던 비트코인은 사건 직전에 200만 엔이 넘던 것이 60만 엔대로 폭락했다. 내림세는 그대로 이어져 2018년 말에는 3,000달러에 접근했다. 그 때문에 "가상화폐는 이미 죽었다"라고 지적하는 사람이 적지 않다. 또 《월스트리트 저널Wall Street Journal》(2018년 8월 3일)이 "일부 대형 온라인 가상화폐거래소에서 거래 그룹 수십 곳이 시장을 조작하여 지난 반년 동안의 매매 행위로 적어도 8억 2,500만 달러를 벌어들인 한편 거액의 손실을 입은 사람도 있었다"라고 보도했듯이, 가격 조작 가능성 등 시장의 불투명성을 완전히 불식할 수 없다.

필자부터 추가적인 조정 국면(가격 상승 후에 기세가 정체, 침체되는 상태)을 예상하고 있다. 이와 병행해서 일정 기준을 해결하지 못한 '가짜' 가상화폐는 시장에서 도태될 것이다.

그러나 가상화폐의 기반 기술인 블록체인이 지닌 커다란 가능성은 흔들리지 않고 있다. 일정 기준을 해결한 가상화폐가 다시금 확실히 약진할 것이다. 필자는 가상화폐 시장도 기하급수적인 성장 과정에 있다고 판단한다.

여기서 다시 6D를 생각해보자. 화폐의 '디지털화'로 인해 개인투자자의 자금이 흘러들었지만, 단기적인 거품이 꺼지자 회의적인 견해가 강해져 이제 가상화폐 시장의 성장은 불투명한 상태다. 필자에게 묻는다면 이는 '잠복기'의 특징이다. 이제부터 개인투자자를 대신해 전문적인 투자자(기관투자자)가 진입하여 시장의 건전화가 촉진된다면 '파괴'의 무대를 맞이하여 폭발적인 성장세로 전환할 것이다. 그때야말로 화폐의 정의는 새로이 쓰이는 것이다. 화소 수를 2배씩 늘려가며 계속 성장한 디지털카메라가 어느 지점에서 단번에 필름 카메라 시장을 '파괴'하고, 디지털카메라 자체가 '무료화'된 다음, 스마트폰과 일체가 되어 '소멸화'한 것과 똑같은 길을 가상화폐도 걷게 될 것이다.

가상화폐 시장은 다시 활성화된다. SBI는 그런 미래를 내다보고 있다. 2018년 4~6월기 결산 발표회에서 기타오 사장은 가상화폐 시장이 현재 3,000억 달러에서 장차 40조 달러까지 확대된다고 예측한 후 "10년 사이에 그 절반(20조 달러)에 도달하더라도 이상한 일은 아니다"라는 견해를 보였다.

핀테크 2.0을 지향하다

SBI는 2016년에 '블록체인 추진실'을 설치하고 핀테크에 대한 도전을 발 빠르게 시작하여 가상화폐 관련 서비스를 단번에 확대했다.

가상화폐를 포함한 디지털 자산과 관련하여 높은 기술력을 보유한 벤처 기업에 출자하고, 거래소 운영과 파생 상품 시장의 창설·참가, 보안, 기관투자자 대상의 자산 운용, 정보 제공, 토큰 발행 및 이니셜 코인 오퍼링ICO 등 9개 사업으로 구성되는 비즈니스 생태계를 완성하려 한다.

주요 부문에서는 2017년 9월에 가상화폐 교환업자 등록을 마친 SBI 버추얼커런시스SBI Virtual Currencies가 신규 계좌 개설 접수를 시작하여 업계 최저 수준의 스프레드(매입가와 판매가의 차이, 사실상의 수수료)로 "압도적인 1위 거래소가 되겠다(기타오 사장)"라는 선언이 실현되려 한다. 부정 유출 사건으로 드러난 보안 취약성 문제에 관해서도 영국과 타이완, 덴마크 등 세계 유력 기업과 제휴하여 개선을 위한 체제를 빈틈없이 구축하고 있다.

또 국제 송금 수단으로 많이 활용되는 리플Ripple(송금 플랫폼을 운영하는 리플사)에 대한 출자는 가상화폐 시장의 확대로 이어지는 중요한 포석이다. 송금에 필요한 시간과 비용 면에서 압도적으로 뛰어난 리플을 활용한다면 결제 수단으로 가상화폐를 이용하는 비율도 확대될 것이다. 그 결과, 가격이 안정되어 시장 자체의 성장을 뒷받침할 것이다.

이런 움직임을 토대로, SBI는 기하급수적, 즉 폭발적·비약적인 성장으로 가는 코스를 내다보고 관리 부문을 정비하고 있다고 생각된다.

SBI는 성장 단계를 다음과 같이 정리한다. 증권과 은행, 생명보험 등 인터넷 금융 서비스를 하나의 기업 생태계로 영위해 시너지 효과를 얻는 단계가 '핀테크 1.0', 여기에 블록체인과 인공지능 등 새로운 테크놀로지를 조합하여 서비스를 개선하는 현재의 단계가 '핀테크 1.5', 그리고 블록체인을 모든 금융 거래에 활용하여 획기적인 서비스를 만들어내는 단계가 '핀테크 2.0'이다. SBI는 앞으로 '핀테크 2.0'을 목표한다. 진정한 성장은 이제부터다.

기하급수적으로 성장하는 기업의 파괴력

다만 SBI 그룹의 궁극적인 지향점이 금융 분야의 패권을 쥐는 것은 아니다. SBI에 있어서 가상화폐를 포함한 디지털 자산은 어디까지나 글로벌 전개를 위한 도구에 불과하다.

뛰어난 기술을 보유한 세계의 디지털 자산 관련 기업에 대한 출자, 이를 통한 기술의 결집은 SBI의 글로벌 전개를 뒷받침한다. 블록체인은 앞으로 금융 분야에 그치지 않고 의료와 법무, 부동산, 소매, 나아가 행정에서도 활용될 것이며 시장 규모는 더욱 확대될 것이다. 이때 전략적인 사업 이노베이터로서 다양한 산업을 대상으로 최신 기술을 제공하여 차세대의 사회 변혁을 가져오는 것이 SBI 그룹의 진정한 목적이다. 그것이야말로 SBI가 내건 "금융을 핵심으로 금융을 뛰어넘는다"라는 슬로건의 진정한 의미이기도 하다.

결산 발표회에서 기타오 사장은 "대부분 이삼 년 내로 수익화가 될 것이다"라고 강경하게 발언했는데, 필자는 실제로 그렇게 되리라고 확신한다. SBI는 지금 그야말로 핀테크를 성장시키는 '잠복기'에 있다. 그것이 '파괴기'로 이행할 때 금융업계에 무슨 일이 벌어질지 주시했으면 한다.

지방 금융기관을 업데이트하다

글로벌과는 대조적인 의미이지만 '지방 창생地方創生(일본 정부의 캐치 프레이즈 중 하나로 '지방 살리기, 지방 활성화')'도 SBI를 논하는 데 빠뜨릴 수 없는 키워드다.

현재 일본의 지역 금융기관이 어려움에 빠졌다는 말이 나온다. 일본은행의 초저금리 정책이 장기화하면서 본업인 융자에서 얻는 수익이 저조하다. 그 이전부터 지방 공통의 과제였던 인구 감소와 맞물려 존속이 위태로운 금융기관도 나타났다. 실제로 일본 금융청의 조사에 따르면 지방 은행 106개사 가운데 절반을 넘는 54개사가 본업에서 적자에 빠져 있다(2017년 3월기 결산 기준). 2018년 7월《아사히 신문朝日新聞》이 지방 은행 90개사를 대상으로 설문 조사(중복 응답 가능)를 한 바에 따르면, 지방 은행 80% 이상이 '일본은행의 금융 완화 장기화'와 '지역 인구 감소'를 경영상 악재로 꼽았다. 50% 이상이 '수익력 향상의 어려움'을 호소하는 것을 보더라도 지방 은행의 어려운 경영 상황을 실감할 수 있다.

실적 유지에 대한 중압감 때문에 지역 금융기관의 조직 자체도 삐걱거리기 시작했다. 2018년 3월에 '지방 은행의 영웅'이라 불리던 스루가 은행スルガ銀行에서 심사 서류 조작 등 부적절한 융자 문제가 발각됐는데, 보도에 의하면 그 규모가 1조 엔에 달한다. 7월에는 동일본은행東日本銀行에서도 부적절한 융자 및 수수료의 부정 징수 문제가 드러났다. "행정구역을 초월한 재편 등을 통해 활로를 찾으려는 움직임도 있다(《마이니치 신문毎日新聞》 2018년 8월 22일)"지만, 아무리 생각해도 과제의 근본적인 해결로 이어질 것 같지는 않다.

이런 상황에서 전례 없는 프로젝트가 본격화하려 하고 있다. SBI 그룹이 선봉장이 되어 지방 은행과의 제휴를 통해 지역의 활성화를 실현하겠다는 구상이다. 지방에서 SBI의 전략은 하나같이 참신하고 포괄적이다. 지방 은행의 수익력을 올리는 데서만 끝나지 않고 지방 비즈니스의 방향성을 통째로 업데이트한다.

제휴와 펀드로 지방 은행을 지원한다

세간에는 그다지 알려지지 않았지만, SBI 그룹은 최근 몇 년 동안 지역 금융기관과 적극적으로 제휴해왔다. 2017년 3월 시미즈 은행淸

水銀行과의 제휴를 시작으로 2018년 8월까지 불과 1년 반 만에 30개사와 제휴하여, SBI 증권이 취급하는 금융 상품과 온라인 서비스를 지역 금융기관의 고객에게 제공하는 시스템을 구축했다.

예를 들면 시미즈 은행, 지쿠호 은행築邦銀行과는 현지에 공동 점포를 꾸려 지방 고객에게 원스톱 서비스를 제공함으로써 예탁 자산과 계좌수를 늘렸다. SBI 손보가 제공하는 화재, 암, 자동차 등의 보험 상품과 SBI 생명이 주택 대출 대상으로 제공하는 단체신용생명보험을 지역 금융기관이 취급하는 사례도 2018년 여름부터 급증했다. 이런 실적을 바탕으로 SBI 그룹과 지역 금융기관의 관계는 점차 강화되고 있다.

지방과의 관계 강화를 기반으로 SBI 그룹은 더욱 구체적으로 지방 은행을 지원하는 데 나서기 시작했다. 2018년 1월에 설립된 'SBI 지역은행 가치창조 펀드'는 가장 중요한 시책 중 하나다.

지방 은행은 일본은행의 초저금리 정책과 인구 감소로 고전하는데, 최첨단 테크놀로지를 활용하면 기업 가치가 높아질 가능성은 충분히 있다. 'SBI 지역은행 가치창조 펀드'는 이런 기대를 할 수 있는 지방 은행에 투자하고(주식을 취득하고), SBI 그룹이 보유한 핀테크 관련 기술 등을 투입해 기업 가치를 향상해 투자금을 회수한다는, 호흡이 긴 대책이다. SBI는 가치창조 펀드에 100억 엔을 출자했다. 다른 적격 기관 투자자의 출자도 더한다면 최대 1,000억 엔의 대규모 펀드다.

지역 금융기관과의 공동 출자로 설립한 자산 운용 회사인 'SBI 지방 창생 에셋 매니지먼트'도 구체적인 지원책 중 하나다. SBI 그룹이 보유한 자산 운용 노하우를 활용함으로써 지역 금융기관이 제공하는 자기자금과 고객 예탁 자산의 실제 운용에 기여하고, 공동 출자 회사의 운영을 통해 지역 금융기관의 운용 실무를 담당할 인재를 육성할 수도 있는, 일거양득의 대책이다.

글로벌 전개의 성과를 지역에까지 연결한다

이런 다양한 대책의 핵심은 핀테크 도입을 추진하여 지역 금융기관 서비스를 고도화하는 데 있다.

필자는 앞에서 "가상화폐를 포함한 디지털 자산은 어디까지나 글로벌 전개를 위한 도구에 불과하다"라고 말했다. 뛰어난 기술을 보유한 세계의 디지털 자산 관련 기업에 대한 출자와 이를 통해 결집한 기술, 그런 글로벌 전개의 성과를 지역으로 연결하는 것이 지방에서의 영업 기반 강화로 이어진다고 SBI는 판단했던 것이다.

SBI는 이를 위한 체제도 급속도로 구축하고 있다.

이때 핵심은 SBI 핀테크 인큐베이션SBI FinTech Incubation이 운영하는 '핀테크 플랫폼'이다. SBI 핀테크 인큐베이션은 SBI 홀딩스(60%)와 소프트뱅크(20%), 일본 IBM(10%), 돗판인쇄凸版印刷(10%)가 출자한 합작 회사다. 지역 금융기관은 핀테크 플랫폼을 도입해 접속함으로써 SBI의 출자처를 비롯한 일본 국내외의 핀테크 벤처가 제공하는 서비스와 기능을 저렴한 비용에 마음껏 활용할 수 있게 된다.

핀테크 플랫폼 이외에도 미국의 네오뱅크Neo Bank(제휴 금융기관 대상으로 핀테크 등 새로운 가치를 제공하는 기업)인 모벤Moven이 개발하는 모바일 전용 은행 앱을 커스터마이즈해서 제공하거나, 스위스의 파이낸스앱Fiannce App이 운영하는 보험 상품 중개 앱인 '위폭스Wefox'를 활용하여 보험 컨설팅 지원 플랫폼을 제공하는 등 지역 금융기관이 서비스를 고도화하는 데 필요한 지원을 다방면에 걸쳐 준비하고 있다.

SBI 홀딩스의 결산 발표(2019년 3월기 1분기) 석상에서 기타오 사장이 "테크놀로지에는 지방 은행을 되살릴 커다란 잠재력이 있다"라고 강조했던 것이 필자에게는 강한 인상으로 남아 있다.

이미 미국과 유럽에서는 은행의 새로운 비즈니스 모델로서 '플랫폼화'의 흐름이 선명해졌다. '챌린저 뱅크Challenger Bank'라 불리는 신흥 은행이 오픈 API(플랫폼의 범용성 높은 기능을 손쉽게 이용할 수 있도록 제공하는 구조)를 추진하는 것은 그 일례다. 이것은 고객 데이터를 기축으로 한 제휴다. 오픈 플랫폼에 얼마만큼 B2B와 B2C의 흐름을 만들 수 있는지가 관건이다. SBI는 솔라리스 은행solarisBank이라는 독일의 챌린저 뱅크에도 출자했다. 지방 은행과의 제휴는 일본에서 플랫폼 금융기관이 생겨날 가능성을 실감케 한다.

세 요소가 유기적으로 얽힌 SBI 대전략

금융의 기반이 되는 '통화'라는 개념과 용어에서는 지역을 초월하여 다양한 가치관을 지닌 사람들의 차이를 없애고 글로벌화하는 힘이 느껴진다. 이와 마찬가지로 지역(로컬)이 각각의 통화로 독자적인 힘을

5요소 분석법에 따른 SBI 대전략 : 글로벌×로컬×엑스포넨셜

본질의 추구
- 해당 사안의 근본을 밝혀낸다.
- 다각적으로 바라본다.
- 장기적으로 바라본다.

대전략에 담긴 세 가지 핵심
- 글로벌 : 디지털 자산 사업으로 글로벌 플레이 리더 지향
- 로컬 : 지역 금융기관과의 연계 강화로 지방 창생에 기여
- 엑스포넨셜 : 디지털화→잠복기→기하급수적으로 성장

전략 목표
도(道)

가상화폐 사업에 '하늘의 때'가 도래. 진화된 테크놀로지를 경쟁사보다 앞서 도입하여 계속 성장한다.

- 인터넷을 이용하여 고객 중심 서비스를 제공하되, 그 서비스를 소비자와 투자자에게 저렴하게 제공하여 사회에 기여하는 것
- 고객 중심주의
- 5가지 경영 이념 : 윤리적 가치관, 금융 이노베이터, 신산업 크리에이터, 셀프 에볼루션, 사회적 책임

금융 사업에서 관련 비금융 사업으로 '땅의 이로움'을 확대한다.

하늘의 때
천(天)

타이밍
변화
시간

시장
업계 구조
비교 우위

땅의 이로움
지(地)

- 일본 온라인 증권의 선구자(1999년 설립)
- 일본 핀테크(특히 가상화폐 사업)의 선구자(2016년에 블록체인 추진실 설립)
- AI, 블록체인, RPA 등을 앞서 도입

- 230개 그룹사의 '기업 생태계' : 시너지 효과와 상호 진화
- "금융을 핵심으로 금융을 뛰어넘는다" : 금융부터 생활, 건강, 삶까지

가상화폐 사업은 경영 이념과 글로벌 전개를 실현하는 커다란 도구

- 리더십
- 인재
- 교육

리더십
장(將)

✕

매니지먼트
법(法)

- 매니지먼트
- 사업·수익 구조
- 생태계

- 중국 고전에서 인용한 '인간력' 향상
- '군자를 만드는' SBI 대학원대학 (인간학×시무학)
- 윤리적 가치관[특히 '신(信), 의(義), 인(仁)'] 중시
- 셀프 에볼루션(자기 혁신)

- 핀테크 1.0에서 1.5, 2.0으로 정비
- 디지털 자산 생태계(9개 사업) 정비
- 기하급수적 조직
- 새로운 테크놀로지와 스타트업에 대한 '투자, 활용, 확산'

지닐 가능성도 염두에 두게 된다. 일본의 커다란 과제인 지방 창생을 생각할 때, 이제 글로벌과 로컬을 대립시키는 발상은 의미가 없다. 그런 점에서 글로벌과 로컬을 금융이라는 관점으로 연결하는 SBI 그룹의 전략은 매우 합당하다고 볼 수 있지 않을까?

국가와 메가테크 기업의 경쟁 전략을 분석할 때 필자가 사용하는 '5요소 분석법5 Factor Method'으로 SBI 그룹의 전략을 분석해보자(245쪽 도표 참고).

여기서 모든 것을 설명할 수는 없지만, SBI의 약진을 설명하는 '글로벌', '로컬', '엑스포넨셜Exponential'이라는 세 요소가 어떻게 서로 유기적으로 얽혀서 전략을 이루는지를 읽어낼 수 있을 것이다.

다시 강조하고 싶은 점은 이 대전략이 '금융을 위해 존재하는 것이 아니다'라는 것이다. 이제까지 지적해왔듯이 '혁신적인 기술에 투자하고, 금융 분야를 뛰어넘어 전략적인 사업 이노베이터로서 다양한 산업을 대상으로 신기술을 확산하여 차세대의 사회 변혁을 가져오는' 것이야말로 SBI의 궁극적인 목적이다.

바젤은행감독위원회는 핀테크의 급속한 보급을 배경으로 은행의 새로운 선택지로 다섯 가지 시나리오를 제시했다(최종장 참고). 여기서 새롭게 제시되는 금융 시나리오는 평가 경제, ICO, 블록체인, 구독 등과 융합하는 움직임을 보일 것이다.

그렇게 되면 디지털 비즈니스라는 본업 안에서 금융을 수직통합하려는 아마존과 알리바바는 금융을 본업으로 하는 기존 참여자에게 정말로 커다란 위협이 된다. 금융을 본업으로 하면서 디지털에서 출발한 SBI 그룹에 기대하고 싶은 부분이다.

일본 금융 디스럽터가 극복해야 할 장벽

일본의 금융 디스럽터 기업을 분석한 이번 장에서 마지막으로 꼭 얘기해두고 싶은 것이 있다. 필자는 인터넷 은행, 인터넷 증권 등의 인터넷 금융과 디지털 은행, 디지털 증권 등의 디지털 금융은 언뜻 보면 비슷하면서도 사실은 다른 것이라고 분석한다.

금융이 본래 담당해야 할 역할을 다하고, 진정한 고객 지향에서 생겨난 뛰어난 고객 경험을 고객에게 제공하며, 금융에서 가장 중요한 신뢰와 신용을 고객으로부터 얻을 수 있느냐가 양쪽의 차이를 결정한다. 스타트업 기업처럼 속도감 있는 기업 문화를 유지하는 것도 필요 조건이다.

이런 조건을 토대로 생각한다면 이번 장에서 다룬 금융 디스럽터 기업 4곳에는 각각 극복해야 할 장벽이 있다. 그 장벽을 돌파하여 일본에서 진정한 핀테크 기업과 디지털 금융이 탄생할 수 있을까? 이는 일본의 활로에 대한 분기점이라고도 할 수 있을 것이다.

제3부

기존 금융기관의 반격

제7장

골드만삭스와
JP모건의 결단

리먼 쇼크와
핀테크의 발흥

—

차세대 금융 산업의 패권을 둘러싸고 기존 금융기관과 테크놀로지 기업이 대결하고 있다.

다만 테크놀로지 기업은 '금융기관이 되려고는 생각하지 않는다. 될 필요도 없거니와 되고 싶지도 않다'라는 것이 본심일 것이다. 테크놀로지 기업은 본업을 통해 금융 사업을 수직통합하려 할 뿐이다.

한편 기존 금융기관은 자기부정으로도 이어질 법한 결단을 내리도록 압박받는다. 기존 금융기관은 테크놀로지 기업으로의 변혁을 서두르고 있다.

이 대결의 발화점은 미국이었다. 이번 장에서는 미국 금융기관의 동향을 추적한다. 주로 다룰 참여자는 골드만삭스와 JP모건이다.

리먼 쇼크 후에 일어난 혼란은 다들 알다시피다. 미국의 금융 시스템이 위기에 빠지면서 미국 정부는 무려 70조 엔의 공적 자금을 투입하여 금융기관의 구제를 도모했다. 리먼 쇼크 후 국가자본이 들어가지 않은 대형 금융기관은 거의 없다. 뒤에서 설명할 골드만삭스만 해도 워런 버핏Warren Buffett이 이끄는 투자회사 버크셔 해서웨이BERKSHIRE HATHAWAY에서 50억 달러를 출자받아 명맥을 유지하고 있다. 모건스탠리Morgan Stanley는 일본 MUFG의 도움을 받았다.

당시에 미국 금융기관을 비판하는 목소리는 정점에 달했다.

"고객은 뒷전에 두고 자기네 좋은 만큼 닥치는 대로 돈을 벌다가 거품이 꺼지니까 나랏돈, 즉 시민이 납부한 세금으로 구제받는 게 가당한 일인가?"

비판을 넘어 '혐오감'이라고도 할 수 있는 악감정이 시민들에게서 강렬하게 터져 나왔다.

이 혐오감이 테크놀로지 기업이 제공하는 금융 서비스, 즉 핀테크가 등장할 분위기를 조성했다는 말이 나온다. 시민들은 기존 금융기관을 대신할 새로운 금융 참여자의 등장을 기다렸다. 새로운 참여자는 발전하는 테크놀로지로 시민의 기대에 부응하고자 등장했다.

페이팔 마피아

미국 핀테크의 조상 격인 대표 참여자는 온라인 결제 서비스 기업인 페이팔PayPal이다. 개인과 개인, 혹은 개인과 소규모 기업 사이의 거래를 중개하는 서비스다. 상대방에게 은행 계좌나 신용카드 등 지불 정보를 알릴 필요가 없는 안전한 결제 서비스라고 평가받는다.

페이팔은 1998년에 창업했다. 2002년에 이베이ebay에 매각됐다가 2015년에 다시 독립하여 지금도 높은 성장을 이어간다. 현재 2억 5,000만 명 이상이 이용하는 세계 최대의 결제 서비스다.

아울러 지적하고 싶은 것은 페이팔이 핀테크를 포함한 테크놀로지 업계에 가져다준 지대한 영향력이다. 이베이에 매각될 때 많은 '전직 페이팔 인재'가 유출됐다. 이들은 통칭 '페이팔 마피아'라 불리며, 각자 보유한 네트워크와 자금력으로 잇달아 새로운 기업을 설립했다.

대표적인 인물이 바로 전기자동차 제조사인 테슬라를 경영하는 엘런 머스크Elon Musk다. 머스크는 2002년에 로켓 개발 회사인 스페이스 엑스SpaceX를 창업하여 우주 사업에도 진출했다. 그 밖에 링크트인 Linked in을 창업한 리드 호프만Reid Hoffman, 유튜브 창업자 중 한 명인 채드 헐리Chad Hurley 등도 페이팔 마피아로 알려졌다. 약진하는 스타트업의 배후에는 언제나 페이팔 출신자가 있었다. 페이팔 마피아가 창업한 스타트업 기업 중 7개사가 유니콘 기업으로 성장했으니 그들의 존재감이 전해질 것이다.

'구루'의 가르침

페이팔 마피아의 '대부'라고 여겨지는 인물이 바로 피터 틸Peter Thiel 이다. 페이팔의 공동 창업자이며 현재는 투자자와 헤지펀드 매니저로 다양한 기업에 투자하는 인물이다. 틸은 페이스북 최초의 외부 투자자로도 알려졌다. 페이스북에 50만 달러를 출자했고 상장 후에 매각하여 10억 달러를 벌어들였다.

피터 틸은 페이팔 출신자가 새로운 사업을 설립할 때면 '반드시'라고 해도 좋을 만큼 빠짐없이 출자한다. 건강보험 온라인 플랫폼인 오스카Oscar, 비트코인 결제 서비스 업체인 비트페이bitpay, 가계·자산 관리 서비스인 민트Mint 등 다수의 핀테크 기업에도 출자하고 있다.

틸은 테크놀로지 기업의 '구루', 즉 정신적인 멘토이기도 하다. 틸의 스타트업론이 정리된 『제로 투 원』(피터 틸, 블레이크 매스터스)은 창업가에게 일종의 교과서다. 책 제목은 '0에서 1을 만들어내는 것'을 의미한다. 이 책에서 피터 틸은 다음과 같이 말한다.

물론 새로운 것을 만들기보다는 기존 모형을 모방하는 편이 더 쉽다. 하지만 어떻게 하면 되는지 사람들이 이미 알고 있는 일을 다시 해봤자 세상은 1에서 n이 될 뿐이다. 익숙한 것이 하나 더 늘어날 뿐이라는 말이다. 그러나 뭔가 새로운 것을 창조하면 세상은 0에서 1이 된다. 창조라는 행위는 단 한 번뿐이며, 창조의 순간도 단 한 번뿐이다. 그 한 번의 창조로 세상에는 낯설고 신선한 무언가가 처음으로 생겨난다.

'새로운 것을 창조하는' 이 어려운 과제에 투자하지 않는다면, 지금 아무리 엄청난 이익을 낸다 해도 미국 기업들은 문을 닫게 될 것이다. 우리가 물려받은, 늘 하던 그 사업을 개선하고 또 개선해서 쥐어짤 수 있는 것을 다 짜냈을 때 그때는 무슨 일이 벌어질 것인가? 믿기지 않겠지만, 그때는 2008년의 위기 따위는 우스울 만큼 커다란 위기가 찾아올 것이다. 오늘의 '모범 사례'는 우리를 막다른 길로 이끌 뿐이다. 우리를 성공으로 이끄는 것은 아직 가보지 않은 길, 새로운 길이다.

독점할 수 있는 시장을 발견하라

이 책에는 "경쟁하지 말고 독점하라"라는 피터 틸 철학의 일면이 담겨 있다. 피터 틸은 독점적인 비즈니스 모델을 확립하는 것이 기업의 영속과 발전을 결정짓는다고 말한다.

"모든 신생 기업이 처음에는 작게 시작한다. 모든 독점기업은 시장을 크게 지배한다. 따라서 모든 신생 기업은 아주 작은 시장에서 시작해야 한다. 너무 작다 싶을 만큼 작게 시작하라. 이유는 간단하다. 큰 시장보다는 작은 시장을 지배하기가 더 쉽기 때문이다. (…) 틈새시장을 만들어내어 지배하게 됐다면, 좀 더 넓은 관련 시장으로 서서히 사업을 확장해야 한다. 그 방법을 가장 잘 보여준 것이 '아마존'이다. 제프 베조스가 아마존을 세울 당시에 그의 비전은 온라인 소매점을 모두 먹어버리는 것이었다. 하지만 그는 용의주도하게도 책에서부터 그 작업을 시작했다. (…) 이후 아마존은 계속해서 하나둘씩 제품 카테고리를 늘렸고, 결국에는 세상에 존재하는 대부분의 상품을 취급하는 만물상이 됐다."

독점할 수 있는 시장을 발견하기 위해서라도 타인과는 다른 '역발상'을 즐겨 하는 것 또한 피터 틸의 특징이다. 『제로 투 원』 1장도 "정말 중요한 진실인데 남들이 당신한테 동의해주지 않는 것은 무엇입니까?"라는 인상적인 질문으로 시작한다.

현재 핀테크 업계에서도 페이팔 마피아의 활약이 눈에 띈다. 맥스 레브친Max Levchin은 온라인 결제 솔루션인 어펌Affirm을, 프레말 샤Premal Shah는 소액 융자 사이트인 키바kiva를 설립했고, 빌 해리스Bill Harris는 로보 어드바이저를 활용한 투자 자문 회사인 퍼스널 캐피털Personal Capital을 전개하고 있다.

물론 미국의 디지털 결제 혁명을 주도한 페이팔 자신도 스스로 '제로 투 원'을 계속 만들어냈고, 나아가 적극적인 M&A를 실행하여 핀테크 분야의 혁신을 불어넣으며 성장을 지속하고 있다.

마지막으로 피터 틸이 중시하는 '경쟁하지 말고 독점하라'라는 것, '남들이 동의해주지 않는 중요한 진실을 탐구하라'라는 것을 이 책의 메시지로도 얘기해두고 싶다.

대형 금융기관의
반성과 모색

—

    리먼 쇼크 이후 대형 금융기관에서 유출된 인재가 핀테크 기업으로 흘러 들어가는 움직임도 있었다. 핀테크는 이렇게 금융 산업을 숙지한 인재를 받아들이면서 말 그대로 테크놀로지와 금융이라는 두 바퀴로 발전했다. 그러나 핀테크를 신흥 핀테크 기업이 독점한 것은 아니었다.

    리먼 쇼크의 타격에서 회복하는 과정에서 기존 금융기관도 자신들의 방향성에 대해 반성하며 새로운 금융의 모습을 모색하기 시작했다. 골드만삭스와 JP모건은 기존 금융기관이면서도 발 빠르게 디지털 전환에 착수하여 핀테크 영역에서 커다란 성과를 거두고 있는 기업이다.

    JP모건의 CEO인 제이미 다이먼이 "실리콘밸리가 오고 있다Silicon Valley is coming"라고 발언한 것은 상징적이다. JP모건은 과거 신용 등급으로 보면 씨티그룹 등에 뒤처져 체이스와의 경영 통합으로 생존을 도모했지만 이제는 명실상부하게 미국 최고의 금융기관으로 부활했다. 다이먼이 추진한 '테크놀로지 기업으로의 탈피'에 성공한 덕분이다.

금융 본연의 역할로

리먼 쇼크를 거치면서 미국 금융기관은 어떻게 달라졌을까?

리먼 쇼크로부터 10년째를 맞이한 2018년 봄에 다양한 보고서가 발표됐다. 그중 하나가 국제결제은행Bank for International Settlements 산하의 글로벌금융시스템위원회가 발표한 보고서 『금융 위기 후 은행의 구조 변화』다. 이는 매우 흥미로운 논고다. 여기서는 일본증권경제연구소가 내놓은 요약판을 토대로 소개한다.

BIS 보고서는 은행을 네 가지 유형으로 분류했다. 소매 조달, 도매 조달, 트레이딩, 유니버설이다.

소매 조달 은행과 도매 조달 은행은 자금 조달 면에서 차이가 난다. 여기서 말하는 소매 조달은 주로 예금이다. 소비자에게서 소액 예금을 모으는 방법으로 자금을 조달한다. 한편 도매 조달은 인터뱅크 시

BIS 글로벌금융시스템위원회가 제시한 '금융 위기 후 은행의 구조 변화'

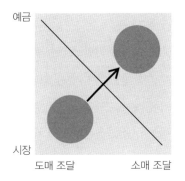

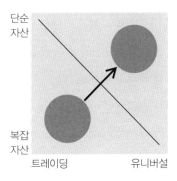

장 등을 통해 다른 은행에서 자금을 조달하는 은행이다. BIS에 따르면 리먼 쇼크 이전에는 도매 조달 쪽으로 기울어져 있었는데 지금은 소매 조달 쪽으로 중심축이 옮겨지고 있다. 예금을 통한 자금 조달이 더 안정적이고 건전하다는 뜻이다.

한편 트레이딩 은행과 유니버설 은행은 운용 업무 면에서 차이가 난다. 트레이딩 은행이란 리먼 쇼크 이전의 미국 금융기관이 그랬듯이 위험성이 높고 대규모 자본이 필요한 것으로 운용하는 은행이다. 유니버설 은행은 트레이딩 자산뿐만 아니라 수익성이 높지 않은 대신 위험성도 높지 않은 유동성 높은 자산을 취급한다.

요컨대 리먼 쇼크 전후의 변화는 이렇게 정리할 수 있다. 즉 도매 조달에서 소매 조달로, 트레이딩에서 유니버설로의 변화다. 위험성은 줄이고 본래 다해야 할 역할을 의식한 변화라고도 할 수 있을 것이다.

미국 금융기관의 선택과 집중

리먼 쇼크로 인해 금융기관이 받은 영향을 글로벌 규모에서 부감하면 지역별로 차이가 난다는 사실을 알 수 있다.

유럽의 금융기관은 독일 은행을 비롯해 대체로 리먼 쇼크에서 회복하지 못하고 있다. 그리스 등 여러 국가에서 채무 위기가 가시화되어, 민간 은행뿐만 아니라 국가 자체가 위기에 빠지는 타격이 아직도 이어진다. ROE와 대출량 모두 리먼 쇼크 이전의 수준으로 돌아오지 못했다. 그간 유럽 은행들은 국제 업무를 축소하고 해외 거점 수를 줄였다.

시장에서의 평가도 여전히 낮다.

일본의 금융기관은 미국이나 유럽 기업에 비하면 리먼 쇼크로 인한 피해가 상대적으로 경미했다. 유럽의 금융기관이 철수한 만큼 해외 사업을 늘리고 있다. 중국과 신흥국도 리먼 쇼크의 혼란에서 일정한 거리가 있었다.

이런 국가들과 비교하면 미국의 금융기관은 리먼 쇼크로 타격이 컸는데도 대응 역시 빨랐다.

먼저 정부에서 자본 수혈을 받아 대차대조표의 회복과 개선이 신속하게 이루어졌다. 그러고 나서 규제 강화에 대한 대응도 서둘렀다. 리먼 쇼크 이후 전 세계의 금융 당국에서 위기 재발 방지에 나섬에 따라 자기자본비율과 레버리지비율, 유동성 규제 등을 포함한 은행의 건전성 규제(바젤 규제)가 강화됐다. 은행으로부터 고위험성 업무를 격리하는 미국의 볼커 룰Volcker Rule과 영국의 소매 링펜스Ring-fence 등도 도입됐다. 이 규제들은 모두 트레이딩 업무를 억제하는 방향으로 작용하는데, 미국 은행은 그쪽으로 대응해왔다.

'선택과 집중'도 대담하게 추진했다. 선택과 집중에는 사업, 지역, 고객의 세 축이 있다. 각각에 대해 '계속할 것인가, 강화할 것인가, 철수할 것인가'의 선택이 내려졌다. 미국 금융기관의 디지털 전환은 대담한 '선택과 집중'의 일환이라고도 할 수 있다.

골드만삭스,
'베스트 앤드 브라이티스트'의 선택

—

미국 금융기관 반격의 대표로서 먼저 다룰 곳은 골드만삭스다.

우선 골드만삭스에 관해 3C 분석을 해보자. 미국 금융기관이 테크놀로지 기업으로 진화하리라는 것을 확실히 알게 될 것이다.

'자사Company' 면에서는 어떨까? 골드만삭스는 리먼 쇼크로 약간 타격을 입었다는 인상이 있지만, 여전히 금융업계 최고의 평판과 브랜드력을 자랑한다. 인재도 매우 우수하다. '베스트 앤드 브라이티스트Best and Brightest(가장 우수하고 가장 현명한)' 인재만 채용한다. 그중에서도 상품운용Dealing이 주요 업무이므로 이과·수학계와 공학계 인재가 모였다.

'고객·시장Customer' 면에서는 어떨까? 시장 요인으로 크게 작용한 것은 트레이딩 업무의 규제다. 잇단 규제 강화로 그때까지 핵심이었던 트레이딩 업무는 수익이 크게 떨어졌다. 골드만삭스의 연간 보고서에 따르면, 순수입 중 트레이딩 업무 비율이 2006년에는 68%를 차지했는데 2017년에는 37%까지 감소했다. 반대로 전통 업무인 투자은행

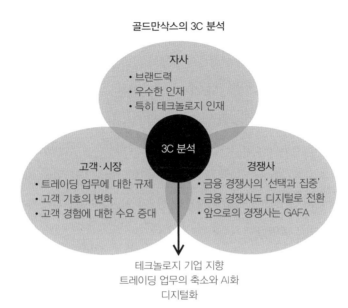

골드만삭스의 3C 분석

자사
- 브랜드력
- 우수한 인재
- 특히 테크놀로지 인재

3C 분석

고객·시장
- 트레이딩 업무에 대한 규제
- 고객 기호의 변화
- 고객 경험에 대한 수요 증대

경쟁사
- 금융 경쟁사의 '선택과 집중'
- 금융 경쟁사도 디지털로 전환
- 앞으로의 경쟁사는 GAFA

테크놀로지 기업 지향
트레이딩 업무의 축소와 AI화
디지털화

부문, 즉 주식 및 채권 인수와 M&A 컨설팅 업무는 확대됐다. 이를 통해 골드만삭스는 금융 상품의 시황에 좌우되지 않는 사업 구조로 전환하고 있다는 사실을 읽어낼 수 있다.

이런 사업 전환과 보조를 맞추듯, 2018년에는 투자은행 부문 출신인 데이비드 솔로몬David Solomon이 CEO로 취임했다. COO에도 투자은행 부문 출신인 존 월드론John Waldron이 지명됐다. 이때까지 골드만삭스는 트레이딩 부문 출신자가 경영을 맡는 것이 전통이었다. 그러나 '트레이딩 업무 중심으로는 살아남을 수 없다'라고 판단하여 경영진을 쇄신한 것이다.

'경쟁사Competitor' 면에서는 어떨까? 디지털 전환을 진행하는 금융기관의 경영진은 입을 모아 '향후의 경쟁사는 GAFA'라는 인식을 보인다. 이 배경에는 당연히 핀테크의 대두가 있다. 테크놀로지 기업이 제공하는 고객 경험은 기존 금융기관을 혐오하는 고객의 수요에 부응하는 것이었다. 골드만삭스는 기존 금융 서비스업의 수익 4.7조 달러분이 신규로 진입하는 참여자에 의해 대체될 것이라고 분석한다.

이상의 3C 분석을 통해 골드만삭스는 테크놀로지 기업을 지향하고, 트레이딩 업무의 축소와 AI화를 실현하며, 디지털 전환에서 활로를 찾아내는 중이라는 사실을 알 수 있다.

골드만삭스의 핵심 업무, 축소와 AI화로 대개혁

골드만삭스는 트레이딩 업무의 축소에 더해 트레이딩 업무의 AI화로 화제가 됐다. 이는 분명 테크놀로지 기업의 위협에 대항하는 정책이다. 《블룸버그Bloomberg》(2018년 5월 1일)는 솔로몬의 발언을 다음과 같이 전했다.

골드만삭스의 데이비드 솔로몬 대표는 4월 30일 미국 캘리포니아 주 베벌리힐스에서 열린 밀켄 연구소의 글로벌 컨퍼런스에서 "주식 트레이딩의 경우 우리는 15~20년 전에 마켓메이킹Market-making(시장 조성) 업무 담당자가 500명이었는데 이제는 3명뿐입니다"라고 말했다.

솔로몬 대표는 "트레이딩 사업에 더 많은 테크놀로지를 도입한 결과, 고객 입장에서는 효율이 개선되는 한편 새로운 리스크가 초래됐다"라고 지적했다. 골드만삭스 입장에서 이 문제는 인원 구성의 변화로 이어져 이제는 9,000명의 엔지니어를 고용했으며 규제를 전문으로 하는 은행원 수도 늘어났다고 설명했다.

이어서 골드만삭스가 "머신러닝(기계 학습)과 시장이 어떻게 기능하는지를 둘러싸고 과거 경험을 기반으로 예측하는 데 막대하게 투자하고 있다"면서 속도가 자본보다 훨씬 중요해졌다는 인식을 보였다.

주변 업무라면 몰라도 예전부터 해오던 주요 업무를 이토록 과감하게 변혁한다는 것은 골드만삭스의 '진정성'을 보여준다.

전통의 그림자

골드만삭스는 어떤 회사였을까? 다시 한 번 골드만삭스의 지난날을 되돌아본다. 골드만삭스라고 하면 명실상부하게 권위와 브랜드력을 지닌 금융기관으로 '베스트 & 브라이티스트' 인재가 모였다. 미국의 역대 재무장관 등 많은 인재를 배출하고 있다.

조직 면에서는 '고객 중심주의'라는 뛰어난 경영 이념을 지녔다. 전통적인 투자은행의 파트너십 문화가 남아 있다는 점도 특징이다. 파트너십 제도에는 위험Risk과 보상Return을 함께 나누는 측면이 있어서 강한 동료 의식이 형성된다. 파트너가 다양한 업무를 경험하고 최고 경영진이 팀 단위로 의사 결정을 내리는 것이 골드만삭스의 전통이다. 리먼 쇼크로 타격을 입었다고는 하나, 조직 전체적인 위험을 관리하는 데는 뛰어나다.

이런 전통을 배경으로 골드만삭스에는 같은 업계의 타사에 비해 조직과 팀워크를 중요하게 여기는 문화가 형성되어 있다. 공유된 약속을 중시하고, 모든 계층의 리더가 인재를 소중히 여기며, 장기적으로 엄격하고도 사려 깊게 건전한 조직으로 만들어간다.

다만 최고의 권위와 브랜드력을 자랑하는 투자은행도 리먼 쇼크 전후에는 그것이 오히려 '오만함'으로 받아들여져 그들이 받는 높은 보수와 함께 비판과 혐오의 대상이 됐다.

이 문제는 미국 경영대학원 졸업생이 일자리를 구할 때도 나타났다. 예를 들어 필자가 졸업한 시카고 대학 MBA 같은 경우, 졸업생은 우선 골드만삭스나 모건스탠리 등 투자은행에 취직하는 것이 목표였다. 맥킨지McKinsey & Company나 보스턴컨설팅그룹Boston Consulting Group 등 전략 컨설팅 회사 또는 기타 사업회사를 거쳐 창업하는 패턴도 주류였다.

그런데 이제는 일류 학교 졸업생은 모두 금융이 아닌 GAFA 등 테크놀로지 기업을 지향하게 됐다. 골드만삭스의 자부심과 긍지도 예전과 같을 수는 없을 것이다.

금융기관 전체에 영향을 미치는 디지털 전략

골드만삭스의 '향후'를 논하는 데 빠뜨릴 수 없는 것이 지금부터 설명할 디지털 전략이다. 골드만삭스의 디지털 전략은 타사와 비교해서 '금융기관 전체'에 영향을 미친다. 앞에서 설명한 트레이딩 부문의 AI 화는 그 선행 사례에 불과하다. 디지털화는 금융기관의 생명선인 위험 관리에도 영향을 미친다.

테크놀로지에 대한 투자액은 방대하다. 2015년에는 25억~35억 달러를 지출했다. 핀테크 기업에 대한 투자 외에 자사의 IT 개발에도 적극적이며, 트레이딩을 비롯한 기존 서비스의 자동화·고도화·효율화를 도모함과 함께 새로운 비즈니스의 창출에 여념이 없다. 테크놀로지 인재 비율도 현저히 높아졌다.

"매니징 디렉터Managing Director로 승진한 사람 중 엔지니어의 비율이 2004년에는 16명 중 1명이었다면 2015년에는 6명 중 1명이다. 그룹 전체를 보더라도 2015년 9월 말에 전 임직원 3만 7,000명 중 1만 1,000명이 엔지니어로 11개 부문 중 최대다. 시장 인프라의 특허 건수는 90건에 달하는데 이는 업계 2위 모건스탠리의 2배 이상이다(사토 고다이, '해외 금융기관을 통해 바라보는 혁신을 위한 노력 : 골드만삭스와 웰스파고를 중심으로', 《계간 노무라자본시장野村資本市場》, 2016년 여름호)."

데이터 레이크를 통한 데이터의 수집과 분석

골드만삭스의 디지털 전략을 상징하는 대책으로 여기서는 마커스Marcus, 데이터 레이크Data Lake, 마키Marquee를 소개한다.

골드만삭스의 디지털 전략은 타사와 비교하면 데이터를 수집해 분석하고, 위험 관리 시스템을 강화하고, 의사 결정 속도를 높이려는 데 그 본질이 있다.

예를 들면 '데이터 레이크'는 거래와 시장에 관해 조사한 정보뿐만 아니라 메일, SNS, 블로그 작성 기록으로부터 얻은 통찰까지 모든 데이터를 한곳에 집약하는 것이다. 그렇게 모인 데이터는 AI로 분석하여 그 결과를 클라이언트에게 제공한다. 골드만삭스의 최고재무책임자 CFO인 마틴 차베스Martin Chavez는 다음과 같이 말했다(《비즈니스 인사이더 Business Insider》 2017년 4월 18일).

"원하지 않는 리스크를 떠안은 클라이언트가 있는가 하면, 굳이 리스크를 원하는 클라이언트도 있습니다. 우리 업무는 그들의 바람을 실현하는 것입니다. 그것이 바로 골드만삭스의 근본적인 모습입니다. 클라이언트가 떨쳐버리고 싶은 리스크에 관해, 혹은 원하고 있는 리스크에 관해 우리에게 전화나 상담을 하지 않는다면 우리 비즈니스는 일절 불가능해집니다."

"골드만삭스가 가치 있는 이유는 방대한 양의 데이터를 소유하고 있기 때문입니다. 우리 업무는 클라이언트가 우리에게 전화하고 싶도록 만드는 것입니다. 이로써 또다시 놀라운 양의 정보가 모입니다. 그 정보를 유용하게 활용하여 클라이언트에게 더 좋은 결과를 가져다주는 것이 우리 업무입니다."

다음으로 '마키'는 골드만삭스 사내에서 이용하던 위험 관리 및 분석 도구를 법인 고객에게 제공하기 위한 플랫폼이다. 시장 데이터를 취득하고 조사하기 위한 'GS 마케츠Gs Markets', 판매와 사전 거래를 위한 '사이먼Simon' 등의 앱을 제공하여 거래 속도와 투명성 향상을 도모한다.

일반인 대상의 디지털 은행 '마커스'의 충격

그리고 가장 흥미로운 서비스는 2016년 10월에 시작한 '마커스'다. 마커스는 일반인 대상의 온라인 금융 플랫폼이라고 불러야 할 서비스다. 골드만삭스는 2016년부터 소매 디지털 은행 사업으로 'GS 은행GS Bank'을 출범시켰다. 이것을 더 강력한 모바일 전략으로 재편성한 것이 바로 마커스다.

골드만삭스는 지주회사로 이행하고 은행 면허를 취득하여 소매금융 사업이 가능한 상태였다. 그렇다고는 하나 '골드만삭스가 소매은행에 진출한다'는 뉴스는 커다란 놀라움으로 업계에 전해졌다.

기관투자자 대상의 금융기관으로, 원래는 글로벌 대기업만 상대해온 골드만삭스가 개인을 상대로 거래하는 일은 상상할 수 없었다. 일부 부유층을 대상으로 프라이빗 뱅킹Private Banking(맞춤형 자산 관리 서비스) 업무를 했지만, 자산 1,000만 달러 이상인 고객에 한정되어 있었다.

하지만 마커스가 대상으로 하는 고객은 일반 소비자다. 일반 소비자에 대한 무담보 개인 융자와 저축 계좌가 주된 서비스다. 무담보 개인 융자를 통해서는 신용 등급이 높은 층을 대상으로 최대 4만 달러를 무담보로 융자한다. 상환 기간은 3~6년, 수수료는 제로인 고정금리 대

출이다. 금리는 신청자의 신용 점수와 과거의 상환 이력, 상환 기간, 차
입 목적 등에 기반하여 6.99~24.99%로 설정된다.

골드만삭스의 운명을 좌우한다

마커스는 기존 형태의 금융 서비스에 대해 시민이 표출하는 불만의
목소리에 대응한 것이다. 고정금리에 수수료는 제로이며 상환일은 자
유롭게 설정할 수 있다. 또 모든 과정을 온라인으로 처리할 수 있는 간
결함 때문에 '소비자에게 친절하다', '상환하기 쉽다'라는 평판을 모았
다. 한편 1달러만으로 개설할 수 있는 저축 계좌의 금리는 전미 평균
인 0.06%를 크게 웃도는 2.25%다(2019년 3월 16일).

이런 소비자 눈높이의 서비스가 주효하여 마커스는 급성장하고 있
다. 예금량은 300억 달러를 돌파했고 융자액은 40억 달러를 넘는 기
세다. 일본 진출도 검토 중이라고 발표했다.

마커스에 대해 로이드 블랭크페인Lloyd Blankfein 전 CEO는 "향후 몇
년에 걸쳐 당사의 운명을 좌우할 것이다"라고 말했다.

"소비자의 관심은 기존 형태의 오프라인 점포에서 테크놀로지를 활
용해 원활하게 수요를 충족해주는 솔루션 형태로 이행하고 있으며, 당
사는 이 시점에서 마커스를 론칭했습니다. 당사에는 기존의 판매망·
테크놀로지·사업 등 소비자를 위한 서비스에 걸림돌이 되는 부정적
유산이 없는 반면, 당사의 안정된 재무 기반·높은 위험 관리 능력·테
크놀로지를 활용할 수 있습니다. 이 점에서 골드만삭스는 소비자 금융

의 '파괴자'가 될 수 있는 독특한 입장에 있습니다(《블룸버그》, 2018년 2월 14일)."

"온라인 소비자 금융 분야에서 당사가 실적을 낸 것은 그리 오래되지 않았지만, 시장의 수요는 탄탄하며 추가적인 투자 기회에 주목하고 있습니다. 앞으로도 직접 또는 파트너사를 경유하는 방식으로 대출 및 예금 상품의 판매를 서서히 확대할 예정입니다(골드만삭스 공식 사이트 www.goldmansachs.com)."

부유층에서 소매로.

오만했던 골드만삭스에서 소비자에게 친절한 골드만삭스로.

골드만삭스의 '베스트 앤드 브라이티스트'들이 내놓은 해답이 디지털 은행이었다는 점은 주목할 만하다. 기존 은행 업무를 온라인으로 이관한 것이 전부인 서비스가 아니다. 마커스는 고객 중심주의, 고객 경험의 추구라는 차세대 금융 산업의 조건을 충분히 갖췄다.

한편 2019년 3월 25일, 애플은 신규 서비스 설명회에서 자사의 신용카드인 '애플 카드Apple Card'의 발행사로 골드만삭스를 선정한다는 계획을 발표했다. 카드 발행사로서의 실적이 아직 없는 골드만삭스를 애플이 선택한 이유는 명백히 브랜드력과 신용 때문이다. 골드만삭스로서는 애플의 우량 개인 고객층에 접근할 수 있는 기회다. 마커스의 사업 전개에도 커다란 호재가 될 것이다. 신용카드 사업에서는 가장 늦게 출발했을지라도 애플과 골드만삭스의 조합을 결코 얕볼 수 없을 것이다.

JP모건, IT에
연간 1조 엔을 투자하다

—

골드만삭스와 나란히 디지털 전환에 주력하는 미국의 대표적인 금융기관이 바로 JP모건이다. 핀테크 분야에 대한 투자액은 연간 1조 엔을 넘었다. JP모건의 기술 혁신을 총괄하는 블록체인 부문장인 우마르 파루크Umar Farooq는 다음과 같이 말했다.

"테크놀로지 기업 이외에 블록체인 플랫폼을 보유한 기업은 우리가 유일합니다."

"(블록체인 이외에도) 데이터 사이언스, 로보틱스, 인공지능AI 분야에서 세계 최고의 인재를 모아서 전문 집단을 형성했습니다(《니혼세이자이 신문》 2018년 8월 8일)."

JP모건은 상업은행과 투자은행을 포함하여 리먼 쇼크를 가장 잘 극복한 금융기관이다. 2011년 11월에는 자산액으로 뱅크오브아메리카Bank of America를 제치고 미국 최대 은행이 됐다. 또 2010년부터 2015년에 걸친 ROE는 10% 전후로 안정적으로 나아가고 있다.

실리콘밸리가 오고 있다

JP모건을 이끄는 제이미 다이먼의 "실리콘밸리가 오고 있다"라는 발언은 인터넷 기업의 대두라는 직격탄을 맞은 기존 금융 산업의 위기감을 그대로 보여준다. 다이먼은 핀테크에 1조 엔을 투자할 방침을 내놓는 등 강화할 부문에는 대담하게 투자하는 한편, 축소할 사업에서는 철저하게 비용 절감을 단행했다.

다이먼은 2018년 초에 "임기는 5년 남았다"라고 공언하여 앞으로도 당분간 그의 리더십이 발휘될 것이다. 대체로 말할 수 있는 것은 단기 이익을 추구하느라 내달리지 않고 장기적인 시야로 경영하리라는 점이다. 디지털화에 착수한 시점은 골드만삭스보다 늦었지만, 선수를 쳐서 디지털화를 단행한 금융기관 중 한 곳이다.

JP모건은 테크놀로지 기업과의 제휴에도 적극적이다. 2016년부터는 핀테크 기업을 자사의 사무 공간으로 초빙하여 사업 개발을 지원하는 '인-레지던스In-Residence' 프로그램을 시작했다. 핀테크에 대한 투자액 1조 엔 중 30억 달러는 벤처 기업 출자 등 신규 투자에 할당할 계획이다. 2018년에는 아마존, 투자회사 버크셔 해서웨이와 손잡고 의약품·헬스케어에 관한 합작 사업을 추진한다고 발표했다. 실리콘밸리에 1,000명 이상이 근무하는 핀테크 거점을 2020년에 설치한다고도 보도됐다.

개인 대상의 통합 디지털 서비스

무엇보다 주목하고 싶은 것은 JP모건이 개인 대상으로 통합적인 디지털 서비스에 나섰다는 점이다. 기존의 은행 업무를 뛰어넘어 고객의 '일상생활' 자체를 디지털화하려는 것이다. 이는 중국의 알리바바 및 텐센트와도 겹치는 지점이다. 구체적으로는 사용자의 소비 동향 분석과 가계부 관리 등 금융 서비스와 관련된 생활 서비스 전반을 포섭하려는 것이다. '일상생활에 주력한다'는 관점은 소매뿐만 아니라 부유층 대상 서비스에도 활용하려 한다.

그중에서도 소비자의 관심을 끄는 서비스가 모바일 뱅킹 앱인 '핀 Finn'이다. 오프라인 매장을 꺼리고 온라인을 좋아하는 밀레니얼 세대가 그 대상으로, 모든 서비스가 스마트폰에서 완결된다. 온라인에서 5분 만에 계좌를 개설할 수 있고, 사용자가 예금을 언제 당좌계좌에서 보통계좌로 옮길지 정할 수 있는 점 등이 특징이다.

기능 하나하나를 살펴보면 수많은 핀테크 기업이 여태까지 제공해 온 서비스를 따라 한 것처럼 보일지 모른다. 그러나 가장 큰 차이는 그런 기능들을 당좌예금과 보통예금에 연결 지어 전개한다는 점이다. 즉 핀의 특이성은 금융 서비스의 핵심에서 주변부까지 포섭하려고 한다는 데 있다.

이제까지 일본과 미국에서는 중국의 알리페이와 위챗페이처럼 앱을 진입점으로 삼아서 금융 서비스 전역의 패권을 거머쥐려는 참여자가 기존 금융기관에는 없었다. 미국과 일본의 핀테크는 그 주변 영역에만 머물렀다.

그러나 이제 JP모건은 API를 통해 오픈 플랫폼을 구축하면서 자사에서도 새로운 금융 상품을 개발하고 있다.

기존 금융기관의 경우 고객에게 맞추어 매력적인 금융 상품을 창조하는 업무는 주특기나 다름없다. JP모건은 핀을 기점으로 조만간 주식과 투자신탁으로도 범위를 확장할 것이라고 예상된다. 5장에서 언급했듯이 알리바바는 알리페이 사용자를 대상으로 새로운 투자 상품을 개발했는데, JP모건에도 똑같은 일이 가능할 것이다.

마지막으로 JP모건은 2019년 2월에 독자적인 가상화폐 'JPM 코인'을 발행한다는 계획을 발표했다. 미국 은행으로서는 최초의 시도이며 기업용으로 고속 결제가 가능한 서비스를 제공하겠다고 한다. 필자는 다이먼이 비판해온 비트코인의 단점, 즉 높은 볼러틸러티Volatility(예상 변동률)를 미국 달러와 연동시켜 완화함으로써 새로운 결제 수단으로서 확고한 지위를 확보하려는 목적이 아닐까 분석한다. 미국에서 블록체인 기술이 본격적으로 실용화되기 시작했다고도 할 수 있을 것이다.

미국에서 변하지 않는 부분

JP모건과 골드만삭스 모두 각자의 분야에서 가장 브랜드력이 높은 금융기관이고 유대인 금융 자본이기도 해서 매우 커다란 힘을 지니고 있다. 그 힘을 사용하여 정치, 경제, 사회의 모든 방면에서 영향력을 행사한다. GAFA가 은행을 보유하지 않는 것도 그들이 정치력으로 저지한 측면이 크지 않나 추측된다.

이런 내용을 감안한다면 미국에서는 중국처럼 '알리바바 및 텐센트와 같은 메가테크 기업이 금융 산업을 좌지우지하는' 구도와는 달리, 골드만삭스와 JP모건으로 대표되는 유력 금융기관이 디지털 전환을 진행하면서 금융의 주변 영역에 생겨나는 핀테크를 수직통합하는 방식으로 발전할 가능성이 크다. 미국과 중국의 신냉전 속에서 중국의 알리바바와 텐센트는 미국에 체류하는 중국인 대상 서비스는 전개할 수 있더라도 미국인 대상 서비스의 본격적인 전개는 쉽게 허용되지 않을 것이다. GAFA에 관해서도 자사 서비스를 촉진하기 위해 금융 서비스를 전개하는 것은 허용되더라도, 골드만삭스와 JP모건의 직접적인 경쟁사가 되는 움직임은 앞으로도 저지되지 않을까. 일본에서는 사업회사가 비교적 쉽게 은행을 설립할 수 있었던 반면, 미국에서는 규제가 지주회사와 그룹 기업 전반에 미치므로 사업회사가 은행을 설립하기 어려웠다는 사정에도, 규제 외에 이런 요인이 크게 영향을 미쳐왔다. 차세대 금융으로 이행하더라도, 변하는 부분과 변하지 않는 부분을 엄격히 구별해서 살펴보는 것이 중요하다.

제8장

일본 메가뱅크의 디지털 전환

핀테크와의 제휴,
전통 은행에서 탈피하다

—

　차세대 금융 산업의 패권을 둘러싼 대결에서 가장 힘든 싸움에 내몰린 곳은 바로 일본의 메가뱅크일지 모른다. 7장에서 다룬 미국 금융기관과 비교하더라도 디지털 전환이 늦어졌다는 사실은 부정할 수 없다. 금융 디스럽터가 뛰어난 사용자 인터페이스와 사용자 경험을 제공하는 고객 접점을 개발한 반면, 메가뱅크의 고객 접점은 아직도 점포 창구와 ATM이라는 비즈니스 모델에서 벗어나지 못했다.

　환경은 메가뱅크에 불리한 방향으로 변화하고 있다. 이는 데이터를 보더라도 명확하다. 예를 들면 스마트폰과 태블릿 PC의 보급에 의한 '모바일 전환'은 은행에서도 급속도로 이루어진다. 미국에서는 이미 사용자가 은행을 고르는 결정적 요인이 '모바일 서비스를 충실히 갖췄는가?'다. 시장조사기관인 비즈니스 인사이더 인텔리전스Business Insider Intelligence의 '모바일 뱅킹 경쟁 우위Mobile Banking Competitive Edge'에 따르면, 모바일 뱅킹 이용자 중 64%가 은행 계좌를 개설하기 전에 해당 은행의 모바일 뱅킹 서비스에 관해 알아보며, 61%가 모바일 뱅킹 사용성이 나쁘면 은행을 갈아탄다고 한다.

또 미쓰비시UFJ파이낸셜 그룹^{MUFG}에서는 2016년까지 10년 동안 은행 창구를 찾는 고객 수가 약 40% 감소한 한편, 인터넷 뱅킹 이용자는 5년 동안 약 40% 증가했다.

미국과 유럽에서는 모두 이런 모바일 전환에 따른 영향으로 지점 폐쇄가 잇따른다. 일본의 메가뱅크도 상황이 녹록지 않음을 충분히 인지하고 있다. 구태의연한 금융기관으로서의 방향성을 부정하고 새로운 시대의 디지털 은행을 모색하기 시작했다.

공통적인 움직임으로 꼽을 수 있는 것은 빅데이터와 AI의 활용을 통한 업무 효율화와 신규 서비스 개발이다. 메가뱅크의 '유산'으로 변혁의 걸림돌로 작용하는 전국의 점포망과 대량의 인원도 재검토되고 있다. MUFG는 2023년까지 창구에서 직원이 접객하는 지점을 절반으로 줄이고 자동화가 진행된 차세대 점포를 늘리겠다고 한다. 미즈호도 2024년까지 전 거점을 차세대 점포로 전환하는 동시에 100개 점포를 줄일 방침이다. SMBC는 430여 개 점포를 차세대형 점포로 만들 계획을 세웠다.

핀테크와 제휴하여 신규 서비스를 개발하려는 움직임도 눈에 띈다. 자체적인 서비스를 개발하여 핀테크에 대항하는 움직임과는 별개로, 핀테크를 육성하는 스타트업 프로그램을 제공하거나 유망한 스타트업에 출자하는 방식으로 오픈 이노베이션을 계획하고 있다. 예를 들면 미쓰이스미토모 파이낸셜 그룹(SMBC 그룹)은 실리콘밸리 및 뉴욕의 액셀러레이터와 제휴해 현지에 거점을 마련했다. 일본에도 도쿄 시부야에 이노베이션 거점인 '홉스 링크 도쿄hoops link tokyo'를 설립하여 다양한 핀테크 참여자로 구성되는 생태계 발전을 목표하고 있다.

자신을 파괴할지도 모르는 신흥 핀테크 기업과 경쟁이 아닌 공동 창조를 해나가는 것. 언뜻 이익에 반하는 전략처럼 여겨질 수도 있겠지만, 이런 제휴는 메가뱅크와 핀테크 기업 양쪽에 커다란 이점을 가져다준다. 『핀테크의 충격』(시로타 마코토)은 핀테크 기업 측의 이점으로 일곱 가지를 꼽는다.

① 기존 금융기관의 고객에게 도달할 수 있다.
② 인지도 및 소비자 신용이 증가한다.
③ 복잡한 금융 규제와 윤리·준법에 대한 이해가 향상된다.
④ 위험 관리 노하우를 획득할 수 있다.
⑤ 자금 조달력이 올라간다.
⑥ 글로벌 결제 시스템에 접근할 수 있다.
⑦ 독자적으로 은행 면허를 취득하지 않아도 된다.

기존 금융기관도 핀테크 기업과의 제휴로 다음과 같은 이점을 누릴 수 있다.

① 기존 시스템의 제약을 받지 않고 새로운 아이디어를 시도할 수 있다.

② 빅데이터와 인공지능 등 첨단 기술을 활용한 서비스를 고객에게 제공할 수 있다.

③ 융자 등의 서비스를 기존보다 저렴한 비용으로 신속하게 고객에게 제공할 수 있다.

④ 지금까지 손길이 미치지 않았던 틈새시장 영역의 서비스도 제공할 수 있다.

⑤ 고객 경험을 개선하여 밀레니얼 세대 등 신규 고객층을 개척할 수 있다.

사실 이제까지 일본에서는 은행법 때문에 은행과 핀테크 기업이 제휴하기 어려웠다. 그러나 2018년 6월에 개정 은행법이 시행되면서 상황은 달라졌다. 세계의 핀테크 조류에 일본이 뒤처져 있는 상황을 심각하게 바라본 금융청의 주도로, 핀테크 기업과 데이터를 연동할 수 있는 '오픈 API'를 도입하도록 노력하라는 의무가 부과된 것이다. 이로써 메가뱅크와 핀테크 기업의 공동 창조가 단번에 가속한 것으로 보인다.

이런 변화에 따라 일본의 메가뱅크는 디지털 전환에 박차를 가하고 있다. 이제 각사의 대응을 살펴본다.

혁신 기업의 딜레마를 타파한 MUFG

—

미쓰비시UFJ파이낸셜 그룹MUFG은 앞장서서 디지털 전환에 대응해 가는 기업이다. 여기서 '앞장선다'라고 표현한 데는 커다란 이유가 있는데, 그것은 조금 뒤에 말하겠다.

MUFG는 2017년 9월에 '디지털 전환 전략'을 발표하며 전통적인 은행 업무로부터의 변혁을 선언했다. 구체적인 개혁 대책은 2017년 5월에 발표한 'MUFG 재창조 이니셔티브'에 기록되어 있다. 개혁의 골자는 비즈니스, 조직 문화, 프로세스, 사회의 네 가지다. '디지털을 활용한 사업 변혁'을 통해 영업순이익 효과 2,000억 엔을 목표한다.

우수한 엔지니어가 활약할 수 있는 조직인가

개혁에 즈음해서 MUFG는 새로운 임원직인 CDTO Chief Digital Transformation Officer(최고 디지털 전환 책임자)를 설치했다. 디지털 기획부도 설치해 외부의 식견까지 활용하여 기존의 은행원 발상에서 탈피한 시책을 추진한다고 밝혔다.

CDTO에는 CIO(2019년 3월 시점에는 집행역 전무)인 가메자와 히로노리亀澤宏規가 겸임하는 형태로 취임했다. 가메자와 CDTO가 디지털 전환을 완수하기 위한 최고 책임자가 된 셈이다.

CDTO는 일반에 알려지지 않은 임원직으로 생소할 수 있는데, 디지털 전환을 추진하는 지휘관으로 많은 자질이 요구된다. 디지털 전환의 대상이 소매은행이라면 소매 업무를 숙지할 필요가 있다. 동시에 전통적인 금융 시스템, 그리고 GAFA 등 메가테크의 맥락에서 최신 테크놀로지 양쪽에 정통하지 않으면 안 된다. 알리바바, 텐센트 등 금융 디스럽터의 동향도 파악할 필요가 있다. 그런 인재가 메가뱅크에는 희소하다.

덧붙이자면 디지털 전환에는 우수한 엔지니어가 꼭 필요하다. 세계의 모든 금융 디스럽터가 갖고 싶어 하는 우수한 엔지니어를 어떻게 유혹하여 채용하고 정착시킬 수 있는가. 이것도 CDTO의 업무다. 분명 쉬운 일은 아니다. 우수한 엔지니어를 채용할 수 있다고 해도 채용된 인재가 활약할 수 있는 직장 환경을 정비하지 못한다면 인재들은 일찌감치 가망이 없다고 포기해 경쟁 기업으로 흘러가고 말 것이다.

그만큼 CDTO는 광범위한 영역에서 리더십을 발휘해야 한다. MUFG뿐만 아니라 모든 메가뱅크가 CDTO를 임명했는데, 차기 은행장으로 지목된 우수 인재가 많이 선택받은 데는 이런 이유가 있다.

필자는 메가뱅크를 비롯한 일본 은행이 금융의 디지털 전환이라는 대결에서 승자로 남을 수 있을지는 '우수한 엔지니어를 매료해 자율적으로 일하도록 고무하고, 스타트업 기업 같은 조직 문화로 쇄신해 혁신을 만들어낼 수 있는가'에 달려 있다고 분석한다.

거래 채널 개혁과 업무 효율화

MUFG의 '디지털을 활용한 사업 변혁'이란 2018년에 시작한 중기 경영 계획에서 제시된 열한 가지 구조 개혁의 골자를 전사적으로 추진하는 것이다. 이는 '회사의 핵심부까지 바꾸는' 디지털 전환의 본질을 제대로 파악했다는 증거다.

구체적인 대응으로는 첫째로 '채널 강화'를 들 수 있다. 예를 들면 스마트폰 앱과 전화 FAQ 자동 응답 등을 비롯해 비대면 채널을 확대했다. 이로써 현금카드나 통장 재발행, 주소 변경 등을 위해 굳이 오프라인 점포를 방문할 필요가 없어진다. 여기에는 점포 방문객의 감소, 인터넷 결제 사용자의 증가와 같은 거래 방식의 변화에 발맞춰 다양한 거래 채널을 제공하려는 의도가 있다.

그런 한편으로 유인 채널도 혁신한다. 일본 국내에 500곳이 넘는 유인 점포 중 70~100개 점포를 신형 점포인 'MUFG 넥스트^{MUFG NEXT}'로 교체할 방침이다. 세금과 공과금 납부를 기계화하고 상담원과는 영상 전화로 상담할 수 있는 창구를 설치하는 것이 특징이다. 이렇게 점포 사무를 효율화하여 점포에 배치되는 인원이 두세 명이면 충분하게끔 할 전망이다.

이처럼 채널의 다양화와 차세대 점포화를 통해 고객이 언제 어디서나 서비스에 접근할 수 있는, 공간에 구애받지 않는Location Free 채널을 구축한다고 한다.

AI와 빅데이터의 활용도 진행한다. 헬프 데스크, 장표 처리, 검색, 영업 지원, 심사 등 5개 영역의 업무를 AI로 대체한다. 앞으로 10년 안에 이 업무들의 약 40%를 AI로 대체할 수 있다고 한다.

이미 2016년부터 RPA를 활용한 업무 프로세스 개혁이 시작됐다. RPA Robotic Process Automation란 사람이 컴퓨터로 하는 일련의 업무를 로봇이 대체해 자동화함으로써 효율화를 도모한다는 개념이다. 적용 업무는 주택 대출 서류의 점검, 외국 송금 관련 업무, 주주총회 안건 공지, 결제 데이터 등의 분석, 은행 간 결제 관련 업무 등이다. 앞으로 더욱 효율화하여 조만간 2,000여 가지 업무에 적용할 예정이다.

블록체인 활용과 오픈 이노베이션

MUFG는 메가뱅크이면서도 블록체인을 사용한 가상화폐를 개발한다는 소식으로 화제가 됐다. 결제의 디지털화라는 조류를 전제로 일상적인 지불부터 기업 간 송금, 은행 간 결제에 이르기까지 다양한 유스케이스Use Case를 상정하여 실증을 거듭하고 있다.

그중 하나로 'MUFG 코인'의 시범 도입이 있다. '시장 변동이 커서 불안정하다', '화폐의 발행 주체가 불명확하다' 등 기존 가상화폐의 문제점을 해결하고 은행 발행이라는 가치 안정(1코인＝1엔)을 통해 신뢰

받는 결제 인프라로 이용되는 것을 목표한다. 외부 사업자와도 제휴해서 신규 서비스 개발 등을 진행한다고 한다. 2018년 3월에는 MUFG 코인을 활용하는 비즈니스를 주제로 '해커톤Hackathon('해킹hacking'과 '마라톤marathon'의 합성어로, 참가자들이 팀을 이루어 일정 시간 내에 아이디어의 구체적인 결과물을 만들어내는 대회)'을 개최하는 등 새로운 금융 서비스를 모색했다.

가메자와 CDTO는 이렇게 말했다.

"그저 웃고 즐기는 축제로 끝내지 않겠습니다. 여기서 나온 뛰어난 아이디어는 사업화를 검토하겠습니다(《IT 미디어 뉴스IT media NEWS》 2018년 3월 5일)."

또 가메자와 CDTO는 다음과 같이 말하며 다른 은행과 제휴할 가능성도 시사했다.

"범국가적인 플랫폼도 상정하고 있습니다(《니혼게이자이 신문》 2017년 9월 22일)."

MUFG는 인터넷 기업이 특기로 하는 오픈 이노베이션에도 적극적으로 대응한다.

'MUFG API 포털'을 통해 금융 서비스 기능을 외부에 공개함으로써, 외부 기업과 제휴하면서 새로운 금융 서비스를 속도감 있게 전개할 수 있는 기반을 마련했다. 해외에는 글로벌 혁신팀을 창설하여 현지 핀테크 벤처와의 제휴를 가속시키면서 실증 실험을 진행한다고 한다. 현재까지 실리콘밸리, 뉴욕, 싱가포르, 런던에 거점을 두고 있다.

또 2017년 10월에 설립한 '저팬 디지털 디자인Japan Digital Design'
은 MUFG가 지금까지 내부 조직으로 키워왔던 '이노베이션 연구소
Innovation Lab'를 독립시킨 회사다. 이 회사에서는 외부 엔지니어, 지역
금융기관 34개사와의 협업 등을 통해 혁신적인 고객 경험을 개발하고
사회적 비용을 절감할 수 있도록 대응한다고 한다.

2015년부터는 금융 서비스에 변혁을 가져다줄 창업가와 벤처 창업
을 지원하고 사업 제휴를 모색하기 위한 'MUFG 디지털 액셀러레이
터 프로그램'도 진행 중이다. 이 프로그램은 MUFG 그룹의 전사적인
사업 계획의 보완, 프로토타입 구축 지원, 사업 계획의 방향성에 부합
하는 파트너사 선정, 연합 전선 구축 등 사업화를 위한 단계를 전면적
으로 지원하여 새로운 사업을 론칭하는 것을 목표한다.

디지털 은행으로 거듭나기 위해 조직 문화를 개혁하는 데 힘쓴다는
점도 MUFG의 특징이다. '만전을 기하고, 실패를 허용하지 않으며, 기
회손실을 질책하지 않던' 기존의 사고방식에서, '속도를 중시하고, 도
전을 장려하며, 실패에서 배운다'는 사고방식으로 전환하자고 역설하
여 '회사의 핵심부까지 디지털화'하려는 자세를 확인할 수 있다.

자기 잠식도 두려워하지 않는다

그리고 마지막으로 언급해두고 싶은 것은 MUFG 그룹 수장인 히
라노 노부유키平野信行 회장이 디지털 전환에 관해 얘기할 때 사내에서
가장 많이 하는 말이다. 바로 "자기 잠식이 되는 일을 해라"라는 말이

다. 자기 잠식이란 기존 사업과 신규 사업이 서로 잡아먹는 것을 의미한다. 혁신론에서 기업이 파괴적인 혁신을 만들어내는 데 최대의 장애물이라고 지적받는 것이다. 이른바 '혁신 기업의 딜레마The Innovator's Dilemma'다.

'최강의 금융 디스럽터'이기도 한 아마존 CEO 제프 베조스가 '혁신 기업의 딜레마'를 강하게 의식한다는 사실이 미국에는 널리 알려져 있다. 아마존은 이미 거대 기업이 됐지만, 그래도 여전히 스스로 파괴적인 혁신을 계속 일으키는 기업이 되고자 했고, 또 성공했다. 이와 같은 일이 가능한 것은 베조스가 기존 비즈니스와의 자기 잠식에 망설임이 없다는 것이 한 가지 이유일 것이다.

전자책 단말기 '킨들'이 좋은 사례다. 아마존은 인터넷 서점으로 출발한 회사이기 때문에 전자책은 기존 사업과 자기 잠식을 일으킬 가능성이 있었다. 그러나 베조스는 기존에 서적 부문을 담당하던 간부를 디지털 부문으로 발령한 뒤 이렇게 말했다.

"자네 임무는 여태껏 쌓아 올린 사업을 죽이는 것일세. 종이책 파는 사람을 모두 실직자로 만들 것처럼 디지털 사업을 진행하게(브래드 스톤 『아마존, 세상의 모든 것을 팝니다』)."

보통은 기존 사업이 파괴될 것을 우려하여 대담한 계획을 내놓기가 어렵다. 그런데도 MUFG의 히라노 회장은 오히려 자기 잠식이 되는 일을 추진하겠다고 한다. 아마존처럼 '혁신 기업의 딜레마'를 타파하려는 것이다. 그룹 내부에 알력을 만들어냈다며 외부로부터 비판받는,

은행과 신탁의 통합에 관해서도 필자는 히라노 회장이 대담한 장기적 비전에서 거꾸로 계산하는 방식으로 금융기관 경영에 나서고 있기에 비로소 가능한 행동이었다고 분석한다.

은행 자체가 정말로 붕괴할지 모르는 중대한 과도기에 경영자의 강력한 리더십이 불가결하다는 점은 두말할 나위도 없다. 가메자와 CDTO의 등용도 같은 맥락에서 분석해야 오판에 빠지지 않는다.

애초에 은행이 테크놀로지 기업으로 다시 태어나지 않으면 살아남을 수 없다는 사실이 명백해졌으므로 차세대의 리더상도 당연히 지금까지와는 크게 달라질 수밖에 없다. 메가뱅크에 요구되는 디지털 전환이란 단순한 시스템화가 아니고, 테크놀로지 전략도 아니며, 경영 전략마저 아니다. 디지털 전환을 통해 자기 자신을 파괴하는 대담함이 요구된다. 그렇기에 일본 은행 전체의 시금석으로서 MUFG가 자기 잠식을 해나가는 모습을 더더욱 주시할 필요가 있다.

미즈호FG, 핀테크와의 제휴를 통한 오픈 이노베이션

—

미즈호 파이낸셜 그룹(미즈호FG)은 2018년 채용 공고를 낼 때 "미즈호답지 않은 사람을 만나고 싶습니다"를 캐치프레이즈로 삼았다. 이는 구태의연한 금융기관 특유의 '실패하지 않는 것을 우선시하는 보수적 문화'를 깨부수고 창조적인 인재를 채용하려는 것이다. '회사의 핵심부까지 바꾸는' 디지털 전환에는 인재의 쇄신도 불가결하다.

미즈호FG의 공식 사이트 www.mizuho-fg.com에는 '금융 혁신을 향한 적극적 노력'이라는 제목으로 다음과 같은 메시지가 게재되어 있다.

"메가뱅크로서 지금까지 구축해온 '고객 기반'과 '정보 기반', 그리고 '금융 식견·기술' 면은 탄탄하지만 '혁신적인 창조', '첨단 테크놀로지', '판별력' 면은 부족했습니다. 이런 약점을 보완하기 위해 강한 대형 벤처 및 핀테크 기업과 제휴함으로써 신규 비즈니스를 창출하고, 고객에게 더 다가설 수 있도록 편의성 높은 서비스를 제공하며, 선진적인 브랜드 이미지를 구축하는 것을 목표로 합니다."

2015년 7월에는 전사적인 대응책으로 신규 비즈니스 창출을 목표 하는 '인큐베이션 프로젝트 팀'을 설치했다. 2017년 4월에는 디지털 혁신을 전담하는 임원으로 CDIO^Chief Digital Innovation Officer(최고 디지털 혁 신 책임자)를 설치하고, 인큐베이션 프로젝트 팀을 '디지털 혁신부'로 재편했다. 이 조직은 조직 간 울타리를 뛰어넘는 디지털화 추진 부대 로 자리매김했다.

고객 경험 가치를 우선한 모바일 컴퓨팅 도입

구체적인 대응을 살펴보자.

업무 효율화는 수시로 진행된다. 예를 들면 수기 장표의 판독과 입 력을 자동화하는 시스템을 개발하여 2019년부터 미즈호 은행에 도 입한다. 미즈호 은행이 출자한 신생 핀테크 회사인 블루랩^Blue Lab과 IT 컨설팅 회사인 시그마크시스^SIGMAXYZ 등이 공동으로 개발한 것이다. 실증 실험에서는 장표 처리의 80%가 자동화됐다고 한다. 또 은행, 신 탁, 증권 서비스를 한 번에 받을 수 있는 점포를 확대하면서 점포 수를 줄일 방침이다.

고객 접점을 다양화하고 고객 경험을 향상하는 것도 서두르고 있 다. 2017년 10월에는 '미즈호 다이렉트' 앱에 생체 인증 기능을 도입 했다. 2018년 봄에는 스마트폰용 직불 결제 서비스인 '스마트 데비트 ^Smart Debit'와 해당 서비스를 사용할 수 있는 결제앱인 '미즈호 월렛みず ほ Wallet'을 제공하기 시작했다. 신용카드가 아닌 은행 계좌에서 직접

충전되므로 결제와 동시에 인출이 완료된다. 2018년 8월에는 JR 동일 본JR東日本과의 제휴를 통해 '미즈호 스이카Mizuho Suica' 기능이 추가됐다. 이 서비스도 미즈호 은행 계좌에서 직접 충전할 수 있다.

이런 대응의 결과, 모바일 컴퓨팅 도입으로 고도의 시스템을 구축하여 눈에 띄는 성과를 올리고 있는 기업과 단체를 표창하는 'MCPC 어워드'를 8년 연속으로 수상했다.

미즈호 은행의 모바일 전략에 관해 질문을 받은 미즈호 은행의 개인 마케팅추진부 디지털채널개발팀에 있는 니시모토 사토시西本聡는 다음과 같이 말했다(《IT 미디어 모바일IT media Mobile》 2018년 8월 24일).

"QR과 NFC의 비교표를 만들거나, 가맹점 수수료가 3%인지 1%인지와 같은 부분을 비교한 자료를 흔히 보는데, 이는 고객 관점이 아닙니다. 이용자뿐만 아니라 가맹점도 고려해야 하는 것 아니냐는 의견도 듣는데, 가맹점이 아무리 편리해지더라도 이용자가 쓰지 않으면 서비스 자체가 성립하지 않아요. 어느 쪽이 좋은가 나쁜가의 문제가 아니라, 이용자를 최우선으로 생각하여 고객 경험 가치를 어떻게 향상하느냐가 중요한 지점입니다."

"캐시리스화하면 비용 8조 엔이 절감되고 ATM도 줄일 수 있다는데, 이를 달성하기 위해서라도 일단은 사용자가 편리하게 써주는 것이 무엇보다 중요합니다. 편의성이 향상된 다음에 이익과 비용 절감이 따라온다는 말이지요. 보급을 촉진하는 데 필요한 것은 은행 본위, 업계 본위의 서비스가 아니라 고객 경험의 향상입니다. 따라서 'NFC냐 QR

이냐', 'QR 방식으로 하면 가맹점 수수료가 싸진다' 같은 소리를 할 게 아니라 '늘 비싸다는 소리가 나오는 스타벅스를 왜 모두 이용하는가?' 라고 물어야지요. 역시 고객 경험이 중요하다고 봅니다."

은행 형편이 아닌 고객 경험을 중시해야 한다는 말은 기존 은행 기관의 문제점을 정확하게 인식한 발언으로 주목할 만하다.

제이스코어, AI가 신용 점수를 산출해 융자한다

핀테크와의 제휴를 통한 오픈 이노베이션도 적극적으로 진행하고 있다.

대표적인 사례로 2016년 11월 미즈호 은행이 소프트뱅크와 공동으로 설립한 주식회사 제이스코어J Score가 있다. 제이스코어는 융자받고 싶은 고객이 융자에 필요한 질문에 답변하는 것으로 데이터를 제공하고, 그 답변 내용을 토대로 AI가 신용 점수를 산출해 융자하는 서비스다. 모든 절차는 스마트폰에서 완결된다. 사업 개시 반년 만에 대출액이 약 35억 엔에 달하는 등 쾌조의 출발을 보여준다.

2017년 6월에는 윌Wil 그룹 등과 제휴하여 차세대형 비즈니스 모델을 창조하는 주식회사 블루랩을 설립했다. 결제 플랫폼을 구축하고, AI와 빅데이터를 활용한 소프트웨어를 개발하고 있다.

온라인 은행에서는 라인LINE을 이용한 잔고 조회, 가계부 앱인 '머니 포워드Money Forward'를 통한 입출금 관리, 역시 가계부 앱인 '머니 트리 MONEY TREE'를 이용한 평생 통장 서비스 등을 제공한다. 은행 계좌와 연동되는 자동 저금 앱인 '핀비FinBee'는 네스트에그NestEgg가 제공한다. 자산 운용 로보 어드바이저인 '스마트 폴리오SMART FOLIO'를 통해 고객 개개인의 위험 허용도에 적합한 운용 포트폴리오도 제안한다.

그리고 2018년에는 라인과 손잡고 라인 은행을 설립한다는 소식이 발표됐다. 라인 입장에서 메가뱅크가 지닌 신뢰와 안심은 금융 서비스 를 강화하는 데 꼭 필요한 것이었다. 한편 미즈호 측에서는 라인 이용 자인 디지털 네이티브 세대를 확보하고 싶다는 노림수가 엿보인다.

SMBC 그룹,
오픈 이노베이션의 기반을 닦다

—

미쓰이스미토모 파이낸셜 그룹(SMBC 그룹)과 미쓰이스미토모 은행은 전사적으로 IT를 활용한 혁신을 강화할 목적으로 'IT 이노베이션 추진부'를 설치했다. SMBC 그룹 혁신의 거점으로 삼은 것이다.

구체적으로는 다음과 같이 대응하고 있다.

2015년에는 GMO와 미쓰이스미토모 은행이 'SMBC GMO 페이먼트SMBC GMO PAYMENT'를 설립하여 결제 대행 사업을 시작했다. 2017년에는 NTT 데이터NTT DATA 등과 공동으로 생체 인증 플랫폼을 제공하는 '폴라리파이Porarify'를 설립하여 얼굴, 손가락, 목소리 등 생체 정보를 사용한 인증 앱을 제공한다. 그 밖에도 블록체인, AI, IoT와 같은 기술을 사용한 실증 실험을 진행하고 있다.

오픈 이노베이션을 만들어내기 위한 기반을 조성하는 데도 주력한다. 해외에서는 실리콘밸리에 요원을 파견하여 선진적인 벤처 기업 및 IT 벤더와 네트워크를 형성하고 있다. 또 세계적인 규모의 벤처캐피털

Venture Capital이 플러그앤플레이PLUG and PLAY와 손잡고 우량한 벤처 기업과의 제휴를 진행하고 있다.

일본 내에서도 마찬가지다. 벤처와의 제휴를 위해 오픈 이노베이션 미트업Meet-up, 피치 콘테스트Pitch Contest(다수의 스타트업이 짧은 시간에 자사의 제품과 서비스를 소개하는 경진 대회 형식의 이벤트), 금융 API를 활용한 해커톤 등을 개최하고 있다.

2017년 9월에는 도쿄 시부야에 오픈 이노베이션 거점인 '훕스 링크 도쿄hoops link tokyo'를 개설했다. SMBC 그룹의 식견과 네트워크 아래에서 스타트업, 지방자치단체, 대학, 대기업 등이 각자 해결해야 할 과제를 가져와 서로 연계한다. 이곳에는 IT 이노베이션 추진부의 직원이 상주하면서 액셀러레이터 프로그램과 세미나, 피치 이벤트 등을 개최한다.

점포도 개혁하고 있다. 현재 운영 중인 430여 개 점포를 2020년 3월까지 '차세대형 점포'로 바꾸기 위한 점포 개혁을 추진한다. 셀프서비스와 자동화로 창구 업무를 줄이는 한편으로, 자산 운용과 대출 상담을 위해 방문한 고객의 수요에도 긴밀히 대응할 방침이다. 2018년 2월에는 마이크로소프트와 공동으로 개발한 대화형 자동 응답 시스템을 그룹 각사에 전개해나가겠다고 발표했다.

메가뱅크가
사수해야 할 것
—

2018년부터 주요 금융 디스럽터 기업들이 QR 코드 결제 사업을 본격화하면서 일본도 캐시리스화 분위기에 휩싸였다. 이 때문에 은행 불필요론과 은행 소멸론 등을 언론에서 접할 기회가 늘어난다. 그러나 은행이 결제 업무만 하는 것은 아니다. 금융 디스럽터가 대두함에 따라 기존 은행이 어떤 영향을 받을지를 알아보려면 먼저 사업 구조를 제대로 분석하는 것이 중요하다. 여기서는 일본 은행에서 무엇이 사라지고 무엇이 남을 것인지를 분석한다.

대기업의 기업 금융을 사수하라

먼저 2장에서 제시한 '유산 분석'이 중요하다. 최종적으로 은행이 '진정한 유산'으로 남겨야 하는 것, 지금부터 더욱 높여야 할 것은 신뢰·신용과 전문성이다. 이 요소들의 우위성을 발휘할 수 있는 영역은 은행에 남고, 그다지 발휘하지 못할 영역은 사라져갈 가능성이 크다.

은행 업무를 몇 가지 중요한 관점으로 분류해 살펴보자.

먼저 고객이 법인인지, 개인인지에서 차이가 난다. 법인 거래가 개인 거래보다 상대적으로 남기 쉽고, 그중에서도 대기업 거래가 중소기업 거래보다 남기 쉽다.

예를 들면 고도의 전문성이 필요한 대기업의 기업 금융 거래는 최후까지 메가뱅크가 사수해야 할 업무다. 개인 거래의 경우 부유층 거래가 남기 쉽고, 일반 개인을 대상으로 하는 거래는 금융 디스럽터의 영향을 강하게 받을 것이다. 부유층은 신뢰·신용과 전문성을 더 중시하지만, 일반 개인을 대상으로는 뛰어난 고객 경험을 제공한다는 점에서 금융 디스럽터가 특기를 발휘하리라 여겨지기 때문이다.

업무별로 살펴보면 예금, 대출, 환전이라는 3대 업무 중에서도 가장 큰 영향을 받는 업무는 환전(결제)일 것이다. 금융 디스럽터도 사실상 예금에 가까운 서비스를 더욱 적극적으로 전개할 것으로 예상하지만, 법률상 예금을 제공할 수 있는 곳은 일정 조건을 충족한 금융기관에 한정된다. 대출에서는 대기업 거래가 남기 쉽고, 중소기업 거래는 금융 디스럽터의 공격을 받기 쉬울 것이다.

QR 코드 결제와 은행의 송금 수수료

당면의 초점인 결제에는 많은 방식이 있는데 여기서는 범위를 좁혀 지금 화제가 되는 QR 코드 결제를 살펴보자. 다음 도표(299쪽)처럼 QR 코드 결제는 계층구조의 최상위에 위치하여 고객의 직접적인 결

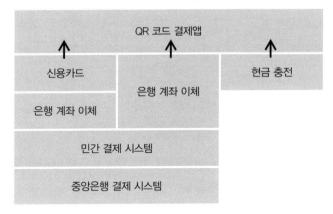

QR 코드 결제의 계층구조

제 수단이 된다. QR 코드 결제는 주로 신용카드, 은행 계좌 이체, 현금 충전의 세 가지 방법으로 지탱된다.

그중 전자인 두 가지의 경우, 최종적으로는 은행 계좌가 결제 인프라다. 또 여기서는 신용카드를 간과할 수 없다. '스마트폰의 QR 코드 결제가 확산하면 신용카드는 필요 없어지는 것 아닌가?'라고 생각하는 사람이 꽤 될 것 같은데, 실제로 QR 코드 결제는 상당한 비율로 신용카드와 연동시켜 사용하는 경우가 많다.

한편 결제 중에서도 몇 년 후에 은행이 커다란 영향을 받을 법한 부분이 송금이다. 특히 개인 사이에 스마트폰을 사용해 자주 송금하게 되면서 은행은 많은 영향을 받을 것이다. QR 코드 결제앱으로는 수수료 없이 단순한 조작으로 가입자 간 송금이 가능해질 것이다.

스마트폰의 개인 간 송금이 어디까지 확산할지는 네트워크 효과가 작용하는 방식에 좌우된다. SNS와 휴대전화가 보급됐을 때와 마찬가지로 QR 결제 이용자가 일정 규모까지 늘어나면 그때부터 단번에 보급될 가능성이 있다. 그렇게 되면 은행은 송금 수수료라는 커다란 수익원을 상실할 것이다.

또 여기서 지적해두고 싶은 것은 QR 코드 결제의 결제 인프라로서 은행이 제공하는 부분이 남을지도 모르지만, 고객 접점은 QR 코드 결제 부분이 담당한다는 점이다. 5장에서도 얘기했듯이 금융의 결제라는 고객 접점에서부터 다양한 비즈니스가 발전해나갈 가능성이 크다. 각사는 모두 이를 목표로 군웅할거의 치열한 대결에 임하고 있다.

이런 와중에 메가뱅크에서는 미즈호FG가 선행해서 디지털 화폐인 'J 코인'을 발행하고, 스마트폰 QR 코드 결제앱인 'J 코인 페이' 서비스를 시작했다. 은행 계좌에서 앱으로의 충전, 계좌로의 재입금, 나아가 이용자 간 송금도 무료인 것이 커다란 강점으로 강조된다. 'J 코인 페이' 결제 연합에는 은행 60여 곳도 참여하므로 앞으로 커다란 영향력을 갖게 되리라고 예상한다. 은행에 요구되는 것은 QR 코드 결제라는 고객 접점을 다른 서비스와도 얼마나 연결할 수 있을 것인가 하는 점이다. 알리바바와 텐센트가 이미 실현한 수익화 모델이다.

테크놀로지 기업이 QR 코드 결제를 통해 이용자를 본업으로 유도하여 수익화하고 있는데, 이런 시나리오를 제대로 그려내지 못한다면 그저 결제에서 얻는 수입만 감소시키는 결과가 될 수 있다. QR 코드 결제 자체가 단기적으로는 적자 사업이라는 사실이 명백해진 가운데, 은행에는 서비스 기업으로의 대전환이 요구되고 있다. 최종장에서는 여기서 분류한 방법으로 2025년의 차세대 금융 시나리오를 예측한다.

QR 코드 결제에 관한 마지막 설명으로, 난립하는 각사의 QR 코드 결제 서비스가 서로 다른 기능을 제공하게 된 커다란 이유인 일본의 법 제도에 관해서 언급해두고자 한다.

일본에서 QR 코드 결제를 사용하는 데 필요한 현금 충전 기능을 제공하려면 '선불식지불수단발행자' 등록을 해야 한다. 별도의 심사 없이 등록만 하면 되지만 업자는 50% 이상의 공탁금을 내야 한다.

신용카드와 연동시키려면 '신용카드번호등거래계약체결사업자' 등록을 해야 한다. 등록하려면 경제산업성의 심사를 받아야 하는데 그 허들이 높다.

은행 계좌 인출의 경우에는 '전자결제등대행업자' 등록을 해야 하며, 이쪽에는 더 높은 허들이 부과되어 있다. 또 결제앱 등에 쌓여 있는 잔액을 계좌로 보낼 수 있도록 하려면 '은행업' 또는 '자금이동업' 등록을 해야 하며 후자의 경우에는 100% 이상의 공탁금을 내야 한다.

결제는 금융 거래의 핵심이기 때문에 소비자에게 편의성 높은 서비스를 제공하려면 은행법이나 자금결제법 등에 의해 기업에는 높은 허들이 부과될 수밖에 없는 셈이다.

메가뱅크의 '당연한 것'과 금융 디스럽터의 '당연한 것'

앞으로 은행에 진정한 유산으로 남게 될 '점포, 사람, 시스템'은 메가뱅크가 추진하기 시작한 '미래형 점포' 안에서 그 힌트를 찾을 수 있다.

그런 한편으로 '미래형 오프라인 점포'의 경우는 금융 디스럽터도 디지털 은행이라는 중심축으로부터 그만큼 더 특화해 전개할 수 있다는 점을 간과할 수 없다.

메가뱅크를 파괴하려는 테크놀로지 기업이 최대 무기로 삼고 있는 고객 중심주의와 고객 경험을 메가뱅크가 정말로 이해했을까? 필자는 아직 대단히 회의적으로 본다.

형식적으로 따라 하기란 어렵지 않다. 스마트폰 결제앱이든, 오픈 이노베이션이든 메가뱅크는 적극적이다. 그러나 테크놀로지 기업이 중시하는 가치관까지 완전히 자기 것으로 소화할 수 있는지를 묻는다면 아직 의문이 남는다. 인터넷 기업이 생각하는 '당연한 것'과 메가뱅크가 생각하는 '당연한 것' 사이에 여전히 큰 간극이 남아 있다.

인터넷 기업과 동등한 고객 중심주의를 관철하겠다면 메가뱅크로서의 자존심을 일단 내려놓을 필요가 있다. 물론 자기부정이라는 고통을 동반하는 일이다.

그런데 이를 몸소 실행해 보인 은행이 있다. 바로 싱가포르의 DBS 은행이다. 다음 장에서는 DBS 은행에 관해 얘기하겠다.

메가뱅크를
위태롭게 하는 것

—

여기서 메가뱅크의 최대 위험 요인을 간략하게 언급해둔다. 이 책에서는 메가뱅크의 디지털 전환 전략에 특화해서 설명하겠지만, 원래대로라면 경영 전략 전반에 관해서도 자세히 다루고 싶은 지점이다.

아시아 금융 위기의 한가운데에서

1997년 7월, 타이발 아시아 금융 위기가 발발했을 때 필자는 MUFG의 싱가포르 거점에서 근무했다. 동남아시아의 신디케이트 론, 프로젝트 파이낸스Project Finance, 기채起債(국채, 회사채 등 채권을 발행하는 일), M&A 자문역 등 투자은행 업무를 담당하여 일주일의 반은 싱가포르에서 생활하고, 나머지 반은 동남아시아 출장으로 보내고 있었다.

타이에서 불붙은 아시아 금융 위기는 이후 말레이시아, 인도네시아, 필리핀, 한국 등으로 번졌고 타이, 인도네시아, 한국은 IMF 관리하에 들어가는 혹독한 상황이 펼쳐졌다.

일본도 강 건너 불구경할 형편은 아니었다. 아시아 대상의 대출 채권이 부실채권화한 데다 정부가 긴축재정 정책을 펼치던 시점과도 겹치면서 이듬해인 1998년에는 일본에서도 금융 위기가 발발했다. 1998년 10월의 일본장기신용은행 국유화, 같은 해 12월의 일본채권신용은행 국유화 등은 일본인이라면 아직 기억에 새롭지 않을까 싶다.

싱가포르에 있을 때《로이터》등의 금융 면에 표시되는 대對달러 환율이 시시각각 절하되어가던 상황을 아직도 생생하게 기억한다.

필자는 당시에 MUFG가 주간사MLA, Mandated Lead Arranger로서 조성했던 인도네시아 최대 제약사 대상의 신디케이트 론을 담당하고 있었다. 조성 건이 완료되어 겨우 한시름을 놓았는데 아시아 금융 위기에 휘말린 것이다. 이후 그 제약사도 채무 불이행에 빠졌으며 연말에는 대규모 채권자 집회를 개최했던 일도 뇌리에 강하게 새겨져 있다.

인도네시아에서는 그해 초가을부터 자카르타에서 폭동이 일어날 위험성이 심각하게 제기됐고, 실제로 이듬해인 1998년에는 폭동이 발발하여 독재 정권이었던 수하르토 정권이 붕괴했다.

당시 일본에서는 그다지 보도되지 않은 사건인데, 인도네시아가 IMF 지원을 받기 직전에 같은 이슬람교 산유국에 지원을 요청한 일이 있다. 지정학적인 힘의 균형추가 기울어지는 상황을 우려한 미국 정부가 고위급 관료를 자카르타에 파견했고, 그 후 IMF에서 지원받기로 결정됐다.

1997년 12월에는 친분이 있던, 인도네시아 최대의 화교계 재벌 그룹을 이끄는 전문 경영인에게서 다음과 같은 조언을 받았다.

"미치아키, 이제 당분간은 인도네시아로 건너오지 마. 우리 회사의 화교계 경영인은 다들 벌써 싱가포르로 몸을 피했어. 폭동 시에 탈출할 용도로 헬리콥터도 몇 대 추가로 구입한 참이야."

그길로 공항으로 향해 싱가포르로 돌아왔는데, 내 직전 항공편인 자카르타발 싱가포르행의 싱가포르 항공 자회사 실크에어 편이 추락했다는 소식을 듣게 됐다. 당시 자카르타의 화교 사업가들 사이에서는 이 추락이 테러가 아닌가 하는 소문이 돌았다.

미국과 중국의 신냉전이 당길 방아쇠

당시의 아시아 금융 위기와 비교하면 현재의 경제 환경은 어떨까? 경상적자 규모, 외화준비액 규모, 경제성장률, 인플레이션율 등 한 국가의 취약성을 나타내는 경제지표를 살펴보면 인도네시아를 포함한 국가 대부분에서 크게 개선됐음을 알 수 있다.

그런 한편, 실제로 아시아 금융 위기를 현지에서 경험한 필자로서는 2018년 하반기에 루피아의 통화 가치가 하락한 인도네시아의 동향이 매우 신경 쓰였다. 인도네시아에서 최근에 경상적자가 다시 확대되고 있어 헤지펀드 등의 표적이 되기 쉽기 때문이기도 하다. 미국과 중국의 신냉전 와중에 인도네시아가 미국과 중국 양쪽의 공급망에 깊숙이 편입되어 있다는 점도 악재다.

7장에서 설명했듯이 리먼 쇼크 이후 해외 사업을 축소한 유럽 기업과는 반대로 일본의 메가뱅크는 해외 사업을 확대해왔다. 미국과 중국의 신냉전으로 돌발 사태가 발생한다면 신흥국은 즉시 불안해진다. 그렇게 됐을 때 글로벌 금융기관 중에 가장 큰 영향을 받는 곳은 최근에 신흥국 융자를 적극적으로 확대한 일본의 메가뱅크일 가능성이 크다. 신흥국에서 자금 유출, 은행 위기, 신용 수축, 유동성 위기, 경제 위기 등의 문제가 가시화하고 있는 상황을 주시할 필요가 있다.

그렇기에 더더욱 미국과 중국의 신냉전이 확대되지 않기를 바라는 동시에 지금 할 수 있는 일은 무엇인지를 진지하게 고민하고, 이를 실행해나가야 한다. 이것이 필자의 과거 경험을 통해 전하고 싶은 말이다.

결코 패배해서는
안 되는 대결

—

    다음 장의 마지막 부분에서는 일본의 메가뱅크 3사와 유럽·미국의 주요 은행, DBS 은행의 재무지표를 비교한다. 그중에서 메가뱅크 3사에 대한 낮은 시장 평가가 눈에 띈다. 3사 모두 PBR(주가순자산비율)은 0.5 전후로 낮은 수준에 머물러 있다. 정성·정량 분석을 해보면 메가뱅크 3사는 수익성, 자본 충실도, 주주 환원 대책 등에서 해외의 주요 은행과 비교해 뒤처져 있다는 사실을 알 수 있다.

    또 일본에서는 업무 조이익粗利益(매출액에서 매입액을 뺀 이익)과 업무 순이익 등 수익의 절댓값에 주목하는 경향이 강하지만 미국 은행은 다르다. 예를 들면 JP모건체이스의 결산에서는 각종 수익률과 배당 성향 등이 강조된다. 이런 경향은 미국과 일본의 근본적인 차이다. 미국 은행은 중앙은행의 스트레스 테스트를 통과하지 못하면 배당과 자사주 매입을 할 수 없다. 그런 와중에도 이를 실행하는 미국 은행은 주주 환원 대책의 측면에서도 평가받고 있다는 사실을 알 수 있다.

이런 차이가 있는 가운데 특히 눈에 띄는 점은 일본 메가뱅크 3사의 주식이 필요 이상으로 저평가됐다는 것이다. 필자는 이를 '저패니즈 디스카운트Japanese Discount'라고 분석한다. 제로 금리로 대표되는 일본 금융정책의 방향성이 초래한 녹록지 않은 사업 환경, 일본 시장의 장래성, 해외시장에 의존할 수밖에 없는 사업 구조, 이런 점들로 인해 수익면에서 탄탄하지 못한 비즈니스 모델 등이 커다란 요인으로 보인다.

일본 금융을 지탱하겠다는 사명감

메가뱅크 3사는 규제 대응 때문에 사업에는 제약을 받고 녹록지 않은 외부 환경으로 인해 수익은 떨어지기 쉬운 환경에 처해 있다. 그런데도 메가뱅크 3사에는 일본 금융을 담당하고 금융 중개 기능과 신용 창조 기능으로 일본을 지탱하겠다는 커다란 사명감이 있다. 역사적으로 금융 위기가 되풀이된다면, 이에 대비한 금융 규제와 규제 자본의 확충은 불가결하다. 일본 경제와 국민에게 필요하기 때문에 금융 규제가 존재하는 것이다.

그렇기에 차세대 금융의 패권을 둘러싼 대결은 메가뱅크나 일본인의 입장에서도 더더욱 '절대 져서는 안 될 대결'인 것이다. 금융 규제하에 있는 기존 금융기관은 반드시 승자로 남아야 한다.

그리고 그렇기에 더더욱 필자는 '세계 제일의 디지털 은행' DBS 은행을 제대로 벤치마킹할 필요가 있다고 확신한다.

제9장

세계 제일의 디지털 은행, DBS 은행

자기 파괴로
다시 태어나다

—

일본에는 잘 알려지지 않았지만, 세계 금융 관계자에게 주목받는 은행이 싱가포르에 있다. 바로 DBS 은행이다.

DBS 은행이라는 이름이 세상에 알려지기 시작한 계기는 금융 전문 정보지 《유로 머니》에서 매우 높은 평가를 받은 것이다. 《유로 머니》는 2016년과 2018년 두 번에 걸쳐 '최우수 디지털 은행World's best digital bank' 칭호를 DBS 은행에 수여했다. 《글로벌 파이낸스Global Finance》의 '2018 최우수 은행World's Best Banks'에서도 DBS 은행이 아시아 최초로 '세계 최고의 은행Best Bank in the World'으로 선정됐다.

DBS는 원래 'The Development Bank of Singapore'의 약칭인데 이제는 'Digital Bank of Singapore'라는 의미를 갖기 시작했다.

세계 최초로 디지털 전환의 성과를 숫자로 증명하다
그렇다면 DBS 은행이 골드만삭스와 JP모건 등 디지털 전환에 나선

쟁쟁한 은행을 누르고 '최고의 은행'에 선정된 이유는 무엇일까? 《유로 머니》는 DBS 은행을 이렇게 평가했다.

DBS 은행은 2017년 11월에 그다지 눈에 띄지는 않지만 혁신적인 일을 진행했다. 바로 디지털 전략에 관해 그저 말하는 데서 그친 것이 아니라, 디지털화가 수익성에 어떤 의미를 지니는지를 정량적으로 제시한 것이다.

이에 따르면 DBS 은행에서 디지털 거래를 하는 고객은 점포를 방문하는 전통 고객에 비해 2배의 매출을 가져다주며 더 많은 대출과 예금을 보유한다. 디지털 거래 고객을 유치하는 데 들어가는 비용은 전통 고객을 유치하는 비용에 비해 57%나 낮다. 디지털 거래 고객은 전통 고객에 비해 16배나 많은 자발적 거래를 한다. 그리고 전통 고객의 거래에서 19%의 ROE를 얻을 수 있는 반면, 디지털 거래 고객에게서 나오는 ROE는 27%에 달한다. 실제로 '제프 베조스' 같은 DBS 은행의 CEO 피유시 굽타Piyush Gupta에 관한 코멘트와 함께 이 사실들이 공개되자, DBS 은행에 대한 시장분석가의 평가가 상향되고 당일의 주가는 4%나 껑충 뛰었다. 이는 디지털화의 영향을 확실히 보여준 힘이라 할 것이다.

굽타는 "디스럽션disruption(파괴)에 대처하는 최선의 방법은 그보다 앞서서 스스로를 파괴하는 것"이라고 강하게 주장해왔다. 그러나 디지털화로 가는 길이 어떻게, 그리고 왜 이익을 가져다주는지를 설명하는 데 능한 사람은 없다. 2017년 DBS 은행의 시가총액은 44% 올랐다. DBS 은행의 주식은 시장에서 테크놀로지 기업의 주식으로 평가되기 시작했다.

'자기부정'을 뛰어넘어 '자기 파괴'로

《유로 머니》가 "그다지 눈에 띄지는 않지만"이라고 지적했듯이, DBS 은행이 추진한 디지털 전환은 언뜻 보면 미국 은행이나 일본 메가뱅크 등 경쟁사의 정책과 별반 다르지 않다.

그러나 DBS 은행은 디지털 전환의 성과를 세계 최초로 숫자로 증명해 보였다. 또 굽타 CEO가 말한 '파괴'라는 키워드는 DBS 은행의 디지털 전환이 기업 전체를 쇄신할 정도로 본질적이고도 철저하게 이루어졌음을 시사한다.

미국 은행이나 일본 메가뱅크는 현재, 기존 금융기관으로서 '자기부정'을 시험하는 단계에 있다. 8장에서 언급했듯이 MUFG 등은 수장이 나서서 "자기 잠식을 두려워하지 말라"라고 분명히 밝히며 기존 사업과 신규 사업 사이의 잠식도 불사하겠다는 자세를 보여준다. 그러나 이들의 변혁은 아직 한창 진행 중이다. DBS 은행은 이미 자기부정을 뛰어넘고 '자기 파괴'를 완료하여 디지털 은행으로 다시 태어난 단계에 도달했다고 볼 수 있다.

회사의 핵심부까지
디지털로

—

세계 최고의 디지털 은행이라는 DBS 은행은 어떤 은행일까?

DBS 은행은 1868년에 싱가포르 정부계 개발은행으로 설립됐다. 현재는 동남아시아(싱가포르·인도네시아), 범중화권(중국·홍콩·타이완), 남아시아(인도) 등 18개 국가와 지역에 280곳 이상의 거점을 갖췄으며 그룹의 임직원 수는 약 2만 4,000명이다. 은행 사업은 지주회사인 DBS그룹 홀딩스DBS Group Holdings Ltd. 산하에서 싱가포르와 인도를 아우르는 DBS 은행, 중국·홍콩·타이완·인도네시아 각각을 아우르는 DBS 은행의 각 현지 법인을 통해 이루어진다. DBS그룹 홀딩스는 싱가포르 증권거래소에 상장했으며 시가총액은 약 642억 싱가포르달러(2019년 3월 11일 시점)다. 싱가포르 정부가 소유한 투자회사 테마섹 홀딩스Taemasek Holdings와 기타 금융기관 등 20개사 정도가 전체 주식의 90% 이상을 보유하고 있다.

구체적인 서비스를 살펴보면 소매 뱅킹, 자산 운용 관리 및 프라이빗 뱅킹, 중소기업 뱅킹 및 법인 뱅킹, 증권 중개, 보험 등 광범위하다.

규모 면으로도 동남아시아 최대급이다. 법인 고객 20만 개사 이상, 개인 고객 880만 명 이상을 기반으로 총자산 5,180억 싱가포르달러, 매출 119억 싱가포르달러, 당기순이익 43.9억 싱가포르달러, 예금량 3,736억 싱가포르달러를 자랑한다.

경영진이 내건 세 가지 슬로건

우량한 은행의 표상처럼 보이는 DBS 은행이 테크놀로지 기업을 벤치마킹하여 디지털 전환에 착수한 것은 2009년의 일이다. 변혁을 주도한 인물은 2009년에 입사한 굽타 CEO와 그 전해에 입사한 데이비드 글레드힐 CIO다.

DBS 은행은 디지털 전환을 할 때 실로 인상적인 세 가지 슬로건을 내걸었다.

- 회사의 핵심부까지 디지털로 Become digital to the core.
- 스스로를 고객 여정에 편입하라 Embed ourselves in the customer journey.
- 임직원 2만 2,000명을 스타트업으로 변혁하라 Create a 22,000 start-up.

"회사의 핵심부까지 디지털로"란 온라인 서비스와 모바일 서비스를 제공하는 프론트 엔드 Front End의 표면적인 디지털화에 그치지 않고 백 엔드 Back End의 업무 애플리케이션, 소프트웨어, 미들웨어, 하드웨어와 인프라 수준까지, 나아가 경영진·임직원의 사고방식과 기업 문화까지 예외 없이 재검토하는 것을 의미한다.

"스스로를 고객 여정에 편입하라"라는 것은 은행으로서의 자기 존재 의의를 다시 묻는 가운데, 차세대 금융 산업에서 어떤 참여자가 될 것인지와 같은 비전을 나타내는 말이다. 단적으로 이는 예금, 대출, 환전과 같은 '은행 시선의 트랜잭션 여정'에서 사용자 개개인의 생활 스타일, 생활 패턴, 요구에 다가가는 '고객 시선의 고객 여정'으로 전환하는 것을 의미한다. DBS 은행은 "단순하고, 매끄러우며, 눈에 보이지 않는simple, seamless, and invisible"이라는 콘셉트도 제시했다. 고객 여정 중에서 고객은 단순한 방식으로 매끄러운 서비스를 누린다. 여기서 DBS 은행은 고객의 '눈에 보이지 않는invisible' 존재가 되겠다는 것이다.

그리고 "임직원 2만 2,000명을 스타트업으로 변혁하라"는 회사의 핵심부까지 디지털로 만들려면 경영진과 임직원의 사고방식도 바뀌어야 한다는 것이다. 트랜잭션 여정에서 고객 여정으로 발상을 전환할 필요가 있다. DBS 은행은 이를 위해 사내 해커톤을 열고, 스타트업에 대한 출자와 인수를 통해 새로운 마음가짐을 양성하려 노력했다.

'눈에 보이지 않는 은행'으로 고객 여정에 파고들다

DBS 은행이 디지털 전환을 추진하면서 지금까지 두 단계가 있었다. 제1단계는 2009년부터 2014년까지, 제2단계는 2014년 이후다.

제1단계는 디지털 은행을 구축하기 위한 기초를 다지는 시기였다.

은행 시스템의 취약성을 해소하기 위해 데이터 센터를 증설하고, 보안 운영 센터와 관제 센터도 설치했다. 엔지니어링과 테크놀로지의 외주 의존 탈피에 적극적으로 나서서 현재 85%의 내제화內製化(외주를 주던 생산, 공정 등을 자체적으로 하는 것)를 실현했다. 또 채널, 상품·서비스, 인에이블러enABLER(경영 정보 시스템 등 사내 시스템 및 인프라)별로 필요 없는 애플리케이션을 매각하고 필요한 애플리케이션을 구입하여 2014년까지 디지털 은행이 되기 위한 인프라와 플랫폼을 조성했다.

제2단계는 전사적으로 디지털 은행을 구축하는 시기였다. '프로젝트형 조직에서 플랫폼형 조직으로', '애자일Agile 개발팀 편성' 등을 주제로 조직을 개혁했다. 아울러 '클라우드 네이티브Cloud Native(클라우드 컴퓨팅의 장점을 극대화하기 위한 접근 방식 및 기술) 되기', '상품 및 서비스 시장 투입을 최대한 신속하게', 'API로 생태계 성능 향상', '데이터 주도, 고객 과학, 측정과 실험에 기초한 철저한 고객 중심주의', '사람과 기술에 투자'와 같이 구체적인 목표를 설정했다.

그리고 2018년 5월, DBS 은행은 "은행은 신경 쓰지 말고 생활을 즐기자"라는 미션을 채택했다. 이는 10년 이상 내걸어왔던 "아시아와 함께 살아가고, 아시아와 함께 약동한다"를 발전시킨 것이다. '스스로를 파괴'하여 '눈에 보이지 않는 은행'으로 고객의 고객 여정에 파고들겠다는 의지를 명확히 보여주는 구호다.

최강의 도시국가,
싱가포르의 숙명

—

그러나 애초에 DBS 은행은 왜 디지털 전환을 단행했을까? 그 배경에는 굽타 CEO를 비롯한 경영진, 그리고 싱가포르라는 국가 자체가 떠안고 있는 강렬한 위기감이 있다.

굽타는 《유로 머니》에 "금융 디스럽터와 맞서는 최선의 방법은 그들보다 먼저 스스로를 파괴하는 것"이라고 잘라 말했다. 격전지 중 한 곳인 중국의 알리바바, 텐센트 등 금융 디스럽터가 보여주는 약진을 예로 들면서 "스스로 디지털화하지 않으면 우리는 망하고 말 것"이라고 단언했다. 글레드힐 CIO도 "신속히 행동하지 않으면 우리 역할은 죄다 빠져나가 아무짝에도 쓸모없어질 것"이라고 말했다.

굽타가 CEO로 근무했던 2009년부터 2017년까지 DBS 은행의 경영 상황은 절대 나쁘지 않았다. 오히려 매출의 연평균 증가율은 7% 이상, 당기순이익의 연평균 증가율은 13% 이상을 기록하는 등 호조 자체였다. 그러나 싱가포르라는 국가가 처한 환경을 생각한다면 DBS

은행이 갖는 위기감이 타당하다는 사실을 알 수 있다. "스스로를 파괴하지 않으면 안 된다." 이는 싱가포르라는 국가 자체가 내보내는 메시지이기도 하다.

국내시장에 기대할 수 없다

다들 알다시피 싱가포르는 작은 도시국가다. 국토 면적은 약 720km²로 한국의 서울시와 비슷한 정도이며, 인구는 불과 560여만 명에 지나지 않는다. 따라서 국내시장이 확대되기를 바랄 상황도 아니거니와, 덧붙이자면 천연자원도 거의 없다. 그런데도 싱가포르의 경제 발전은 눈부시다. 1인당 GDP는 약 6만 미국달러로, 이미 일본과 미국을 제쳤다.

이렇게 급성장한 이유는 무엇일까? 싱가포르는 동남아시아의 한복판이라는 입지를 활용한 '무역 강국'이다. 해외 교역의 거점으로 자리 잡은 동시에 해외에서 산업, 기업, 테크놀로지를 적극적으로 도입한 역사가 있다. 즉 국내시장에 기대할 수 없는 싱가포르는 '해외로 치고 나가지 않으면 살아남을 수 없는 국가'인 것이다. 그 때문에 싱가포르는 숙명적으로 외국시장의 동향과 테크놀로지의 트렌드에 민감하고 유연해질 수밖에 없다.

국가정책 차원의 '자기 파괴' 선언

싱가포르의 리셴룽李顯龍 총리는 2016년 8월에 싱가포르 독립기념

일 행사National Day Rally로 시정방침을 연설하면서 싱가포르가 직면한 경제 과제로 테크놀로지의 진화에 동반되는 '파괴'에 관해 언급했다. 택시 업계의 강력한 라이벌로 출현한 우버와 그랩Grab을 사례로 들면서 시대의 변화를 따라잡기 위해 정책 차원의 '파괴'를 선언한 것이다. 우버의 싱가포르 진출로 택시 업계가 도태의 파도에 노출되는 것도 각오했을 터. 세계보다 앞서서 자율주행차AV가 주행하는 도시로 정비하기 위해 교통 정책과 규제를 수정한 국가도 싱가포르였다.

"출퇴근 시에 자가용차로 통근하는 데 연간 약 1만 5,000싱가포르 달러의 과징금을 부과하는 한편 '자동차에는 인간 운전자가 필요하다'라는 규정을 폐지했습니다. 주택지를 개발할 때도 도로 폭을 좁히고, 연석을 높이고, 주차장을 줄이는 등의 규칙을 마련하여 AV의 문턱은 낮추고 자차족의 문턱은 높이는 도시를 조성하려 합니다(《뉴스위크 Newsweek》일본판, 2019년 2월 19일)."

이제 알겠는가? 놀랍게도 싱가포르는 국가 자체가 자기 파괴를 기치로 내걸었다. 싱가포르의 모습은 우버를 비롯한 승차 공유를 '금지'하는 일본과는 대조적으로 보인다.

중국 금융 디스럽터와의 정면 대결

때를 같이해 중국에는 '금융 디스럽터'가 출현했다. 이들은 싱가포르 국내를 포함하여 DBS 은행에 중요한 아시아권 시장을 파괴하려 한다.

알리바바는 8억 7,000만 명의 연간 실사용자를 보유한 결제앱 '알리페이'를 진입점으로 삼아 전자상거래·소매, 물류, 미디어·엔터테인먼트 등 생활 전반에 미치는 알리바바 서비스를 묶어서 생활 서비스 플랫폼으로 확대하고 있다. 텐센트는 커뮤니케이션 앱 '위챗'을 진입점으로 삼아 온라인 게임, 미디어, 결제, 유틸리티, 소매 등 생활 서비스 플랫폼을 다각적으로 강화해 확대하고 있다. 위챗의 월간 실사용자는 10억 5,700만 명, 콘텐츠 유료 가입자는 1억 5,000만 명에 달한다.

금융 디스럽터들의 특징으로는 이미 은행 업무를 복제(유사 창조)하고 있다는 점, 압도적 다수의 실사용자가 존재한다는 점, 본업이 따로 있어서 금융 서비스 자체로 이익을 얻을 필요가 없다는 점 등을 꼽을 수 있다. 이 특징은 기존의 모든 금융기관에 커다란 위협이다.

"스스로 디지털화하지 않으면 망하고 말 것." "신속히 행동하지 않으면 우리 역할이 사라져 아무짝에도 쓸모없어질 것." 이는 DBS 은행에만 해당하는 이야기가 아니다. 그러나 여기서 강조해야 할 점은 DBS 은행의 위기감이 경쟁사를 웃돌았다는 사실이다.

싱가포르와 홍콩을 격전지로 하는 DBS 은행의 입장에서는 중화·아시아권에서 알리바바와 텐센트의 약진이 그야말로 눈앞에 닥친 위협이다. 굽타 CEO 등 경영진의 위기감은 결코 과장이 아니다. DBS 은행이 스스로를 파괴한 것은 '그렇게 하지 않으면 살아남을 수 없었기 때문'이다.

여기까지 읽어온 독자라면 알겠지만, 디지털 전환을 역설하는 금융기관은 이제 드물지 않다. 디지털 전환을 빈말로 끝내지 않고 압도적인 위기감을 배경으로 더 본질적으로, 더 철저하게, 더 빠르게 실행에 옮겨서 완수해 보였다는 데 DBS 은행의 특이성이 있는 것이다.

스스로를
파괴하기 위한 어젠다

—

DBS 은행은 사업 부문별로 '스스로를 파괴'하기 위한 어젠다를 설정했다. 가장 중점을 두는 부문이자 2017년 매출 44%를 차지한 싱가포르·홍콩의 소매 및 중소기업 거래에 대해서는 "디스럽터보다 앞서 스스로를 파괴한다". 4%를 차지해 성장 시장으로 자리 잡은 인도·인도네시아의 소매 및 중소기업 거래에 대해서는 "기존 은행을 파괴한다". 나머지 52%를 차지하는 중국·타이완 및 프라이빗 뱅킹, 법인 뱅킹 등 기타 사업에 대해서는 "수익성 확보를 목표로 디지털화한다".

DBS 은행에서 이 같은 어젠다를 바탕으로 만든 디지털 전환의 구체적인 골자는 다음 네 가지다.

클라우드 네이티브가 된다

첫째로 DBS 은행의 디지털 전환이란 '클라우드 네이티브가 된다'는 것이다.

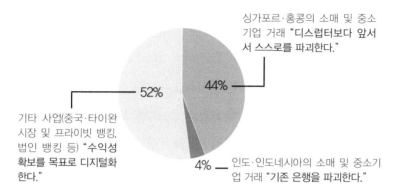

DBS 은행의 어젠다

2017년도 매출 내역 : 119억 싱가포르달러

52%

44%

4%

싱가포르·홍콩의 소매 및 중소
기업 거래 "디스럽터보다 앞서
서 스스로를 파괴한다."

기타 사업(중국·타이완
시장 및 프라이빗 뱅킹,
법인 뱅킹 등) "수익성
확보를 목표로 디지털화
한다."

인도·인도네시아의 소매 및 중소기
업 거래 "기존 은행을 파괴한다."

'2017 투자자의 날' 자료를 토대로 작성함

글레드힐 CIO는 "단순한 '외관'이 아니라 시스템의 핵심부까지 클라우드화하겠다"라고 말한다. 테크놀로지의 내제화와 더불어 아마존의 AWS를 이용한 클라우드화는 경영 과제로서 중요하다.

무엇보다 클라우드 네이티브화로 인한 비용 절감 효과는 막대하다. DBS 은행은 클라우드화를 통해 하드웨어, 소프트웨어, 총무(관리 부문)에 들어가는 인건비의 80% 이상을 절감했다. 클라우드화로 은행 시스템 전체의 탄력성과 확장성이 강화되어 은행의 신뢰성도 증가했다. 현재 하드웨어, 플랫폼 소프트웨어, 애플리케이션 등 모든 계층이 클라우드 네이티브가 되려는 중이다. 2017년 연말까지 애플리케이션의 66%가 클라우드로 이행됐다. 2018년에 전체 IT 시스템 중 50%를 클라우드화하고, 2019년 상반기에 클라우드화를 통해 데이터 센터 설비를 75% 절감하는 것이 목표였다.

API로 생태계 성능을 향상한다

둘째로 DBS 은행의 디지털 전환이란 'API로 생태계의 성능을 향상한다'는 것이다.

뒤에서 자세히 다루겠지만, 오픈 API는 DBS 은행이 고객 경험을 지향하며 고객 중심주의 서비스를 제공하기 위해 구축하는 생태계의 관건이다. 현재 회계 소프트웨어 '제로Xero', ERP 소프트웨어 '탤리Tally'와 제휴하는 등 200가지 이상의 API를 통해 파트너사 60곳 이상과의 생태계가 구축되어 있다.

철저한 고객 중심주의

셋째로 DBS 은행의 디지털 전환이란 '데이터 주도, 고객 과학, 측정과 실험에 기초한 철저한 고객 중심주의'를 말한다. 이는 고객 접점의 디지털화를 의미한다.

예를 들면 소매 뱅킹 부문에서는 계좌 개설이 당연히 온라인상에서 완료된다. 그 밖에 자동차·부동산 매물·전기 매매·계약·지불을 원스톱으로 중개·제공하는 마켓플레이스, 알리페이 및 위챗페이에 해당하는 모바일 결제 시스템 '페이라PayLah!', 스트레스 없는 구매 경험을 제공하는 '푸드스터 온 FB 메신저Foodster on FB Messenger', 자녀가 언제 어떻게 돈을 사용했는지 스마트폰 앱으로 확인하는 'POSB 스마트 버디

POSB Smart Buddy' 등의 서비스를 개시했다. 오프라인 뱅킹과 온라인 뱅킹을 통합한 점포 '클릭 앤드 모르타르Click and Mortar'도 오픈하여 "마음에 드는 카페에 가듯 은행에 간다"라는 새로운 고객 경험을 창출하는 데 힘쓰고 있다.

프라이빗 뱅킹 부문에는 온라인 자산 운용 관리 플랫폼 '아이웰스iWealth', 온라인 재무·자금 관리 시뮬레이션 플랫폼 '트레저리 프리즘Treasury Prism' 등이 있고, 법인 뱅킹 부문에는 온라인 법인 뱅킹 플랫폼 'DBS 아이디얼DBS IDEAL', 중소기업 대상으로 사업과 관련하여 전문 상담 서비스를 제공하는 네트워킹 커뮤니티 '비즈니스 클래스Business Class' 등이 있다.

인도에서는 ERP 소프트웨어 '탤리'와의 API 제휴를 통해 탤리 이용자가 DBS 은행 서비스를 이용할 수 있는 시스템을 구축했다. 점포 설비를 보유하지 않아도 되는 스마트폰 은행 '디지뱅크digibank'는 인도와 인도네시아에서 소매 뱅킹 서비스를 제공하는데, 인도에서만 이미 180만 명 이상의 고객을 유치했다.

DBS 은행이 가장 중점을 두는 지역인 싱가포르와 홍콩에서는 오프라인 점포의 출점 여지가 줄어드는 것이 현재 상황이다. 중국과 인도네시아를 대상으로 하는 해외 전략에도 출자 규제 등 제약이 부과된다. 그러나 DBS 은행은 물리적으로 상권을 확대하려는 것이 아니라 은행자체를 디지털화해 이런 제약을 뛰어넘으려 한다. 디지털 은행이라면 현지의 공적 규제도 비교적 느슨하여 확장할 여지가 있기 때문이다.

사람과 기술에 투자한다

넷째로 DBS 은행의 디지털 전환이란 '사람과 기술에 투자한다'는 것이다. 즉 사람과 기업 문화를 강화하겠다는 것이다.

앞에서 설명한 "임직원 2만 2,000명을 스타트업으로 변혁한다"라는 슬로건대로, 그 뿌리부터 혁신적으로 사고하도록 경영진과 임직원을 대상으로 다양한 프로그램을 실시한다. '철저한 고객 중심주의', '데이터 주도', '위험부담을 안고 실험에 도전하기', '애자일식', '배우는 조직 되기' 등 다섯 가지 지침을 설정하여 구체적인 정책을 잇달아 펼치고 있다.

예를 들면 배움의 공간인 'DBS 아카데미'와 스타트업 기업 등과의 협업 공간인 'DBS 아시아 X'를 설치했다. '디지털 마인드셋 해커톤', 'API 해커톤', '전략 워크숍', '고객 여정', '일일 혁신 브리핑' 등 다양한 혁신 정책이 실행·운영되고 있다. 스타트업 기업 등과의 협업 기회와 '간달프 스칼러즈Gandalf Scholars', 'DBS 런DBS Learn', '호라이즌 클래스Horizon Class', '테크 부트 캠프Tech Boot Camp'와 같은 배움의 기회도 충분히 제공한다.

이처럼 하드웨어, 애플리케이션, IT 시스템, 데이터 센터 등의 테크놀로지와 인프라, 고객 접점인 상품·서비스와 같은 기술적·물리적 변혁에 그치지 않고, 사람과 기업 문화 같은 정신적 면도 철저히 개혁하는 점은 주목할 만하다.

무엇보다 이런 정책을 잇달아 내놓는 모습 자체가 금융기관이라기보다는 테크놀로지 기업을 연상시킨다. 해커톤만 해도 원래는 프로그래머, 그래픽디자이너, 엔지니어 등이 한자리에 모여 소프트웨어 개발 등을 겨루는 이벤트였는데, DBS 은행에서는 사람과 기업 문화를 강화하기 위한 세부적 방법으로 도입한 것이다.

글레드힐 CIO는 "비즈니스 발상을 전환하려면 기업 문화를 바꿔야 한다"라고 단언한다. 가령 사고방식은 그대로 두고 아무리 사업을 전환하려 한들 정착될 리가 없다. 따라서 DBS 은행이라는 틀만 남겨두고 내용물(사고방식)을 완전히 교체해야 한다. 그야말로 "회사의 핵심부까지 디지털화"다.

DBS 은행의 디지털 전환이란 백 엔드, 프론트 엔드, 그리고 사람과 기업 문화라는 삼위일체의 혁신이라고 이해할 수 있겠다.

간달프 전략,
제프 베조스가 은행을 만든다면?

—

DBS 은행이 디지털 전환을 추진할 때 벤치마킹한 곳이 동업종 타사 중에는 없었다.

DBS 은행이 목표한 기업은 구글, 아마존, 넷플릭스, 애플, 링크트인, 페이스북과 같은 메가테크 기업이다. DBS 은행은 이 메가테크 기업들의 머리글자(G·A·N·A·L·F)에 자사의 머리글자 D를 넣어 'G·A·N·D·A·L·F(간달프)'의 일각을 담당하는 존재가 되기로 결의했다.

메가테크 기업에는 DBS 은행이 보고 배워야 할 점이 여럿 있었다. 예를 들면 구글의 오픈소스 소프트웨어 지향, 아마존 AWS의 클라우드 운용, 넷플릭스의 데이터를 이용한 개인 추천, 애플의 디자인 사고, 링크트인의 '끊임없이 배우는 커뮤니티로 있는 것', 페이스북의 '전 세계 사람들로 확장하는 것' 등이다.

이런 메가테크 기업과 동등한 고객 경험을 제공하면서, 여기에 '빅데이터×AI'를 활용해 사람을 '헤아리는' 서비스를 겸비한 은행이라면 분명 매력적이다.

참고로 간달프란 영화 〈반지의 제왕〉의 원작인 J. R. R. 톨킨의 소설 『반지의 제왕』에 등장하는 마법사 이름이다. '마법의 힘으로 은행을 테크놀로지 기업으로 만들겠다'라는 생각이 전해진다.

글레드힐 CIO는 '만약 아마존의 제프 베조스가 은행업에 뛰어든다면 무엇을 할 것인가?'라는 관점에서 철저하게 고민했다고 말한다. 거기서 도출한 대답이 바로 세 가지 슬로건인 "회사의 핵심부까지 디지털로", "스스로를 고객 여정에 편입하라", "임직원 2만 2,000명을 스타트업으로 변혁하라"였다.

무엇보다 DBS 은행이 금융 디스럽터에게 배운 것은 플랫폼 전략이다. 특히 "스스로를 고객 여정에 편입하라"라는 슬로건은 제프 베조스가 창업할 때 종이 냅킨에 메모했던 아마존의 비즈니스 모델과 일맥상통한다.

아마존의 비즈니스 모델이란 '상품 구성을 늘린다→고객 만족도가 올라가 고객의 경험 가치가 축적된다→트래픽이 증가한다→물건을 팔고 싶어 하는 판매자가 모인다→상품 구성이 늘어나 고객의 선택지가 많아진다→고객 만족도가 올라가 고객의 경험 가치가 더욱 축적된다→트래픽이 더욱 증가한다'라는 성장 주기를 회전시켜 아마존 경제권을 확대하는 것이다. 이 비즈니스 모델은 '저가 체질'을 전제로 하고, "고객은 저렴한 가격과 풍부한 상품 구성을 가장 원한다"라는 베조스의 철학이 드러난다.

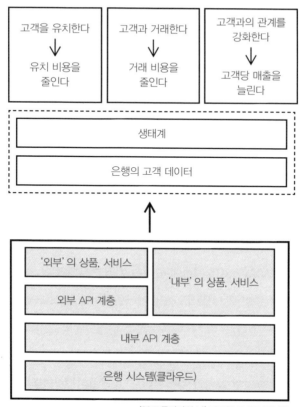

DBS 은행의 비즈니스 모델

고객을 유치한다	고객과 거래한다	고객과의 관계를 강화한다
↓	↓	↓
유치 비용을 줄인다	거래 비용을 줄인다	고객당 매출을 늘린다

생태계

은행의 고객 데이터

↑

'외부'의 상품, 서비스

외부 API 계층

'내부'의 상품, 서비스

내부 API 계층

은행 시스템(클라우드)

'2017 투자자의 날' 자료를 토대로 작성함

위 도표는 DBS 은행의 비즈니스 모델을 나타낸다. '고객을 유치한다→고객과 거래한다→고객과의 관계를 강화한다'라는 일련의 업무 프로세스는 DBS 은행이 보유한 고객 데이터와 이를 기반으로 한 DBS 은행 내외의 상품·서비스 생태계에 의해 성립된다. DBS 은행의 생태계는 고객 데이터를 축적·관리·처리하는 클라우드상 은행 시스템, 그리고 은행 내부용 API와 은행 외부용 API(오픈 API)를 통한 상품·서비스로 구성된다. '고객 데이터+생태계'가 확대될수록 '고객을 유치하는 비용이 줄어들고', '고객과 거래하는 비용도 줄어들며', '고객당 매출은 늘어나게' 된다.

이처럼 아마존과 DBS 은행의 비즈니스 모델을 비교하면 그 유사성을 읽어낼 수 있다. 고객 여정을 전제로 외부의 제3자와 함께 생태계를 구축하고, 고객이 금융 서비스뿐만 아니라 다양한 생활 관련 서비스까지 누릴 수 있는 시스템을 정비했다. 서비스 종류가 늘어나면 고객 만족도는 올라가고, 그만큼 고객의 경험 가치가 축적된다. 그렇게 되면 트래픽이 증가하고, 생태계에 합류하는 제3자와 사업자도 늘어난다. 고객이 누릴 수 있는 생활 관련 서비스의 종류와 선택지가 더 늘어나면 고객 만족도는 한층 올라가고, 고객의 경험 가치는 더욱 축적된다. 그렇게 해서 트래픽이 더욱더 증가한다.

이 비즈니스 모델의 관건은 클라우드 네이티브화로 실현되는 '저가 체질', 그리고 오픈 API를 통해 구축되는 '생태계'다.

오픈 API가 만드는
'눈에 보이지 않는 은행'

_

여기서 오픈 API에 관해 설명해두고자 한다. DBS 은행뿐만 아니라 선진적인 금융기관은 이미 API를 공개하기 시작했다. 왜냐하면 API는 API 경제라고도 할 수 있을 만큼 생태계를 형성할 잠재력을 지녔기 때문이다. 일본의 경우 라쿠텐이 '라쿠텐 생태계'를 확대하기 위해 오픈 API를 활용하고 있다.

금융 서비스를 확대하고 고도화할 수 있는 무기

API란 '애플리케이션 프로그래밍 인터페이스Application Programming Interface'의 약칭이다. 6장에도 언급했는데, 어떤 애플리케이션의 기능과 관리 데이터 등을 다른 애플리케이션에서 호출해 이용하기 위한 접속 사양과 구조를 가리킨다. 이를 다른 기업 등에 공개한 것을 오픈 API라고 부른다. 기업의 내부와 외부가 API를 통해 서비스를 연동시키는 것이다. 오픈 API에는 구글맵처럼 누구에게나 공개된 API, 일정한 규약 또는 약관하에서 제공되는 API, 한정된 커뮤니티에 제공되는 API, 개별적으로 계약을 체결한 파트너사 혹은 계약 당사자에게만 제공되는 API 등 다양한 유형이 있다.

금융에 관한 오픈 API는 외부의 제3자·사업자가 은행 내부의 고객 계좌 정보 등을 조회하는 '조회형 API'와, 제3자·사업자가 은행 고객에게 직접 서비스를 제공하는 '실행형 API'로 분류할 수 있다.

특히 실행형 API는 금융 서비스의 확대와 고도화로 이어진다. 예를 들면 은행이 API를 공개하면 제3자와 사업자는 은행의 고객 계좌 데이터에 접근할 수 있게 된다. 그리고 제3자와 사업자가 은행의 고객 데이터를 활용하여 은행에서 제공할 수 없는 다양한 서비스를 은행 고객에게 직접 제공하는 셈이다. 결과적으로 제3자와 사업자에게는 비즈니스 기회가 확대되고, 은행 고객이 편의성을 누리며 이용할 수 있는 서비스도 늘어난다.

은행에도 이점이 있다. 제3자·사업자와 제휴해서 서비스 혹은 고객 경험을 고도화할 수 있다. 은행만으로는 취득할 수 없는 고객의 행동 데이터와 위치 데이터 등을 입수할 수 있다는 것도 큰 이점이다. 이로써 고객의 요구에 더욱 맞는 은행 서비스를 제공하는 것도 가능해진다.

실행형 API야말로 DBS 은행이 제3자·사업자와 생태계를 구축하여 스스로 '눈에 보이지 않는 은행'으로 고객 여정에 파고들기 위한 관건이다. 이때는 DBS 은행의 존재가 느껴지지 않는다. "은행은 신경 쓰지 말고 생활을 즐기자"라는 미션은 이렇게 달성되는 것이다.

오픈 API를 통해 맥도날드와 그랩 등 60개사 이상과 제휴

DBS 은행은 오픈 API를 통해 대표적으로 회계 소프트웨어 '제로', ERP 소프트웨어 '탤리'와 제휴했다. 제로는 제로사^社가 전 세계 158만 개사나 되는 중소기업에 서비스를 제공하는 회계 소프트웨어다. 탤리는 탤리 솔루션즈^{Tally Solutions}사가 인도를 비롯해 전 세계 100개국 이상에서 800만 개사 이상의 중소기업에 서비스를 제공하는 ERP 소프트웨어다. 제로와 탤리의 계정이 DBS 은행 계좌와 온라인 법인 뱅킹 플랫폼 'DBS 아이디얼'을 통해 자동 연동됨으로써 중소기업의 출납 정보와 은행의 계좌 정보가 적시에 일치된다. 이용자는 이렇게 편리한 결제 솔루션을 누릴 수 있는 것이다.

DBS 은행의 공식 사이트^{www.dbs.com}에는 그 밖에도 오픈 API의 사례가 소개되어 있다. DBS 은행의 신용카드를 사용해 적립된 포인트를 제3자·사업자에게서 구매할 때 충당할 수 있는 포인트 캐시백 API, 주택 구입 능력을 사전에 심사받고 DBS 은행에 주택 대출을 신청하는 등 주택 구입 지원 API, 제3자·사업자의 ATM을 통해 DBS 은행 계좌에서 돈을 인출할 수 있는 송금 API, 모바일 결제 시스템 '페이라'를 비롯해 결제·직불·거래 분석·사용 금액 상한 설정 등을 위한 페이먼트 API, 외국 환율 및 DBS 은행의 일반 정보 등을 제공하는 정보 제공 API가 있다.

이런 API는 현재 200가지 이상이며 맥도날드, 그랩, 푸드팬더^{Food Panda}, 소캐시^{soCash} 등 60개사 이상이 파트너로 되어 있다.

게임 규칙이 바뀌면 스스로도 변해야 한다

DBS 은행의 오픈 API는 금융 서비스를 '눈에 보이지 않는 것'으로 만드는 데 제격인 도구였다. 두말할 나위 없이 오픈 API는 고객 경험의 향상에 크게 기여한다.

필자는 2장에서 은행의 3대 업무인 예금, 대출, 환전은 이제 복제(유사 창조)할 수 있다고 지적했다. '금융 디스럽터'가 금융을 수직통합해 오는 추세이며 금융에도 '당연한 것'이 요구되리라고도 설명했다. '당연한 것'이란 예컨대 편리하고, 수고와 시간이 들지 않고, 알기 쉽고, 친숙하고, 즐겁고, 은행의 존재가 느껴지지 않는 것이다.

DBS 은행의 입장에서 디지털 전환이란 새로운 금융의 추세에 대처하는 동시에 새로운 '당연한 것'을 실현하는 것이다. '은행은 불편하고 알기 어렵다'나 '점심시간에는 창구뿐만 아니라 ATM에도 한참 줄을 서야 한다'와 같은 기존 금융기관의 '당연한 것'을 파괴하고, 새로운 '당연한 것'을 만드는 것이다.

아마존을 비롯한 테크놀로지 기업은 테크놀로지 기업의 '당연한 것'을 금융 산업에 들여왔다. 고객 경험과 '고객과의 지속적이고 양호한 관계성'을 게임의 규칙으로 삼고, 이 규칙으로 대결하지 못하는 구태의연한 참여자를 파괴하려 한다. 똑같은 일을 기존 금융기관이었던 DBS 은행은 자기 파괴와 함께 실행에 옮긴 것이다. 이 사실은 DBS 은행이 테크놀로지 기업으로 진화했다는 증거일 것이다.

게임의 규칙이 바뀌었다면 거기에 맞추어 회사 자체도 변해야 한다.

그러려면 자기 파괴가 불가피하다. 이 점도 DBS 은행의 디지털 전환에서 배워야 할 교훈이다.

금융 디스럽터 대열에 합류하다

'눈에 보이지 않는 은행'이 된 DBS 은행은 금융 중개, 신용 창조, 결제와 같이 은행이 다해야 할 기능을 매끄럽게 담당하는 플랫폼으로 변신했다.

필자는 1장에서 차세대 금융 산업의 대결 구도 중 하나로 '고객 접점, 고객 경험, 고객과의 지속적이고 양호한 관계성을 둘러싼 대결'을 꼽았다. 아마존, 알리바바, 텐센트와 같은 금융 디스럽터가 위협이 되는 것은 그들이 구축한 전자상거래와 소셜 커뮤니케이션 같은 생활 서비스 플랫폼 안에서 고객의 상류, 물류, 금류를 포섭한 데 있다. 여기서 얻어진 빅데이터와 AI를 활용하여 뛰어난 고객 경험을 창출한다. 동시에 새로운 금융 서비스를 개발하는 데도 이용한다.

DBS도 마찬가지다. 오픈 API를 통해 구축된 생태계에서 '고객과의 지속적이고 양호한 관계성'을 쌓는 것이야말로 DBS 은행이 목표하는 지점이다. 이로써 고객의 상류, 물류, 금류를 고객의 빅데이터로 파악해 축적한다. 이 데이터는 금융 디스럽터 대열에 합류하기 위한 무기가 된다. 즉 고객의 상류, 물류, 금류에 관한 빅데이터를 백 엔드, 프론트 엔드, 사람과 기업 문화에 녹여 넣어 생태계를 확충하고, 뛰어난 고객 경험과 금융 서비스를 창출함으로써 '고객과의 지속적이고 양호한 관계성'을 더욱 다져간다. 이 주기를 회전시키는 것이 DBS 은행이 추진하는 디지털 전환의 본질이다.

금융 디스럽터는 약진하는데, 기존 은행은 자기 잠식을 우려해서 점포와 시스템 등의 유산과 인프라를 끌어안은 탓에 변혁이 정체됐다. 그러는 동안 금융 디스럽터가 신용·신뢰와 전문성을 입수하여 기존 은행의 유산·인프라까지 파괴한다면 기존 은행은 금융 디스럽터로 완전히 교체될 것이다.

반면에 DBS 은행은 앞서서 스스로를 파괴하고 생태계 속에서 고객 여정에 편입되어 '눈에 보이지 않는 은행'이 되는 길을 선택했다. 여기서 DBS 은행이 첫째로 중요하게 여기는 것은 고객이며 생태계를 구성하는 제3자와 사업자다. 이렇게 DBS 은행은 금융 디스럽터와 동등한 고객 중심주의로 고객 경험을 중시하는 경영에 도달한 것이다.

디지털 전환의 성과,
작지만 강한 은행

—

이런 점들을 고려했을 때 사용자가 DBS의 디지털 전환을 높이 평가하는 것은 당연하다. DBS의 변혁은 빈말도 아니거니와 은행만의 이익을 좇는 것도 아니며, 무엇보다 고객 경험을 추구하는 것이다.

DBS 은행이 디지털 전환에 성공한 성과는 다양한 경영지표의 개선으로 나타난다.《유로 머니》의 평가대로 이는 DBS 은행의 선진성을 나타내는 숫자라 할 수 있다. DBS 은행에서 디지털 거래를 하는 고객은 점포를 방문하는 전통적 고객과 비교하면 2배의 매출을 가져다주며, 2017년에는 DBS 은행의 시가총액이 44% 상승했다.

최중점 부문에서 거둔 획기적 성공

DBS 은행의 재무 숫자를 자세히 살펴보자. DBS 은행이 디지털 전환을 할 때 가장 중점을 둬야 하는 부문으로 규정한 것은 싱가포르·홍콩의 소매 및 중소기업 거래였다. 이 부문이 전체 매출에서 차지하는 점유율은 2015년 38%에서 2017년 44%로 상승했다. 같은 기간 전체 매출의 연평균 증가율이 약 7.5%였던 반면, 이 부문에 한한 매출의 연평균 증가율은 11%였다.

또 2015년에는 해당 부문 매출(전체 매출의 38%) 중 49%가 온라인과 모바일 등 디지털 거래 매출이었다. 그런데 2017년에는 해당 부문 매출(전체 매출의 44%) 중 61%가 디지털 거래 매출이다. 즉 매출 증가율을 보더라도 디지털 거래와 비디지털 거래의 기세는 명백히 차이 난다. 디지털 거래 매출의 연평균 증가율이 23%인 데 비해 비디지털 거

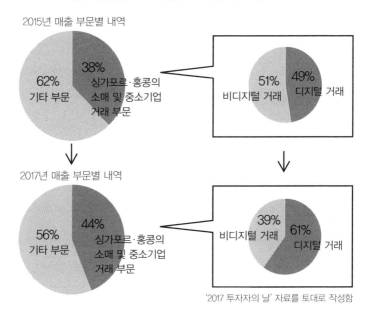

DBS 은행의 디지털 전환 성과 ①
최중점 부문 | 싱가포르·홍콩의 소매 및 중소기업 거래

2015년 매출 부문별 내역

62% 기타 부문

38% 싱가포르·홍콩의 소매 및 중소기업 거래 부문

51% 비디지털 거래

49% 디지털 거래

2017년 매출 부문별 내역

56% 기타 부문

44% 싱가포르·홍콩의 소매 및 중소기업 거래 부문

39% 비디지털 거래

61% 디지털 거래

'2017 투자자의 날' 자료를 토대로 작성함

래 매출의 연평균 증가율은 -2%다. 디지털 거래의 증가가 해당 부문이 전체 매출에서 차지하는 점유율을 끌어올리는 모양새다.

해당 부문에서 디지털 거래를 하는 고객 수 등도 살펴보자(341쪽 도표 참고). 고객 수는 2015년에 1,900만 명인 데 비해 2017년에 2,300만 명(21.5% 증가), 매출은 2015년에 20억 싱가포르달러인 데 비해 2017년에 31억 싱가포르달러(55% 증가), 영업 비용은 2015년에 8억 싱가포르달러인 데 비해 2017년에 11억 싱가포르달러, 그리고 당기순이익Profit before allowances은 2015년에 12억 싱가포르달러인 데 비해 2017년에 20억 싱가포르달러(66.7%)로 되어 있다. 성장의 기세는 분명하다.

또 고객 1인당 매출은 2015년 1,052싱가포르달러에서 2017년 1,347싱가포르달러로 28% 늘어난 한편, 고객 1인당 영업 비용 증가는 13.6%에 머물렀다. 해당 부문에서는 디지털 거래가 확실한 수익성을 갖췄다는 점도 알 수 있다.

전체 39%에 불과한 디지털 거래에서 전체 69%의 이익을 올린다

이어서 해당 부문에서 2017년 디지털 거래와 비디지털 거래의 점유율을 살펴보자(342쪽 도표 참고). 고객 수는 부문 전체 고객 5,900만 명 중 디지털 거래를 하는 고객은 2,300만 명(39%), 비디지털 거래를 하는 고객은 3,600만 명(61%)이다. 매출에서는 부문 전체 51억 싱가포르달러 중 디지털 거래는 31억 싱가포르달러(61%), 비디지털 거

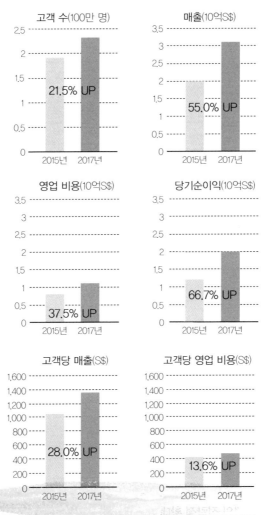

DBS 은행의 디지털 전환 성과 ②
최중점 부문 | 싱가포르·홍콩의 소매 및 중소기업 거래

고객 수(100만 명)

매출(10억S$)

영업 비용(10억S$)

당기순이익(10억S$)

고객당 매출(S$)

고객당 영업 비용(S$)

'2017 투자자의 날' 자료를 토대로 작성함

DBS 은행의 디지털 전환 성과 ③
최중점 부문 | 싱가포르·홍콩의 소매 및 중소기업 거래

2017년 디지털 거래와 비디지털 거래의 비율

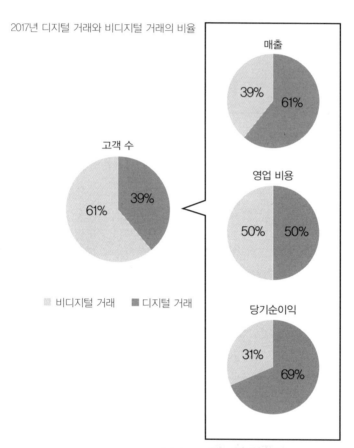

매출

39%
61%

고객 수

39%
61%

영업 비용

50%
50%

비디지털 거래   디지털 거래

당기순이익

31%
69%

'2017 투자자의 날' 자료를 토대로 작성함

래는 20억 싱가포르달러(39%)다. 당기순이익Profit before allowances에서
는 부문 전체 29억 싱가포르달러 중 디지털 거래가 20억 싱가포르달
러(69%), 비디지털 거래가 9억 싱가포르달러(31%)다. 즉 이 부문에서
39%를 차지하는 데 불과한 디지털 거래 고객이 매출의 61%, 당기순
이익의 69%를 가져다주고 있는 셈이다.

또 해당 부문의 2017년 고객 1인당 매출의 경우 비디지털 거래가
600싱가포르달러인 데 비해 디지털 거래는 1,347싱가포르달러다. 매
출에 대한 비용의 비율은 비디지털 거래가 55%인 데 비해 디지털 거
래는 34%다. 그리고 ROE는 비디지털 거래가 19%, 디지털 거래가
27%다.

이런 숫자들은 DBS 은행이 가장 중점을 두는 부문에서 은행 거래
의 디지털화가 순조롭게 진행되고 있다는 점, 디지털 거래에서 낮은
비용으로 효율적인 수익 구조가 조성되어 있다는 점, 해당 부문의 점
유율과 전략성이 더 높아졌다는 점을 나타낸다. 최중점 부문의 디지털
전환은 DBS 은행의 수익을 확실히 끌어올리고 있다.

작지만 강한 은행

이러한 재무 내용을 미국 은행이나 일본 메가뱅크의 재무 내용과 비
교하면 DBS 은행이 더욱 부각된다. 각국의 경쟁사와 비교했을 때 사
업 규모는 작지만 수익성이 높고 자본을 효율적으로 사용한다는 사실
을 알 수 있다.

다음 도표 ①~③을 살펴보길 바란다(345~347쪽 도표 참고). DBS 은행의 지주회사인 DBS그룹 홀딩스와 미국·유럽·일본의 메가뱅크 8개사(JP모건체이스, 뱅크오브아메리카, 씨티, 골드만삭스, HSBC, MUFG, SMBC 그룹, 미즈호FG)의 재무 내용을 비교한 것이다.

DBS 은행은 임직원 수, 매출, 세전이익, 시가총액, 총자산 모든 면에서 타사에 비하면 압도적으로 소규모다(345쪽 도표 ① 참고).

그러나 DBS 은행의 높은 수익성과 양호한 자본 효율도 분명하다(346쪽 도표 ② 참고). DBS 은행의 매출 세전이익률은 42.16%로 1위다. 1인당 매출은 9개사 중 6위지만, 1인당 세전이익은 골드만삭스, 뱅크오브아메리카에 이어서 3위를 기록했다. 1인당 순이익은 DBS 은행이 1위다. ROE는 9.49%로 뱅크오브아메리카 다음가는 위치에 있다.

주식시장 평가를 살펴보면 DBS 은행의 PBR(주가순자산비율)은 1.29다. PBR이 1을 넘는 곳은 DBS 은행, JP모건체이스, 뱅크오브아메리카 3개사뿐이다. 안전성에서는 DBS 은행의 자기자본비율(CET1 비율)이 14.30%로 14.50%인 HSBC를 뒤잇는다(347쪽 도표 ③ 참고).

이처럼 DBS 은행은 사업 규모는 작지만 비용을 그다지 들이지 않고도 효율적으로 돈을 벌어들인다는 점, 건전하게 경영한다는 점, 그 결과 투자자로부터 높은 평가를 받는다는 점을 알 수 있다. 그리고 사용자에게서도 높은 평가를 받고 있다. 이 모든 것이 디지털로 전환한 덕택이다.

① DBS와 경쟁사의 규모

■ 임직원 수

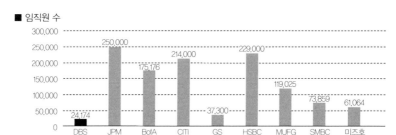

■ 매출·세전이익

(단위 : 100만 USD)

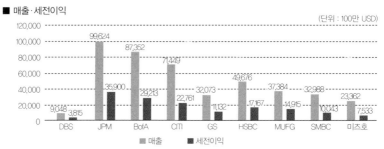

매출 세전이익

■ 총자산

(단위 : 100만 USD)

■ 시가총액

(단위 : 100만 USD)

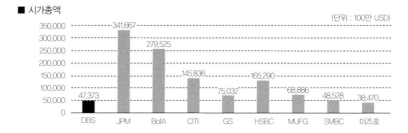

② DBS와 경쟁사의 수익성 및 자본 효율

■ 1인당 매출, 1인당 세전이익, 1인당 순이익

(단위 : 1만 USD)

■ 매출 세전이익률(=세전이익/매출)

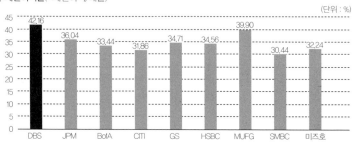

(단위 : %)

■ 주주자본이익률(ROE)

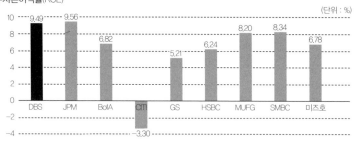

(단위 : %)

③ DBS와 경쟁사의 시장 평가와 안전성

■ PBR(=시가총액/자본)

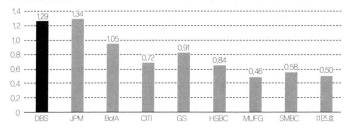

■ 자기자본비율(보통주 등 티어1 비율(CET1 비율))

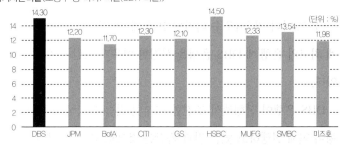

※ 매출(Total income), 세전이익(Profit before tax), 순이익(Net profit), 총자산(Total asset), 자본(Total equity), 주주자본(Shareholder's fund) : DBS 및 미국·유럽 은행은 '2017년 1월 1일~2017년 12월 31일' 회계연도의 재무제표 수치를 사용했다. 일본 은행 3사는 '2017년 4월 1일~2018년 3월 31일' 회계연도의 재무제표 수치를 사용했다. 일본 은행 3사의 재무제표는 미국증권거래위원회에 제출된 '20-F 양식'에 기재한 재무제표를 사용했다.

※ 시가총액, 외국 환율 : 2019년 3월 11일 시점의 주가 및 환율을 사용했다.

※ 매출 : '순금리 수입(Net interest income)'과 '비금리 수입(Non interest income)'의 합계액

※ 1인당 매출, 1인당 세전이익, 1인당 순이익 : 각각 '매출÷임직원 수', '세전이익÷임직원 수', '순이익÷임직원 수'로 계산했다.

※ 매출 세전이익률 : '세전이익÷매출'로 계산했다.

※ 주주자본이익률(ROE) : 상기 재무제표에 기재된 수치를 사용하여 '순이익÷주주자본'으로 계산했다.

※ PBR : DBS 및 미국·유럽 은행의 PBR은 상기 시가총액 및 재무제표에 기재된 수 치를 사용하여 '시가총액÷자본'으로 계산했다. 일본 은행 3사의 PBR은 2019 년 4월 1일 자 야후 파이낸스에서 인용했다. 일본 은행 3사의 PBR을 상기 시가총 액 및 재무제표에 기재된 수치를 사용하여 '시가총액÷자본'으로 계산하면 각각 0.49(MUFG), 0.43(SMBC), 0.45(미즈호)가 된다.

※ 자기자본비율 : 2017년 12월 말 시점의 보통주 등 티어1 비율(CET1 비율)을 사용했다. 보통주 등 티어1 비율(CET1 비율)은 '(보통주 등 티어1 자본 관련 기초 항목 액수−보 통주 등 티어1 자본 관련 조정 항목 액수)÷위험자산 액수의 합계액'으로 계산했다.

※ 회사명 : JPM=JP모건체이스, BofA=뱅크오브아메리카, GS=골드만삭스

《유로 머니》가 '최우수 디지털 은행'에, 또 《글로벌 파이낸스》가 '세 계 최고의 은행'에 DBS 은행을 선정한 이유가 이런 숫자에 집약되어 있다.

DBS 은행이 선행해서 추진한 디지털 전략을 미국 은행과 일본 은 행이 현재 진행하고 있는 것과 똑같은 것으로 봐야 할 것인가, 아니면 전혀 다른 것으로 봐야 할 것인가. 미션과 본질에 상이점은 있는 것인 가. 판단은 각 금융기관에 맡겨져 있다.

최종장

금융
4.0의 탄생

바젤은행감독위원회의
가까운 미래 시나리오

—

2017년 10월 31일, 은행을 감독하는 최고 기관인 바젤은행감독위원회에서 『건전한 관행이란 무엇인가 : 핀테크의 발전이 은행과 은행 감독자에게 가져다주는 의미Sound Practices: Implications of fintech developments for banks and bank supervisors』라는 보고서를 발행했다. 은행의 기획 부문과 디지털 전환 부문 등에서는 화제가 됐는데 일반에는 거의 알려지지 않은 보고서일 것이다.

최종장에서는 먼저 바젤은행감독위원회의 보고서에 실려 있는 가까운 미래 시나리오를 소개한 뒤, 필자가 예측하는 차세대 금융 산업과 그 방향성 등에 관해 얘기하고자 한다.

바젤은행감독위원회 보고서는 쉬운 영어로 작성되어 있으며, 은행의 가까운 미래 시나리오뿐만 아니라 다양한 업계의 디지털화를 점치기 좋은 참고 자료다(https://www.bis.org/bcbs/publ/d415.pdf).

바젤은행감독위원회 보고서에는 다섯 가지 시나리오가 제시되어 있다. 이 시나리오 분석의 큰 특징은 고객에게 상품과 서비스를 제공하는 참여자를 '서비스 제공자'와 '고객 접점' 두 가지로 분류한다는 것이다. 이는 바젤은행감독위원회도 고객 접점을 중요하게 인식한다는 점, 가까운 미래에는 이 두 가지 업무가 분리될 가능성을 고려한다는 점을 나타낸다. 그렇다면 다섯 가지 시나리오에 관해 살펴보자.

시나리오 ① Better Bank | 디지털화로 개선된 은행이 지배한다

첫째 시나리오는 기존 은행이 디지털화와 핀테크화로 개선되고 있기 때문에 기존 은행이 업계 내에서 계속 패권을 쥐게 된다는 것이다. 핀테크 기업이 갖춘 AI, 빅데이터, 클라우드 컴퓨팅을 기존 은행도 따라잡아 장비함으로써 디지털화로 개선된 은행Better Bank이 승자로 남는다는 시나리오다. 이 보고서에서는 "이런 조짐이 일부에서 보이지만, 이 시나리오가 전체적으로 어느 정도 지배적인 것이 될지는 알 수 없다"라고 한다.

시나리오 ② New Bank | 새로운 은행이 지배한다

둘째 시나리오는 기존 은행이 '챌린저 은행Challenger Bank'이라 불리는 새로운 은행에 의해 대체된다는 것이다. 기존 은행 플랫폼은 디지털 플랫폼으로 대체되고, 기존 오프라인 점포는 디지털 점포로 대체되며, 이 대결 중에 유산을 보유한 기존 은행은 비용과 속도 면에서 패퇴한다는 시나리오다. 다만 '새로운 은행New Bank'으로 지목된 몇 군데 참여자가 탄생했지만 이 시나리오가 유력하다는 증거는 아직 없다고 한다.

시나리오 ③ Distributed Bank | 기존 은행과 핀테크 기업의 상호 분업

셋째 시나리오는 기존 은행과 핀테크 기업이 서로 분업한다는 시나리오다. 이 시나리오에서는 양자가 각각의 특기 분야에서 분업할 뿐만 아니라 합작 벤처 형태로 협업하는 것도 상정한다. 다만 이 시나리오에는 고객이 지금까지처럼 한정된 금융기관을 이용하는 관행에서 벗어나 여러 금융기관을 사용하게 된다는 것이 전제된다.

시나리오 ④ Relegated Bank | 기존 은행이 격하된다

넷째 시나리오에서 Relegated는 '좌천되다, 격하되다, 퇴장당하다'라는 의미를 지닌 단어다. 이 시나리오에서는 새로운 은행과 핀테크 기업 등으로 인해 기존 은행이 퇴장하게 된다. 고객 접점은 GAFA 등 메가테크 기업과 핀테크 기업이 지배하고, 기존 은행은 그저 단순히 관련 서비스만을 제공하는 공급자로 전락한다. 이 보고서에서는 업계 전체가 이 같은 시나리오에 빠질 가능성은 적지만 이미 결제 사업과 온라인 대출 사업 등에서는 그 징후가 보인다고 얘기한다.

시나리오 ⑤ Disintermediated Bank | 은행이 파괴된다

다섯째 시나리오에서는 'Disintermediated(중간이 생략된)'라는 표현을 사용하는데, 핀테크 기업과 메가테크 기업이 고객 접점과 서비스

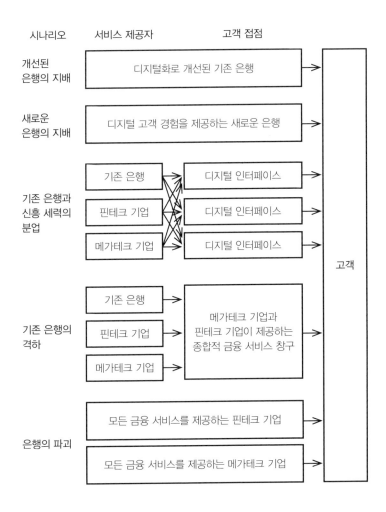

바젤은행감독위원회의 '가까운 미래 시나리오 5'

시나리오	서비스 제공자	고객 접점	
개선된 은행의 지배	디지털화로 개선된 기존 은행		고객
새로운 은행의 지배	디지털 고객 경험을 제공하는 새로운 은행		
기존 은행과 신흥 세력의 분업	기존 은행 / 핀테크 기업 / 메가테크 기업	디지털 인터페이스 / 디지털 인터페이스 / 디지털 인터페이스	
기존 은행의 격하	기존 은행 / 핀테크 기업 / 메가테크 기업	메가테크 기업과 핀테크 기업이 제공하는 종합적 금융 서비스 창구	
은행의 파괴	모든 금융 서비스를 제공하는 핀테크 기업 / 모든 금융 서비스를 제공하는 메가테크 기업		

제공 양쪽을 지배하는 것으로 상정한다. '중간이 생략된'이라기보다 '은행이 파괴되는 시나리오'라고 표현하는 것이 적절할 만큼 급진적인 시나리오다. 현시점에서는 가장 일어나기 어려운 시나리오라고 하면서도, 블록체인 기술을 응용한 가상화폐는 기존 은행을 거치지 않고 사물의 가치를 이전할 수 있는 기술로 이 시나리오의 유력한 도화선이 될 수 있음을 지적한다.

필자는 바젤은행감독위원회 보고서 중에서 은행이 파괴되는 시나리오의 유력한 방아쇠로 가상화폐가 언급됐다는 점이 가장 중요한 지점 중 하나라고 분석한다.

2025년 차세대
금융 시나리오

—

바젤은행감독위원회의 가까운 미래 시나리오를 토대로 필자가 생각하는 2025년의 차세대 금융 시나리오를 제시한다. 8장에서처럼 고객을 법인과 개인으로 분류하고, 법인은 다시 대기업과 중소기업, 개인이라면 일반과 부유층으로 나누어 생각하는 편이 적절하다.

대기업 거래의 경우 기존 은행이 '디지털화로 개선된 은행^{Better Bank}'으로 진화할 가능성이 가장 크다. 대기업 거래는 기업 금융을 대표하듯이 전문성이 가장 높은 분야이며 기존의 거래 관계도 중시하기 때문이다. 다만 이 시나리오를 실현하기란 쉽지 않다. 대기업 자체가 기존 은행 이상으로 디지털화하고 있으므로 기존 은행에 훨씬 수준 높은 디지털화와 서비스를 요구할 것은 명백하다. 고객이 희망하는 여러 채널에서 고도의 서비스를 제공함은 물론 각 업계의 전문성을 가진 프로 인재의 육성도 불가결하다.

중소기업 거래는 새로운 은행이 탄생하고 핀테크 기업도 활약하여 기존 은행과 함께 취급하는 분야가 되지 않을까 예측한다. 특히 테크놀로지 기업이 상류의 빅데이터를 토대로 대출 업무에 더 적극적으로 나설 가능성이 크다.

기존 은행과 핀테크 기업 양쪽이 제공하는 상품과 서비스를 표준화하는 한편, 고객이 사람이 대응해주길 바라는 업무의 생산성과 전문성을 얼마나 높일 수 있느냐로 승부가 나리라 예상된다. 지역 금융기관은 여태까지 전개해온 관계형 금융Relationship Banking을 디지털화한 다음, 어떤 형태로든 추가적인 부가가치를 제공해야 생존할 수 있을 것이다. 대기업 거래와 마찬가지로, 거래처인 중소기업에 대해 디지털화를 지원할 수 있는 수준까지 스스로의 디지털화를 고도화하려는 노력이 필요하다. 사람을 통하고 싶어 하는 업무를 특화해 지역 밀착형 틈새시장에서 생존을 도모하려는 금융기관도 등장할 것이다.

일반 개인을 대상으로 하는 거래는 기존 금융이 가장 큰 영향을 받을 분야일 것이다. 테크놀로지 기업은 이미 알리바바가 하듯이 결제업무부터 시작하여 다양한 비즈니스를 펼치고 있다. 이 분야에서 기존은행은 테크놀로지 기업이 구축한 플랫폼에 은행 인프라나 단발적인 금융 서비스만 제공하는 존재로 전락할 가능성도 부정할 수 없다.

개인 중 부유층을 대상으로 하는 거래는 기존 은행, 특히 메가뱅크가 가장 사수하고 싶은 분야일 것이다. 최근 늘어난 메가뱅크의 근미래형 점포 내부 배치도를 살펴보면, 일반 개인 거래는 디지털화로 담당 인원을 축소하는 반면에 부유층 거래에 주력하려는 의도가 명확하

'다섯 가지 시나리오'의 실현 가능성

	법인 거래		개인 거래	
	대기업	중소기업	일반	부유층
개선된 은행의 지배	◎	○	○	◎
새로운 은행의 지배	△	◎	◎	○
기존 은행과 신흥 세력의 분업	△	◎	◎	○
기존 은행의 격하	△	○	○	△
은행의 파괴	△	△	△	△

게 느껴진다. 이 분야에서 새로운 은행이 탄생할 가능성도 있겠지만, 이 분야를 사수하기 위해 은행 전체를 디지털화하는 것처럼 보이는 면도 있어서 후발 주자로서는 녹록지 않은 대결이 될 것이다.

고객이 법인인지 개인인지, 고객에게 상품과 서비스를 제공하는 참여자가 '서비스 제공자'에 해당하는지 '고객 접점'에 해당하는지, 테크놀로지를 지향하는지 관계성을 지향하는지, 플랫폼을 지향하는지 그렇지 않은지 등 여기서 제시한 분류의 기준은, 금융기관의 입장에서는 조만간 주력 분야 선택을 압박받게 될 때 중요한 기준이 될 것이다. 지금이야말로 선택과 집중이 요구되는 시점이다.

기존 금융기관에
지금 필요한 차세대 전략

—

지금까지 고찰한 내용을 토대로 일본 금융기관에 바라는 바를 얘기하고자 한다. 그 대상을 일본 금융기관에 둔 이유는 필자가 일본 금융기관 태생인 데다, 차세대 금융 산업을 둘러싼 대결에서 가장 불리한 입장에 처했다고 보이기 때문이다. 다른 참여자 및 이업종 관계자에게도 참고가 될 것이다.

세 가지 중요 포인트

일본 금융기관이 차세대 전략과 조직을 고려할 때 중요한 점은 세 가지다.

첫째, 디지털화에 대응할 때 조기에 디지털화해야 할 분야와 유산으로 남겨야 할 분야를 명확히 구분한다. 이것이 가장 중요한 경영 판단이 될 것이다.

둘째, 조기에 디지털화하겠다고 결정한 분야에 대해서는 중요한 경

1 디지털화는 더욱 진척될 것이므로 조기에 디지털화할 분야와 유산으로 남길 분야를 명확히 구분해야 한다.

2 조기에 디지털화할 분야에 대해서는 중요한 경영전략으로 설정하여 나서야 한다.

3 유산으로 남길 분야에 대해서는 사람이 해야 할 일을 한층 첨예화하여 전문성과 신뢰성을 더욱 높여야 한다.

영전략으로 대응한다. 디지털화를 단순한 시스템 전략으로 파악한다면 이도 저도 아닌 것을 만들어내는 결과를 초래하니 주의하자.

셋째, 유산으로 남겨야겠다고 판단한 분야에 대해서는 사람이 해야 할 일을 한층 첨예화하여 전문성과 신뢰성을 더욱 높인다.

미국 GAFA와 중국 BATH를 벤치마킹하라

여기서는 두 번째 포인트인 디지털화에 관한 전략과 조직에 대해 더 구체적으로 기술하겠다. 먼저 중요한 점은 어떤 금융기관 혹은 기업을 벤치마킹해야 하느냐다. 앞서가는 금융기관에 대한 철저한 분석은 필요조건이 될 것이다.

DBS 은행은 미국 테크놀로지 기업을 경쟁사로 정의하고 디지털화를 진행했다. 9장에서 설명한 대로 DBS 은행이 목표한 기업은 구글, 아마존, 넷플릭스, 애플, 링크트인, 페이스북과 같은 메가테크 기업이었다. 글레드힐 CIO는 '만약 아마존의 제프 베조스가 은행업에 뛰어 든다면 무엇을 할 것인가?'라는 관점에서 철저하게 고민했다. 일본 금융기관도 미국과 중국의 메가테크 기업을 벤치마킹해야 한다. 더 구체적으로는 미국의 GAFA와 중국의 BATH 8개사다. 후발 주자인 일본 금융기관이 앞서가는 DBS 은행 같은 곳을 능가하기 위해서는 이 정도의 벤치마킹은 필요하기 때문이다.

아마존으로부터는 디지털화를 진행하면서도 아마존이 미션과 비전으로 삼고 있는 고객 중심주의, 이에 동반되는 고객 경험에 대한 집착을 어떻게 사업에서 실현하는지를 배우는 것이 중요하다.

구글로부터는 디지털화를 통해 구글이 어떻게 정보를 정리하고 이를 수익화하는지를 배우는 것이 중요하다.

애플로부터는 디지털화를 진행하면서도 애플의 대상 고객들에게 생활 스타일과 존재 가치를 어떻게 제안하는지가 참고가 될 것이다.

페이스북으로부터는 디지털화를 통해 어떻게 사람과 조직을 연결하는지를 참고할 수 있을 것이다.

알리바바로부터는 디지털화를 커다란 무기로 삼아 어떻게 중국의 사회 인프라를 구축하고 금융 사업을 기점으로 전체 사업을 확대했는지를 배우는 것이 중요하다.

텐센트로부터는 디지털화를 통해 어떻게 생활 서비스를 향상해왔는지를 배우는 것이 중요하다.

바이두로부터는 디지털화를 통해 어떻게 복잡한 문제를 단순하게

미국과 중국의 메가테크 기업을 벤치마킹하라

아마존	고객 중심주의, 이에 필수적인 고객 경험에 대한 집착을 사업에서 어떻게 실현하는가
구글	디지털화를 통해 어떻게 정보를 정리하고 이를 수익화하는가
애플	디지털화를 진행하면서도 대상 고객들에게 생활 스타일과 존재 가치를 어떻게 제안하는가
페이스북	디지털화를 통해 사람과 조직을 어떻게 연결하는가
알리바바	디지털화를 핵심 무기로 삼아 어떻게 중국의 사회 인프라를 구축하고 금융 사업을 기점으로 전체 사업을 확대했는가
텐센트	디지털화를 통해 어떻게 생활 서비스를 향상해왔는가
바이두	디지털화로 어떻게 복잡한 문제를 단순화했는가
화웨이	차세대 통신인 5G로 무엇을 실현하고자 하는가

만들어왔는지를 배우는 것이 중요하다.

화웨이로부터는 차세대 통신인 5G로 무엇을 실현하고자 하는지를 배우는 것이 중요하다.

이것들은 모두 각 기업의 미션에 관한 내용이기도 하다. 그런 의미에서도 자사의 미션 안에서 어떻게 디지털화를 실현할지 반드시 고민해야 한다. 어쩌면 기존 미션을 쇄신해야 할 수도 있다.

필자는 위에서 소개한 8개사를 분석해 『미중 플랫폼 전쟁 GAFA vs BATH』에 자세히 담았다. 아울러 참고하길 바란다.

디지털화 전략에 필수적인 경험 디자인

디지털화 전략에 대해서는 여러 중요한 점을 지적할 수 있다. 9장에서는 '세계 최고의 디지털 은행' DBS 은행의 전략에 관해 자세히 얘기했다. '스스로를 파괴하기' 위한 어젠다로 "디스럽터보다 앞서서 스스로를 파괴한다", "기존 은행을 파괴한다", "수익성 확보를 목표로 디지털화한다", 그리고 디지털화 전략의 골자로 "클라우드 네이티브가 된다", "API로 생태계 성능을 향상한다", "철저한 고객 중심주의", "사람과 기술에 투자한다"를 실행한 점을 여기서도 강조하고 싶다.

이번에는 디지털화 전략으로 '경험 디자인Experience Design'에 관해 설명하고자 한다. 지금까지 고객 경험에 관해 거듭 얘기했는데, 여기서는 직원의 경험 가치를 의미하는 '직원 경험Employee Experience'도 추가하여 고객과 직원의 경험 가치를 디자인하는 것을 가리켜 '경험 디자인'으로 정의한다.

일본 금융기관에는 어떤 경험 디자인이 요구되는지 생각해보자. 일본 금융기관은 지금까지 예금, 대출, 환전 등 업무별 혹은 자사의 효율성을 가장 중시한 프로세스에 기초하여 직원을 배치하고, 여기에 부합하는 형태로 고객에게 서비스를 제공했다.

그러했던 프로세스, 즉 일본 금융기관에서는 당연했던 프로세스를 변혁해가기 위한 경험 디자인이 필요하다. 이때 중요한 것은 '고객과 직원이 더 자연스럽고 쾌적하게 자신다울 수 있는가'를 기준으로 서비스를 제공하도록 만드는 것이다.

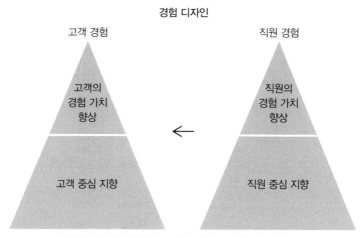

경험 디자인

고객 경험   직원 경험

고객의
경험 가치
향상

직원의
경험 가치
향상

고객 중심 지향   직원 중심 지향

직원의 경험 가치 향상이 고객의 경험 가치 향상을 창출한다

    고객의 행동을 고객 여정으로 보고, 고객이 잠재적으로 요구 사항을 느끼는 데서부터 시작하여 해당 서비스를 제공받고, 나아가 그로 인해 더욱 쾌적한 생활을 할 수 있는 데까지 디자인해나가는 것이다.

    그리고 직원이 고객에게 뛰어난 경험을 제공하기 위해서는 기업이 직원에게 뛰어난 경험을 먼저 제공해야 한다. 이 중요한 조건이 여기서의 핵심이다.

    경험 디자인이란 단순히 시스템상에 고객 인터페이스를 구축하는 것이 아니라, 고객이 잠재의식의 수준에서도 자연스럽고 쾌적하게 있도록 하는 것을 목표한다. 이를 위해서는 고객이 '자신에게 대응해주는 직원이 자연스럽고 쾌적하게 일하고 있다'라고 느껴야 한다. 그래야만 '자신이 뛰어난 고객 경험을 하고 있다'라고 느낀다.

이런 점들을 고려하면 경험 디자인의 중요 포인트는 두 가지로 정리할 수 있겠다.

- 직원 개개인이 자신의 강점과 개성을 발휘하여 자연스럽고 쾌적하게 일할 수 있도록 직원 경험을 디자인하는 것
- 고객 개개인이 인간으로서 본능적으로 바라는 서비스를 받을 수 있도록 고객 경험을 디자인하는 것

고객에게 뛰어난 경험을 제공하고, 고객과의 양호한 관계성을 장기적으로 구축하는 것이 바로 디지털화에서 가장 중요한 경영지표가 된다. 일본 금융기관에도 직원의 경험을 고려한 경영이 필요하다.

오렌지색 조직에서 틸 조직으로

고객 경험과 직원 경험 양쪽을 충족하는 조직으로 필자가 주목하는 것은 '틸 조직'이다.

틸 조직Teal Organization이란 경영학자 프레더릭 랄루Frederic Laloux의 『조직의 재창조Reinventing Organization』(2014) 일본어판이 2018년에 출판되면서 일본에서 주목받은 조직 전략이다. 이 책에서는 '고객 경험'과 '직원 경험'이라는 표현을 사용하지 않지만, 경험 디자인을 실천하는 데 틸 조직이라는 개념은 참고가 된다.

랄루는 조직 모델의 진화 과정을 산업 발전과 연관 지어 다섯 단계

오렌지색 조직에서 틸 조직으로

Teal	진화적, 생태계, 내면적 정의	최신형 조직 모델
Green	다원적, 가족, 인간적 관계성	↑
Orange	달성, 기회, 성과 추구	현재 일본의 금융기관
Amber	순응, 군대, 집단 규범	
Red	충동적, 승냥이 떼, 욕구 충족	

로 분류하고, 각각을 색깔로 표현했다. 빨간색→호박색→오렌지색→
초록색으로 조직이 발전하는데, 다섯 번째에 해당하는 최신형 조직 모
델을 '틸Teal(청록색)'로 표현하고 '틸 조직'이라 부른다.

세 번째에 있는 '오렌지색 조직'을 주목하자. 산업혁명으로 생겨난
조직으로 "회사 전체의 목표를 부문과 직원 단위로 잘게 분해해 맡기
고, 각 조직이 달성한 성과를 쌓아 올림으로써 그 목표를 실현한다"라
는 행동 패턴에 기반한다. 일본 금융기관은 대부분 여전히 오렌지색
조직에 머물러 있다고 필자는 분석한다.

오렌지색 조직과 달리 틸 조직에서는 경영자나 상사가 직원의 업무
를 지시하고 관리하는 일이 없다. 피라미드형 조직 구조가 아니어서
전원이 평등한 입장에서 서로 협력하며 사회에 가치를 제공하는 것이
바로 틸 조직의 특징이다.

틸 조직에서는 앞에서 설명한 직원 경험이 실현되어 직원은 자율적으로 활기차게 일할 수 있다. 이로써 뛰어난 고객 경험을 고객에게 제공한다.

『조직의 재창조』는 네덜란드에서 재택 간호 서비스를 제공하는 단체인 뷔르트조르흐Buurtzorg를 소개하는 데 많은 분량을 할애한다. 뷔르트조르흐의 특징으로는 직장에서 일하는 직원의 경험이 뛰어나고, 그 결과 고객에게서도 높은 평가를 받는다는 점을 먼저 꼽을 수 있다. 조직은 최대 12명의 직원으로 만들어진 '팀'으로 구성되어 있고, 그 팀은 뷔르트조르흐의 여섯 가지 목표에 따라 자유롭게 행동하라고 주문받는다.

여기서 짚어두고 싶은 것은 네덜란드에서 비교적 일반적인 '개인 사업주'라는 노동 형태, 직원 개개인이 자기 자신에 대해서도 책임을 지는 그 형태 안에서 틸 조직이 실현된다는 측면이다. 즉 직원이 뛰어난 경험을 획득하기 위해서는 자기 책임하에서 제대로 본인의 책임을 다해야 한다는 것도 간과할 수 없다. 직원이 권리만 주장하면서 뛰어난 경험을 얻지 못하는 이유를 회사 탓으로 돌리는 이상, 틸 조직을 실현하기란 어려울 것이다.

이때 떠오르는 곳이 DBS 은행이다. DBS 은행이 직원에게 스타트업이 될 것을 주문한다는 말은 곧 직원 개개인에게 권리와 책임이 모두 주어져 있다는 뜻이기도 하다.

틸 조직을 아는 사람은 일본 금융기관의 디지털화에 필요한 조직으로 틸 조직을 꼽았다는 것에 적지 않게 난색을 표할 것이다. 그러나 세계 최고의 디지털 은행인 DBS 은행이 실행해온 것을 생각하면, 일본 금융기관도 이 정도로 조직을 개혁해야만 글로벌 대결에서 디지털 은행으로 살아남을 수 있을 것이다.

경험 디자인을 통해 고객과 직원의 경험 가치를 창조하려면 틸 조직으로의 혁신이 요구된다. 그렇기에 직원이 속도감 있고 활기차게 일하는 스타트업 같은 기업 문화가 더더욱 필요하다. 새로운 조직 문화가 결여된 조직에는 지극히 힘든 대결이 될 것이다. 이것이 바로 디지털 전환이다.

블록체인,
미래 금융 시나리오의 중요 포인트 ①
—

바젤은행감독위원회 보고서도 지적하듯이 차세대 금융 시나리오를 생각할 때 중요한 포인트 중 하나가 바로 블록체인이다.

블록체인은 가상화폐에서 출발했다. 자칭 '사토시 나카모토中本哲史'라는 인물의 논문을 토대로 개발된 가상화폐 '비트코인'을 통해 운용이 개시됐다.

블록체인은 분산원장分散元帳이라고도 불린다. 일정 정보가 하나의 블록에 담겨 최신 블록이 되고, 이를 과거에 만들어진 블록과 연결해 나간다. 이렇게 블록이 연쇄되어 블록체인이라고 불린다.

블록체인의 특징으로는 조작이 어렵다는 점, 시스템이 안정되어 있다는 점, 유지비가 저렴하다는 점 등을 꼽을 수 있다. 현재는 금융뿐만 아니라 다양한 분야에서 구현되고 있다. 블록체인의 출발점이 된 가상화폐인 비트코인은 차세대 통화가 될 것이라는 높은 기대감에 한때 시가총액도 급상승했다. 그러나 즉시 결제가 불가능하다는 점, 시장 변동이 극심하다는 점, 부정 문제 및 사이버 테러 등에 취약하다는 점에서 현재는 기세가 꺾인 상태다.

가상화폐에서 암호자산으로의 진화

이런 가운데 2018년 11월에 개최된 G20 정상회의 선언문에서는 가상화폐를 '암호자산Crypto Asset'으로 명기했다. 이에 따라 일본 금융청도 같은 해 12월에 같은 호칭을 사용한다고 발표했다.

현재 G20 등 국제회의의 장에서는 추가적인 분류와 정의가 물밑에서 논의되고 있는데, 현시점에서 암호자산을 분류하면 다음과 같다.

먼저 암호자산은 시큐리티 토큰Security Token, 유틸리티 토큰Utility Token, 페이먼트 토큰Payment Token 세 종류로 분류된다. 이 분류법은 스위스 및 싱가포르의 금융 당국에서 사용하는데 앞으로도 폭넓게 채택

암호자산의 분류

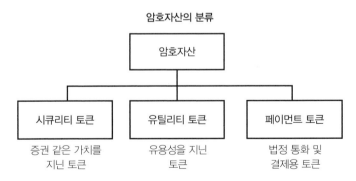

될 것으로 예상한다. 시큐리티 토큰이란 증권 같은 가치를 지닌 토큰, 유틸리티 토큰이란 유용성을 지닌 토큰, 페이먼트 토큰이란 법정 통화 및 결제용 토큰이다.

지금까지 '이니셜 코인 오퍼링ICO'이라 불리던 자금 조달 방식이 동반되는 코인은 대부분 시큐리티 코인으로 간주된다. 미국증권거래위원회SEC는 대부분의 ICO를 '증권'이라고 판단하여 기존 법률과 규제에 준거시키려 하고 있다. 일본에서도 마찬가지로 대부분의 ICO는 금융상품거래법에 준한 취급을 받게 될 것이다.

시큐리티 토큰은 다시 채권형 토큰, 주식형 토큰, 하이브리드형 토큰, 파생형 토큰 등으로 분류된다. 이 분류법은 기존의 금융수단과 동일한데, 금융 거래가 암호자산으로 진화해가는 것이 아닌가 예상케 한다.

그럼에도 '가상화폐는 죽지 않았다'

가상화폐가 '암호자산'으로 불리게 되고, 대부분의 ICO가 시큐리티 토큰으로서 '증권'으로 간주된다. 이런 움직임만 놓고 보면 '가상화폐는 죽은' 것처럼 보일 수 있다. 그럼에도 필자는 '가상화폐는 죽지 않았다'고 본다. 오히려 극심한 혼란을 겪던 상황에서 한 걸음 빠져나와 '죽어가는 것'과 '살아남을 것'이 명쾌히 정의되는 과정으로 파악해야 한다.

CES 2019의 세션 '블록체인과 미디어·광고의 미래'에 패널로 참가했던 MIT 미디어랩MIT Media Labs은 이렇게 예측했다.

"블록체인은 올해 별 볼 일 없는 기술이 될 것이다. 왜냐하면 블록체인은 올해 많은 장면에서 실용화가 진행되기 때문이다."

CES 2019에서는 중국의 소매·전자상거래 양대 기업인 알리바바와 제이디닷컴(징둥)이 블록체인으로 구현한 상품 추적 시스템을 전시했다. 블록체인의 주된 특징은 동일한 데이터를 분산해서 저장하고 공유한다는 점, 그리고 체인을 연결해가듯이 과거 데이터 뒤에 새로운 데이터를 다시 기록할 수 있다는 점이다. 이런 특징을 활용하여 식품의 유통 경로를 추적하고 식품 위조 방지를 목표하는 블록체인 유통관리 시스템을 구축한 것이다.

일본에서도 블록체인의 실용화가 진행되고 있다. 미쓰비시UFJ 니코스는 캐시리스화가 진전되면 급증할 소액 결제 거래를 내다보고 블록체인을 활용하는 결제 인프라를 새롭게 개발했다. 현시점에서 결제 처리 속도는 2초 이내, 세계 최고 속도인 초당 100만 건의 거래 처리 용량을 지닌 새로운 결제 시스템이 일본에서도 탄생했다.

또 SEC는 2018년 6월에 '가상화폐' 중 비트코인과 이더리움Ethereum은 "증권이 아니다"라고 발표했다. ICO 대부분은 규제 대상이 된다는 방침도 분명히 밝혔다. 인프라로 사용되는 블록체인 네트워크가 충분히 분산되어 있느냐 등이 판단 기준이었던 것으로 보이며, 일정 조건을 충족하면 '증권'으로 간주하지 않겠다는 점을 명확히 한 것이다.

일본 금융청도 같은 판단을 내려 '통화성'이 있는 것은 자금결제법, 증권성이 있는 것은 금융상품거래법에 따라 규제한다는 점을 밝혔다. 더 구체적으로 살펴보면 금융청 연구회 자료에서는 가상화폐 ICO에 관해 '발행자가 존재하지 않는 가상화폐', '발행자가 존재하는 가상화폐', '발행자가 존재하며 장래에 사업 수익 등을 분배할 채무를 지고 있는 가상화폐' 세 가지로 분류한다. 앞의 두 가지에 관해서는 기존처럼 자금결제법으로 대응하지만, 세 번째의 배당금을 내는 투자로 간주되는 것에 관해서는 유가증권과 마찬가지로 금융상품거래법에 근거해 등록제의 도입을 검토하고 있다.

2019년 들어 대형 뉴스가 또 날아들었다. SEC 위원인 로버트 J. 잭슨 주니어Robert J. Jackson Jr.가 비트코인 ETF(상장지수펀드, 거래소에 상장되어 주식처럼 거래할 수 있는 거래 목적의 펀드)가 최종 승인될 전망이라고 발언했다는 사실이 밝혀진 것이다.

비트코인 ETF가 실현된다면 기관투자자도 가상화폐 시장에 진출할 것으로 기대된다. 개인적으로는 비트코인 ETF가 실제로 실현되기까지 아직 1년 정도의 시간이 필요하다고 예측하는데, 커다란 흐름 자체는 변하지 않을 것이다.

그리고 개인적으로 가상화폐의 향후 성장을 더욱 확신하는 이유가 있다. 필자가 외국계 금융기관에 근무할 당시에 2018년 후반 무렵부터 동료들에게서 자주 들은 말이 있기 때문이다. 미국 본사에서 우수한 인재가 가상화폐 사업으로 이동하기 시작했다는 것이다. 시큐리티 토큰 비즈니스는 디지털 자산이라는 새로운 자산을 대상으로 하는 새로운 금융으로서 주목받기 시작했다. 그 이상으로 미국 금융기관에서는 협의의 가상화폐 사업을 물밑에서 준비하고 있다.

새로운 가치관,
미래 금융 시나리오의 중요 포인트 ②
—

    차세대 금융 시나리오를 예측할 때 필자가 중요하게 여기는 또 한 가지 포인트가 있다. 바로 '가치관'의 변화다.

    현대에서 모든 변화의 기점이 되는 것은 테크놀로지의 진화다. 지금 그야말로 다양한 것이 변화하고 각각이 서로 영향을 주면서 변화 속도도 빨라지고 있다. 필자가 연구하는 주제 중 하나인 '차세대 자동차 산업'에서도 IT와 전기·전자, 나아가 통신과 전력·에너지 등 다양한 산업이 융합하기 시작했다.

    새로운 기술의 실용화 일정도 꽤 앞당겨졌다. 전형적인 사례는 AI가 운전하는 완전자율주행차의 실용화다. 얼마 전까지만 해도 완전자율주행차가 실용화되는 시기는 2025년, 빨라야 2022년 정도일 것이라고 여겨졌다. 그러나 2018년 1월, 미국의 제너럴모터스^{GM}는 2019년에 자율주행차를 실용화하겠다고 발표했다. 구글은 2018년 12월에 실제로 자율주행 택시를 상업화하기 시작했다. 놀라운 발전 속도다.

테크놀로지의 진화는 우리 가치관에도 커다란 변화를 가져왔다. 사람들이 각자 자기 개성과 자기다움을 살려 뭔가를 만들어내고, 그것을 어필하는 형태로 '일하는' 것이 가능한 시대가 도래하고 있다.

예를 들면 '메루카리'는 개인 간에 물건을 사고팔 수 있는 벼룩시장 앱으로 유명하다. 스마트폰만 있으면 사진을 찍어 누구나 쉽게 물건을 팔 수 있다. 메루카리로 창조된 플랫폼은 사람들이 일하는 방식에까지 영향을 미치고 생활 스타일의 근간을 바꾸려 한다.

메루카리에 휴지심이 올라와 일본에서 커다란 화제가 된 적이 있다. 사람들은 대부분 '쓰레기가 팔리겠어?'라고 생각한다. 하지만 언뜻 아무런 도움도 되지 않을 법한 휴지심을 '원하는' 사람이 있다. 몇 십 개를 모아 팔면 '초등학생용 만들기 재료'라는 새로운 용도가 발견되어 새로운 가치가 생겨나는 것이다.

모든 것이 자산이다

지금까지 옷, 가구, 가전, 잡화, 액세서리 같은 물건은 필요 없어지면 불용품으로 불리며 재사용이나 재활용 방식으로 환경 부하를 경감하기 위해 '자원화'됐다. 그러나 메루카리는 지금까지 전혀 가격이 매겨지지 않던 물건의 '자산화'를 가능하게 했다.

기성품뿐만이 아니다. 수공예에 솜씨 있는 사람은 재능을 살려 액세서리나 토트백 등을 만들어 팔 수 있다. 최근에 개인 간 매매 시장이 새롭게 등장하면서 일본 내의 취미 시장이 확대됐다.

물건의 '자산화'는 물리적인 사물에만 한정되는 것이 아니다. 각자가 잘하는 것, 좋아하는 것 등 형태가 없는 비사물도 스마트폰으로 팔 수 있다. 예를 들면 그림을 잘 그리는 사람은 자기 능력을 활용하여 누군가의 캐리커처를 그려서 팔 수 있다. 트위터 등 SNS에서 프로필 사진으로 캐리커처를 사용하고 싶어 하는 수요가 있기 때문이다.

글을 잘 쓰는 사람, 요리할 줄 아는 사람, 남을 잘 웃기는 사람, 영화 추천에 일가견이 있는 사람, 노래로 감정을 전하는 사람 등 온갖 개인의 '능력'을 돈으로 환산할 수 있게 됐다.

회사에 다니는 것만이 '일하는' 것은 아니다. 어떤 형태로든 수단을 통해 누군가에게 뭔가를 제공할 수 있다면 대가가 생겨난다. 모든 것이 '뭔가를 창조하는 일'이며 거기에 가치를 만들어낼 수 있게 된 셈이다.

프로슈머와 셀슈머

나아가 실제 생활에서는 중요한데 주변으로부터 평가받기 어려웠던 것도 새롭게 평가할 수 있게 됐다. 예를 들면 친절, 배려, 도움, 응원 등 다른 사람에게 어떤 형태로든 영향을 주는 행위다.

지금까지 이것들은 능력처럼 평가로 직결될 수 없었다. 그러나 최신 테크놀로지로 열풍이 불고 있는 '블록체인'과 그 기술을 배경으로 확산되는 코인 경제에서는 자기 생각을 자유롭게 어필하여 주변 사람에게 얼마나 영향을 줬는지를 평가하는 구조가 고안되어 있다. 사람들 각자가 지닌 영향력 평가에 따라 보수로 코인을 얻을 수 있는 시스템이 실용화되어 있는 것이다.

메루카리와 블록체인 등 새로운 서비스와 기술을 이용해 이른바 '셀슈머Sell-sumer(필자의 조어)'라는 새로운 소비자가 생겨나고 있다. 1980년 정보혁명에 의한 사회구조 변화를 예상한 『제3의 물결』에서 앨빈 토플러Alvin Toffler는 생산자Producer와 소비자Consumer가 융합한 '프로슈머Prosumer'의 출현을 지적했다. 토플러가 말하는 '프로슈머'라는 개념은 생산 주체인 기업의 생산 기획에 참여하여 새로운 상품을 만들어내는 개인 소비자가 탄생한다는 것이었다.

그리고 메루카리라는 C2C 플랫폼에서는 물건을 판매하는 다수의 '셀슈머'가 등장했다. 이제 소비자는 '프로슈머'이면서 '셀슈머'이기도 하다.

일하는 방식을 전복하는 열두 가지 패러다임 전환

그 결과 업무 형태와 방식도 크게 달라졌다. 일본에서는 정부 주도로 일하는 방식을 개혁하고 있는데, 다음 요인들이 정부 정책 이상으로 영향을 미친다. 부업 등을 포함하여 동시에 여러 일을 겸하는 병행경력Parallel Career, 일하는 시간과 장소에 구애받지 않는 자유로운 근무 방식도 서서히 자리를 잡아간다.

① '초고령화 사회'보다 '초장수 사회' : 고령자가 늘어난다고 인식하기보다는 초장수가 가능한 세상이 도래했다고 인식하고 업무

방식과 생활 방식을 새롭게 구축한다.

② '단일 경력'보다 '병행 경력' : 한 직장에서 일하는 단일 경력 시대에서 변화하여 일하는 방식과 근무 형태가 다양해질 뿐만 아니라 평생 업무로서 복수 경력을 지녀야 하는 시대가 도래한다.

③ '컨슈머'보다 '프로슈머, 셀슈머' : 단순 소비자에서 스스로 생산에 참여하고, 나아가 C2C나 P2P로 직접 판매하는 창조자로 변화한다.

④ '결핍 욕구'보다 '자아실현 욕구' : 먹기 위해, 살기 위해, 인정받기 위해 일하는 것이 아니라 자아실현, 자신의 존재 가치, 자기다운 생활 스타일을 추구하기 위해 일한다.

⑤ '금전적 보수'보다 '성장과 공헌' : ①~④의 영향에 따라 금전적인 보수를 중시해 일하기보다는 자신을 성장시키고 사회문제를 해결하는 데 공헌할 수 있는지가 더 중요해진다.

⑥ '화폐경제'보다 '평가 경제, 가치 경제' : 화폐로 평가할 수 있는 것을 중시하는 세상에서 '평가＝실제로 가치가 있는 것', '가치＝진정한 가치'를 중시하는 세상으로 변화한다.

⑦ '소유, 구입'보다 '공유, 구독' : 상품과 서비스를 구입해 소유하기보다는 경험 가치를 중시해 공유나 구독을 통해 이용한다.

⑧ '상품·서비스 제공'보다 '생활 스타일 제안과 지원' : 상품과 서비스를 제공받는 수요에서 자기다움을 반영한 생활 스타일을 제안받고 그에 따라 지원받고 싶어 하는 수요로 고도화한다.

⑨ '수직, 통합'보다 '수평, 분산' : 대기업 주도의 수직통합이 아니라, 테크놀로지와 가치관의 진화로 수평분업과 분산화가 진행되어 개인의 전문성이 주도하게 된다.

⑩ '개인 성적'보다 '팀 성적' : 직장과 사회에서 더 중요해지는 것은 '개인 성적'이 아닌 '팀 성적'이다.

⑪ '복잡, 번잡'보다 '단순, 최소' : 복잡하고 물건이 넘쳐나는 상황보다는 결핍 욕구가 감소하는 영향 등으로 최소한의 단순한 상황을 추구한다.

⑫ 'AI와의 경쟁'보다 'AI와의 협업' : AI가 인간의 업무를 빼앗는다고 생각하기보다는 AI가 해야 할 일과 사람이 해야 할 일을 구별하여 AI와 협업하는 세상으로 변화한다.

신경제 기업의 탄생

여기서 차세대 금융 산업으로 다시 화제를 돌려보자.

지금까지 설명한 사회와 가치관의 변화는 새로운 금융 시스템과 플랫폼을 만들어내는 원동력이다. 조금 전에도 설명했듯이 테크놀로지가 발전하면서 지금까지 '인정받지 못했던 가치'도 인정받게 됐다. 필자는 새로운 금융 시스템과 플랫폼이 메루카리가 만들어낸 방식의 C2C, P2P 세계에서 탄생할 것으로 본다.

C2C와 P2P의 가능성이 큰 이유는 차세대 비즈니스의 핵심으로 지목되는 블록체인, 클라우드 소싱, 공유와의 높은 융합성 때문이다. 미

국 IT 잡지 《와이어드WIRED》의 창간 편집장이자 미국 테크놀로지 업계에 지대한 영향력을 행사하는 케빈 켈리Kevin Kelly는 《불가피하게 미래를 바꿀 열두 가지 테크놀로지의 힘The Inevitable : Understanding the 12 Technological Forces That Will Shape Our Future》(2016)에서 이렇게 설명한다.

"향후 30년을 생각한다면 부의 최대 원천, 그리고 가장 흥미로운 문화적 혁신은 이 방향의 연장선상에 있다. 2050년에 제일 거대하고, 최고 속도로 성장하며, 가장 돈을 잘 버는 회사는 현재 아직은 눈에 보이지 않고 높이 평가되지 않는, 새로운 공유 형태를 찾아낸 회사가 될 것이다. 사상, 감정, 금전, 건강, 시간은 모두 올바른 조건이 갖춰지고 제대로 된 혜택만 있다면 얼마든지 공유할 수 있다."

메루카리는 이미 '사물 영역'인 벼룩시장 앱을 넘어서서 '비사물 영역'의 사업(영어 레슨 등)도 펼친다. C2C에 특화된 투자 펀드 사업도 진행하여, 필자는 메루카리가 P2P 플랫폼 기업이 되어 메루카리 경제권을 창조해가리라 예상한다.

메루카리가 창조하고 육성하는 것은 강대한 2차 유통시장이다. 필요 없어진 물건을 '공유'한다는 점에서 광의의 공유경제이기도 할 것이다. 혹은 금융이라는 관점에서 본다면 고객의 벽장 안에 잠들어 있는 재고의 유동화, 동산·재고·광의의 유가증권(콘서트 티켓 등 포함)에 대한 '자산 유동화'이기도 하다.

필자가 메루카리에서 P2P 플랫폼 기업의 커다란 가능성을 엿본 이유는 야마다 신타로山田進太 CEO가 "인터넷은 원래 개개인에게 권한을 위임하는 것"임을 재차 강조하면서 개인과 팀의 능력을 중시한 사업 전개에 강한 집착을 보였기 때문이다.

메루카리 같은 가치관을 지닌 조직과 인물은 일본에서도 잇달아 탄생하고 있다. 일본의 강점 중에는 세상에 자랑할 만한 것이 많다. 섬세함, 정확함, 진지함, 뛰어난 솜씨, 성실함, 안전성 추구, 높은 평균 수준 등이다.

일본의 활로가 일본의 약점을 극복하는 데 있다고 봐야 할 것인가, 일본의 강점을 살려나가는 데 있다고 봐야 할 것인가? 애초에 어느 방향으로 나아가는 것이 가슴 뛰는 일이겠는가? 대답은 명백하다.

이를 차세대 금융 산업으로 치환하면, 역시 일본이 강점을 살려 세상을 선도해야 할 분야는 철저한 섬세함과 거기서 비롯한 요소 기술要素技術이다. '다른 사람에게 힘을 준다'라는, 젊은 일본인이라면 대부분 지닌 가치관 자체가 커다란 무기로 작용할 것이다.

일본에서는 메루카리 등 신경제 기업이 탄생하면서 자기 개성과 자기다움을 살려 개개인으로 일하는 것이 가능한 시대가 도래했다. 이들이 만들어내는 것에 공감하는 사람도 늘어나고 있다.

테크놀로지가 진화하면서 요리, 유머, 영화 해설 등 온갖 개인의 '능력'을 돈으로 바꿀 수 있게 됐다. 노인 세대가 나이와 경험을 축적해 갖추게 된 귀중한 능력도 여러 가지가 있을 것이다.

남녀노소 누구나 자기다움을 살려 가치를 만들어내는 사회로.

현실에서 진정 소중했던 것이 진정한 가치를 지니는 사회로.

그리고 초장수 사회 시스템을 세계에 수출한다.

초장수 사회를 분산형 P2P 사회로 실현한다.

블록체인을 활용한 분산형 금융 시스템으로 그것을 지탱한다.

분산형이란 테크놀로지뿐만 아니라 사람들의 가치관이야말로 중요하다고 여기는 것이다.

'돈'의
새로운 정의

―

애초에 '돈(통화)'이란 무엇이었을까? 여기서는 돈의 본질에 관해 생각해보려 한다.

가상화폐가 일본 언론에서도 다뤄지면서 통화가 지녀야 할 세 가지 본질적 기능이 병기되는 경우가 늘어났다. 즉 '가치의 교환·지불 수단일 것', '가치의 척도·계산 단위일 것', 그리고 '가치의 보존 수단일 것'이다.

필자는 어떤 것의 본질을 생각할 때 이미 통용되는 정의를 살펴보는 동시에 그것이 우주에서 사용되는 양상을 조감하기라도 할 작정으로 지구 규모의 거시적 시선을 통해 바라보려 한다.

그렇게 바라봤을 때 돈의 본질에서는 돈을 사용하는 사람들이 거기에 정말로 일정한 가치가 있다고 신용하느냐 아니냐가 가장 중요하다. 조개껍데기, 보석, 금, 금을 표상한 화폐, 금본위제에서 분리된 화폐, 나아가 현재 논란이 되는 가상화폐까지.

금본위제에서 분리됐는데도 미국 달러가 기축통화의 지위를 확보할 수 있었던 것은 사람들이 '비록 금이라는 실물자산이 없어도 미국 달러는 돈으로서 통용된다'라고 신용했기 때문이다. 정치·경제·사회·테크놀로지 등의 변화, 커다란 시대적 변화 속에서 '무엇이 실제로 돈으로서 통용되는가'에 대한 인식 자체가 바뀌고 있다.

여기서 중요한 것은 앞에서도 설명했듯이 사람들의 가치관이 현저하게 변화하는 가운데 '무엇이 실제로 돈으로서 통용되는가?', '어떤 가치까지 돈으로 표상시켜야 하는가?'에 대한 물음이 잠재적으로 다시 제기되고 있다는 점이다.

정치, 경제, 사회, 테크놀로지 등이 변화하고 사람들의 가치관도 바뀌면서 GDP를 비롯한 국민경제계산과 경제지표에도 새로운 척도를 요구하는 분위기가 조성되고 있다.

MIT 슬론경영대학원의 에릭 브린욜프슨과 앤드루 맥아피의 『제2의 기계 시대』에서는 새로운 시대에서 새로운 경제지표를 요구하는 움직임으로 다음과 같은 것을 소개한다.

"새로운 지표는 그 개념과 적용 방식 모두 달라질 것이다. 여기서는 이미 실용화된 지표와 측정 방법의 일부를 소개한다. UN개발계획UNDP이 발표하는 인간개발지수HDI, Human Development Index는 건강과 교육 등의 지표로 사회의 풍요로움과 진보 정도를 측정하는 포괄적 경제사회지표다. 마찬가지로 UNDP가 2010년에 도입한 다차원빈곤지수MPI, Multidimensional Poverty Index는 영양, 위생, 안전한 식수 등 열 가지 지표로 개발도상국의 빈곤 상황을 평가하는 복합 지수다. 이 지수에 사용되는 유아 사망률과 기타 보건 지수는 인구통계건강조사DHS 등 각국이 정기적으로 실시하는 조사 데이터에 기반한다. 이 방면에서는 유망한 프로젝트가 진행 중이다. 경제개발협력기구OECD는 '경제 상황 및 사회 진보의 측정에 관한 위원회'를 설치하여 경제·사회지표로서 GDP에는 한계가 있다는 인식하에 추가적인 정보를 검토했다. 이 위원회에는 위원장 조셉 스티글리츠Joseph Stiglitz 교수를 비롯해 아마르티아 센Amartya Sen, 장 폴 피투시Jean-Paul Fitoussi 교수가 참여했다. 마이클 포터Michael Porter, 스콧 스턴Scott Stern, 로베르토 로리아Roberto Roría 등은 기본적 욕구 충족도 및 사회복지 충족도와 더불어 자살, 재산권, 학교 출석률, 이민자 대우, 여성 지위 등 다양한 항목을 설정하여 사회진보지수SPI, Social Progress Imperative를 발표했다. 또 부탄은 '국민총행복량 GNH, Gross National Happiness'이라는 독자적 지표를 내놓아 세계적으로 주목받았다. 이 밖에 여론조사기업인 갤럽Gallup도 장기간에 걸쳐 행복도를 조사해왔다."

이런 내용도 모두 사람들의 가치관이 변화해왔기 때문이라고 분석할 수 있다.

그리고 『제2의 기계 시대』에서는 현재 경제지표로 측정되지 않는 자본으로 지식재산, 조직자본, 사용자 생성 콘텐츠, 인적자본 네 가지를 언급한다.

지식재산은 특허, 저작권 등을 뜻한다. 조직자본은 비즈니스 프로세스, 제조 기술, 조직 형태, 비즈니스 모델 등을 뜻한다. 사용자 생성 콘텐츠는 페이스북, 유튜브, 트위터, 인스타그램 등에 사용자가 무료로 업로드한 콘텐츠를 뜻한다. 인적자본은 네 가지 중에서도 가장 중요한 무형 자본이다.

이런 가운데 필자는 '돈'에 관해서도 새로운 정의가 필요한 시점이 도래했다고 본다. PEST 분석으로 생각해보자.

정치 면에서는 강대국이 문을 걸어 잠그고 메가테크 기업이 문을 여는 정반대의 구도 속에서 현재의 국경과 경제권을 초월하는 새로운 '돈'이 요구된다.

경제 면에서는 미국식 자유 자본주의와 중국식 통제 자본주의가 대립하는 구도 속에서 새로운 자본주의의 새로운 '돈'이 요구된다.

사회 면에서는 지금까지 살펴봤듯이 새로운 가치와 가치관이 생겨나면서 그것들을 표상하는 새로운 '돈'이 요구된다.

기술 면에서는 블록체인과 디지털화 같은 테크놀로지로 인해 새로운 '돈'을 만들어내는 기술적 인프라가 정비되고 있다.

그리고 새로운 '돈'의 정의를 요구하는 움직임을 상징하는 것이 바로 비트코인으로 대표되는 가상화폐를 요구하는 움직임이 아닐까 예의 주시하고 있다.

다가올 미래,
'금융 4.0'

—

이런 가운데 필자는 새로운 금융 시스템으로서 '금융 4.0'이라는 개념을 제창한다. 이제 '새로운 사회에서 새로운 가치와 가치관을 표상하는 새로운 금융 시스템'인 금융 4.0에 관해 설명하겠다.

금융에 사용되는 테크놀로지와 인프라에 먼저 주목한다면, 대면형이었던 금융을 '금융 1.0', 인터넷이 도입된 금융을 '금융 2.0', 스마트폰 중심이 되어 알리바바와 텐센트 등 중국 기업이 주도하며 현재도 진화 중인 금융을 '금융 3.0', 그리고 분산형 테크놀로지인 블록체인이 전반적으로 활용되어 새로운 평가 경제의 인프라가 된 금융을 '금융 4.0'이라고 이해할 수 있다.

일본의 메가뱅크와 미국의 JP모건이 블록체인을 활용한 결제 수단으로서 디지털 화폐 사업에 나섰다는 사실은 금융 4.0의 인프라 부분이 발아기에 있다는 것을 의미한다.

그리고 '새로운 사회에서 새로운 가치와 가치관을 표상하는' 금융

4.0에서 가장 중요한 부분은 이미 설명한 '가치관의 변화'다. 보통 사람이 보통 집 안에 가지고 있는 보통의 물건처럼 유동성이 낮은 것, 사람이 지닌 다양한 기술 등 이런 새로운 '자산'을 보유한 경우에 위력을 발휘하게 되는 것이 바로 금융 4.0이다.

기존의 자산 유동화와 비슷한 측면도 있지만, 블록체인으로 관리된다는 점, 투자자가 구입한 토큰이 유통될 수 있다는 점, 개인이 구입할 수 있다는 점 등이 다르다.

다양한 정의가 바뀐다

금융 4.0은 금융의 존재 의의를 다시 새롭게 묻는다. 각 계층에서는 '새로운 금융 비즈니스에서 어떤 존재가 될 것인가'라는 원대한 구상을 제시할 필요가 있다. 그때 다음과 같이 다양한 정의가 바뀌게 될 것이다.

- '금융'의 정의가 바뀐다.
- '직접금융, 간접금융'의 정의가 바뀐다.
- '대상 자산'의 정의가 바뀐다.
- '데이터'의 정의가 바뀐다.
- '위험과 위험 분석'의 정의가 바뀐다.
- '금융 상품'의 정의가 바뀐다.
- 금융의 '사용자 인터페이스UI, User Interface, 사용자 경험UX, User Experience'이 바뀐다.

금융 4.0, 2025년의 차세대 금융 비즈니스

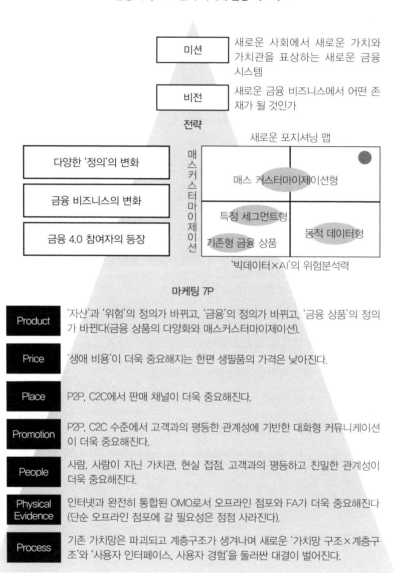

미션	새로운 사회에서 새로운 가치와 가치관을 표상하는 새로운 금융 시스템
비전	새로운 금융 비즈니스에서 어떤 존재가 될 것인가

전략

새로운 포지셔닝 맵

매스커스터마이제이션

- 다양한 '정의'의 변화
- 금융 비즈니스의 변화
- 금융 4.0 참여자의 등장

매스 커스터마이제이션형

특정 세그먼트형 | 동적 데이터형

기존형 금융 상품

'빅데이터×AI'의 위험분석력

마케팅 7P

Product
'자산'과 '위험'의 정의가 바뀌고, '금융'의 정의가 바뀌고, '금융 상품'의 정의가 바뀐다(금융 상품의 다양화와 매스커스터마이제이션).

Price
'생애 비용'이 더욱 중요해지는 한편 생필품의 가격은 낮아진다.

Place
P2P, C2C에서 판매 채널이 더욱 중요해진다.

Promotion
P2P, C2C 수준에서 고객과의 평등한 관계성에 기반한 대화형 커뮤니케이션이 더욱 중요해진다.

People
사람, 사람이 지닌 가치관, 현실 접점. 고객과의 평등하고 친밀한 관계성이 더욱 중요해진다.

Physical Evidence
인터넷과 완전히 통합된 OMO로서 오프라인 점포와 FA가 더욱 중요해진다(단순 오프라인 점포에 갈 필요성은 점점 사라진다).

Process
기존 가치망은 파괴되고 계층구조가 생겨나며 새로운 '가치망 구조×계층구조'와 '사용자 인터페이스, 사용자 경험'을 둘러싼 대결이 벌어진다.

금융 비즈니스 자체도 다음과 같은 관점에서 변화한다.

- P2P, C2C가 중요해진다.
- '빅데이터×AI'가 중요해진다.
- 기존 데이터에 동적 데이터가 추가된다.
- 위험 분석이 더욱 정밀해진다.
- 금융 상품이 다양하게 설계된다.
- 기존형 금융 상품은 저가화한다.

그리고 이때 금융 4.0의 새로운 참여자도 탄생할 것이다. 그 참여자는 다음과 같은 특징을 지닐 것이다.

- 본업에서 고객 접점을 지닌다.
- 더욱 친밀하고 빈도 높은 접점을 지닌다.
- 데이터를 축적한다.
- '빅데이터×AI'의 분석력을 지닌다.
- 매스 커스터마이제이션Mass Customization(대량 맞춤 생산)이 가능해진다.
- 본업 중에서 금융을 수직통합한다.
- 구독 형태로 제공한다.

서비스 마케팅의 마케팅믹스인 7P로 더 구체적으로 살펴보자.

금융 4.0에서는 '자산'과 '위험'의 정의가 바뀌고, '금융'의 정의가 바뀌고, '금융 상품'의 정의가 바뀐다(Product, 상품·서비스). 메루카리를 사례로 설명했듯이 금융의 대상이 되는 자산이 확대되고, 금융 상품도 고객 개개인의 수요에 부합하는 형태로 제공된다. 새로운 '오리지네이션(금융 상품의 창조와 개발)'이 요구될 것이다.

금융 4.0에서는 '생애 비용'이 더욱 중요해지는 한편 생필품의 가격은 내려간다(Price, 가격). 고객과의 지속적이고 장기적인 관계성은 필수적으로 중요해지는 반면, 일회성인 기존형 금융 상품도 가격이 내려갈 것이다.

금융 4.0에서는 P2P와 C2C에서 판매 채널이 더욱 중요해질 것이다(Place, 채널). 차세대 금융 산업에서 금융 상품은 고객끼리 서로 연결되면서 확산해간다. 고객끼리 연결되는 세상에서는 금융기관의 논리만으로 상품을 확산시킬 수 없다.

금융 4.0에서는 P2P와 C2C 수준에서 고객과의 평등한 관계성에 기반한 대화형 커뮤니케이션이 더욱 중요해진다(Promotion, 커뮤니케이션). 새로운 유산으로 남게 될 미래형 오프라인 점포에서는 평등한 관계성과 대화형 커뮤니케이션이 중요해질 것이다. AI가 아닌 사람이 해야 할 업무란 바로 이런 부분이다.

금융 4.0에서는 사람, 사람이 지닌 가치관, 현실 접점, 고객과의 평등하고 친밀한 관계성이 더욱 중요해진다(People, 사람). 7P 중에서 가장 중요한 P다.

금융 4.0에서는 인터넷과 완전히 통합된 OMO로서 오프라인 점포와 투자 자문역(그야말로 프로 전문가)이 더욱 중요해진다(Physical Evidence, 점포). 오프라인 점포로 나갈 필요성이 점점 사라져 오프라인 점포에 남을 요소도 더욱 명확해진다.

금융 4.0에서는 기존 가치망은 파괴되고 계층구조가 생겨나며 새로운 '가치망 구조×계층구조'와 '사용자 인터페이스, 사용자 경험'을 둘러싼 대결이 벌어질 것이다(Process, 프로세스). 역시 고객의 경험 가치가 중요하다.

금융 4.0에 이르기까지의 '게임 규칙'은 1장부터 제시해온 바와 같다. 즉 고객 접점, 고객 경험, 고객과의 지속적이고 양호한 관계성을 둘러싼 대결이다. 그 대결의 시작점에서는 규모의 경제가 그다지 관여하지 않는다. 오히려 규모가 큰 금융기관이 무거운 '유산' 탓에 불리할지도 모른다. 이 대결에서는 규모가 작은 쪽이 유리할 수 있다.

우리에게 주어진
사명과 기회

—

일본의 지방 은행과 신용조합은 대부분 서민의 상호부조 차원으로 시작된 '무진無尽(일본 서민 금융의 한 형태로 한국의 '계'와 유사한 개념)'이라는 자연발생적 구조에서 태어났다. 무진은 지역 금융이었다. 현재 용어를 사용해서 설명하자면, 개개인으로는 힘이 없는 '서민'이 '공유'하여 탄생시킨 금융 시스템이었다.

필자의 고향인 야마나시에서는 아직도 무진이 지역사회의 사람과 사람, 정보와 정보, 비즈니스와 비즈니스를 잇는 중요한 역할을 한다.

5장의 마지막 부분에서 설명했듯이 미국과 중국의 신냉전으로 인해 세계는 분단될지도 모를 상황에 처했다. 그 와중에 분산형 테크놀로지인 블록체인이 사회에 구현되는 시점을 맞이했다. 기존 금융기관처럼 중앙집권적인 시스템을 구축할 필요성은 크게 낮아지고, 오히려 블록체인과 C2C, P2P를 활용하여 분산형 금융 시스템을 더욱 저렴한 비용으로 구축할 수 있게 됐다.

그렇기에 더더욱 필자로서는 다시금 우리에게 커다란 사명과 기회가 주어졌다고 생각하지 않을 수 없다.

그것은 바로 '문을 걸어 잠그는 세계'를 새로운 금융 시스템으로 '열어나가는' 것이 아닐까? 형식적인 국경이 아니라 다양성과 개성을 살리고자 하는 가치관에 공감하는 새로운 '경제권'을, 금융을 중심으로 넓혀나가는 것이 아닐까? 분단되려는 세계를 새로운 경제권으로 이어나가는 것이 아닐까?

우리가 금융 4.0에서 진행해야 할 일은 중국이 금융 3.0에서 진행해온 '통제형' 신용 점수 시스템을 뒤늦게 따라 하는 것이 아니다. 기존에는 신용으로 인정받지 못했지만 평소 생활 속에서 발휘되는 그 사람만의 강점과 신뢰도 금융 신용을 보완하는 '신용'의 형태로 만들어가야 한다. 학력, 근무처, 연봉 같은 '신용'뿐만 아니라, 그 사람이 지닌 진정한 '신뢰'를 중시하고 그것을 진정으로 평가해주는 사회. 새로운 금융 테크놀로지는 사람이 본래 중요하게 여겨왔던 가치와 가치관으로 살아갈 수 있도록 돕는 데 사용돼야 한다.

테크놀로지가 진화하면서 앞으로 더 많은 사람이 서로 협력·협조·협동할 수 있게 되고 새로운 가치가 생겨날 것이다. 케빈 켈리가 말한, 공유 가능한 것을 공유할 수 있게 해주는 '올바른 조건(380쪽 참고)' 중에 가장 중요한 것은 '신뢰'라고 생각한다. 테크놀로지가 발전하여 다양한 것을 공유하고 연결하게 되더라도 거기서 만들어지는 플랫폼과 시스템이 신뢰를 얻지 못하는 한 지속적으로 존속하기는 어렵기 때문이다. 그리고 예나 지금이나 앞으로나 사람이 무의식적으로도 간절히 바라는 것은 결국 신뢰라고 여기기 때문이기도 하다.

이 책이 새로운 분산형 금융 시스템과 플랫폼이 생겨나서 신용뿐만 아니라 신뢰도 평가되고 다양성과 개성을 살리는 계기가 될 수 있다면 필자에게는 최고의 영광이겠다.

KI신서 8922

아마존 뱅크가 온다

1판 1쇄 발행 2020년 2월 12일
1판 9쇄 발행 2021년 12월 31일

지은이 다나카 미치아키 옮긴이 류두진
펴낸이 김영곤 펴낸곳 (주)북이십일 21세기북스

해외기획팀 최연순 이윤경
출판마케팅영업본부장 민안기
출판영업팀 김수현 이광호 최명열
제작팀 이영민 권경민

출판등록 2000년 5월 6일 제406-2003-061호
주소 (우 10881) 경기도 파주시 회동길 201(문발동)
대표전화 031-955-2100 팩스 031-955-2151 이메일 book21@book21.co.kr

(주)북이십일 경계를 허무는 콘텐츠 리더

21세기북스 채널에서 도서 정보와 다양한 영상자료, 이벤트를 만나세요!
페이스북 facebook.com/jiinpill21   **포스트** post.naver.com/21c_editors
인스타그램 instagram.com/jiinpill21   **홈페이지** www.book21.com
유튜브 youtube.com/book21pub

서울대 가지 않아도 들을 수 있는 명강의! 〈서가명강〉
유튜브, 네이버, 팟캐스트에서 '서가명강'을 검색해보세요!

ISBN 978-89-509-8604-9 03320